新时代网络思想政治教育研究系列丛书

网络舆情与思想政治教育创新

中学与大学比较研究

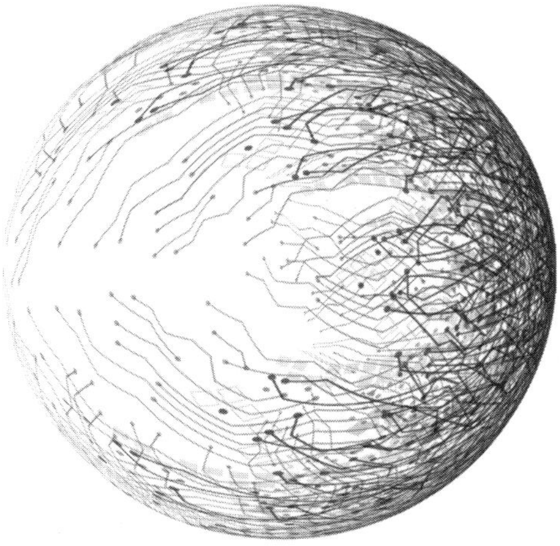

刁生富　李香玲　刁宏宇　/ 著

INTERNET PUBLIC OPINION AND INNOVATION OF IDEOLOGICAL AND POLITICAL EDUCATION

知识产权出版社
全国百佳图书出版单位
—北京—

图书在版编目（CIP）数据

网络舆情与思想政治教育创新：中学与大学比较研究/刁生富，李香玲，刁宏宇著．—北京：知识产权出版社，2020.3
（新时代网络思想政治教育研究系列丛书/刁生富主编）
ISBN 978-7-5130-6687-7

Ⅰ.①网…　Ⅱ.①刁…②李…③刁…　Ⅲ.①思想政治教育—研究—中国　Ⅳ.①D64

中国版本图书馆 CIP 数据核字（2019）第 296861 号

内容提要

在互联网和大数据时代，网络舆情对思想政治教育和教学产生了深远的影响，带来了新的机遇和挑战，是新时代思想政治教育无法回避的重大课题，具有重要的理论价值和现实意义。本书对网络舆情下的中学和大学思想政治教育进行了实证对比研究，沿着"概念分析—价值分析—影响分析—实证分析—问题分析—创新分析"的思路，剖析了网络舆情下思想政治教育存在的问题及其成因，探讨网络舆情下思想政治教育的创新路径，以便更好地利用网络舆情，拓展思想政治教育的时间和空间，把"思政课程"与"课程思政"、思想政治教育与网络行为引导有机结合，提升中学和大学思想政治教育的针对性和实效性。

责任编辑：韩婷婷　　**责任校对**：王　岩
封面设计：郑　重　　**责任印制**：刘译文

网络舆情与思想政治教育创新
中学与大学比较研究
刁生富　李香玲　刁宏宇　著

出版发行：知识产权出版社有限责任公司　　**网　　址**：http://www.ipph.cn
社　　址：北京市海淀区气象路 50 号院　　**邮　　编**：100081
责编电话：010-82000860 转 8359　　**责编邮箱**：176245578@qq.com
发行电话：010-82000860 转 8101/8102　　**发行传真**：010-82000893/82005070/82000270
印　　刷：天津嘉恒印务有限公司　　**经　　销**：各大网上书店、新华书店及相关专业书店
开　　本：720mm×1000mm　1/16　　**印　　张**：16.25
版　　次：2020 年 3 月第 1 版　　**印　　次**：2020 年 3 月第 1 次印刷
字　　数：280 千字　　**定　　价**：86.00 元
ISBN 978-7-5130-6687-7

▶前　言

FOREWORD

在互联网和大数据时代，网络舆情对思想政治教育和教学产生了深远的影响，带来了新的机遇和挑战，是新时代思想政治教育无法回避的重大问题，具有重要的理论价值和现实意义。本书对网络舆情下的高中和大学思想政治教育进行了实证对比研究，沿着“概念分析—价值分析—影响分析—实证分析—问题分析—创新分析”的思路，探讨了网络舆情与思想政治教育的相关问题，提出了充分利用网络舆情，创新思想政治教育和教学的对策建议。

本书不是专业技术图书，也不是一般泛泛地介绍网络舆情对思想政治教育影响的图书，而是旨在通过对高中和大学进行的实证调查和对比研究，发现网络舆情下思想政治教育存在的问题，探索网络舆情下思想政治教育的创新路径，以便更好地利用网络舆情，加强高中和大学的思想政治教育创新，实现“思政课程”与“课程思政”、思想政治教育与网络行为引导的有机结合，以更好地实现“互联网+思想政治教育”的落地，提升思想政治教育的实效性和针对性。

本书在写作过程中参考了大量国内外文献，在此特向有关研究者和作者致以最真诚的感谢；知识产权出版社责任编辑韩婷婷老师为本书付出了心血，在此一并致谢；由于时间仓促和编者水平所限，书中难免存在不足之处，敬请广大读者批评指正。

目　录

CONTENTS

第一章　网络舆情与思想政治教育的概念分析

一、网络舆情的概念

（一）舆情

从字面上讲，“舆”是指公众、庶民百姓、平民；“情”是“人内心对外界客观刺激的真实反应”，强调其“真实”的意思，与“虚情假意”对立。“舆”与“情”两字的字面意义相结合，就是指“普通老百姓/庶民大众的情绪和想法”。

据考证，把“舆情”两字连着使用的文献可以追溯至唐朝的《旧唐书》（卷一百七十七回），唐昭宗李晔在乾宁四年（公元897年）的一封诏书云：“……朕采于群议，询彼舆情，有冀小康，遂登大用……”这是目前查找到的使用“舆情”一词年代最早的文献记载。

此后，“舆情”一词在古代文献中出现的频率逐渐增多。比如南唐诗人李中在其《献乔侍郎》一诗中有：“格论思名士，舆情渴直臣。”宋代秦观所作的《与苏公先生简》一文中写道：“伏乞为国自重，下慰舆情。”明代刘基在其作的《处州分元帅府同知副都元帅石末公德政碑颂》一文中写道：“予既敬公德，又重父老请，于是述舆情而颂之。”清代李鸿章1873年奏请在天津建“曾国藩专祠”，奏折中写道：“仰恳天恩，俯赐照准，以顺舆情。”此奏折后做了该专祠的碑文。在上述文献中，“舆情”一词指的是民众的情绪、意见、意愿。有学者对《文渊阁四库全书》电子版进行全文检索发现，“舆情”一词在其中共出现了1 100余次①。

由于古代思想家们并没有对“舆情”的内涵进行过系统探讨，因而还不能称之为概念，仅仅是作为一个词语在使用。但我们从古代思想家们的记录中可以看出：第一，“舆情”一词在中国本土化的概念，且最早使用的源头是官方，而非民间；第二，“舆情”指的是庶民百姓的情绪、看法、意见，而非统治阶级/统治者的情绪、看法、意见。

当前，学界对“舆情”的概念也有不同的理解和解释。王来华从民众社会政治态度和国家管理的角度，将“舆情”定义为“在一定的社会空间内，围绕中介性社会事项的发生、发展和变化，作为主体的民众对作为客体的国家管理者产生和持有的社会政治态度”。②

张克生从民意的角度。将“舆情”界定为“国家决策主体在决策活动中必然涉及的、关乎民众利益的民众生活（民情）、社会生产（民力）和民众中蕴含的知识和智力（民智）等社会客观情况，以及民众在认知、情感和意志基础上，对社会客观情况以及国家决策产生的主观政治态度”。③

刘毅则从个人心理和社会心态双重视角来定义“舆情”：“舆情是由个人以及各种社会群体构成的公众，在一定的历史阶段和社会空间内，对自己关心或与自身利益紧密相关的各种公共事务所持有的多种情绪、意愿、态度和意见交错的总和。”④

虽然到目前为止，学术界对“舆情”的概念并没有形成统一的明确看法，但通过大家对“舆情”概念的界定，我们可以概括出“舆情”的基本内容、基本元素已基本就位，“舆情”主要是指在一定时间、空间范围内民众针对社会治理、社会民情、社会现象、公共事务等所表达的情

---

① 刘毅. 网络舆情研究概论［M］. 天津：天津人民出版社，2007：1.

② 王来华. 舆情研究概论——理论、方法和现实热点［M］. 天津：天津社会科学院出版社，2013：4.

③ 张克生. 国家决策：机制与舆情［M］. 天津：天津社会科学院出版社，2004：17.

④ 刘毅. 网络舆情研究概论［M］. 天津：天津人民出版社，2007：51-52.

绪、意愿、态度、意见、表现的总和。

（二）网络舆情

"网络舆情"跟"舆情"一样，是中国本土化的一个概念。"网络舆情"直译成英文是"Internet public opinion""Public opinion""Network public opinion""Online public opinion"或"Cyberspace public opinion"。随着互联网在中国的快速发展和广泛普及，我国民众享受到了以往从未有过的可以在网络空间自由公开发表自己的态度、观点或意见的权利，随之而来的是网络舆情这一股强劲力量的有效形成。

对于网络舆情的概念，学术界也没有统一的界定。周蔚华、徐发波认为，网络舆情是指以互联网为载体所表达的公众情绪，究其本质，是社会情绪在互联网这个可见载体上的公共表达①。马振飞、秦玉海则认为，网络舆情是网民以互联网为载体对公共事务所持有的情绪、态度和意见交错的总和②。薛大龙、马军认为，在各种事件的刺激下，人们通过互联网对社会各种现象、问题所进行的信念、态度、意见、情感、观点的表达，同时在网络上传播与互动，以及后续影响力的集合，这就是网络舆情的概念③。刘毅则认为，网络舆情是社会大众、新闻媒体、政府部门和各类组织在互联网空间，针对热点事件、特定议题与社会现象所表达的认知、态度、情绪、意愿、观点和行为倾向等的总和情况。④

以上定义虽不尽相同，但有几点是一样的：网络舆情的载体是互联网，主体是网民，客体是公众情绪的交错总和。结合舆情概念的解释，我们认为，网络舆情是指网民以互联网为载体对社会的各种问题和现象所表达的公众情绪的总和。

---

① 周蔚华，徐发波．网络舆情概论［M］．北京：中国人民大学出版社，2016：9.
② 马振飞，秦玉海．网络舆情导控教程［M］．北京：清华大学出版社，2014：8.
③ 薛大龙，马军．网络舆情分析师教程［M］．北京：电子工业出版社，2014：2.
④ 刘毅．网络舆情研究概论［M］．天津：天津人民出版社，2007.

二、思想政治教育的创新

思想政治教育是指社会和社会群体用一定的思想观念、政治观点和道德规范，对社会成员进行有目的、有组织和有计划的影响，使他们形成社会所要求的一定的思想品德的社会实践活动。[①] 我们认为，思想政治教育的创新主要包括教育理念的创新、教育内容的创新、教育形式的创新和教育衔接的创新。

（一）教育理念的创新

思想政治教育理念的创新，实际上就是教育思维和信念的革新。学校改革发展的前提是教育理念的创新。教育理念是人们从事教育活动的信念，随着时代的不断变更而不断地创新与发展，是人们对教育和学习活动内在规律的认识的集中体现，同时也是人们对教育活动的看法和持有的基本的态度和观念，在思想政治教育活动中有着重要的影响力。

在思想政治教育过程中，需要不断创新与发展的教育理念主要强调的是个人理念的变化，即个人不受传统思想观念的束缚，随着科学技术的进步、社会的变化发展而不断完善自我观念，从而以新的眼光来认识现实世界，并且能够以符合时代需求的方式来解决当下的问题，创新思维方式和行为活动的能力。教育理念的创新主要是教育环境的变化所要求的。

在互联网的快速发展，网络舆情的丰富性、多元性、非理性且群体极化性特征的作用下，思想政治教育理念也在不断地被冲击、刷新与革新。这就对新时代下的教师提出了新的要求：（1）在教育过程中要更加关注学生的进步与发展，树立一切为了学生的教育理念；（2）关注教育目标的更替，坚定树立“全人”的教育理念；（3）关注教育评价的创新，实现评价的真实有效。

---

① 陈万柏，张耀灿. 思想政治教育学原理［M］. 2 版. 北京：高等教育出版社，2007：4.

如今，随着时代和学生学习环境的变化，创新思想政治教育理念的呼声越来越高。譬如，越来越多的高校意识到学生主体的作用，不断地引进翻转课堂的教育模式；越来越多的高校不再把成绩作为评价学生素质的唯一标准，而是注重学生的全方位发展，努力培育出有知识、知善恶、能思辨的全方位人才；越来越多的政策文件都在鼓励学生积极主动参与社会和科研等多领域的实践活动。

（二）教育内容的创新

教育内容的创新是时代变化下思想政治教育的必然走向。教育内容主要指的是在教育活动中传授给学生的文化知识、思维方式和行为方式等的总和，即对学生的德、智、体、美、劳等方面的教育，这些教育内容的实施与实现将对学生的健康成长起重要的影响作用。教育内容具有明确的指向性，主要是为时代的发展培养所需的人才，同时也具有很强的预见性，在教育活动开展之前就已经准备就绪。

教育内容并非一成不变的，而是与时俱进、不断创新的，主要是因为教育内容受到一定因素的制约。

第一，政治、经济发展状况。政治、经济的发展方式和水平影响甚至决定着教育内容。因此，当经济与政治发生变化之际，教育内容为了适应政治经济的变化需要不断创新。

第二，生产力和科学技术的发展。生产力和科学技术的发展推动教育内容的创新，生产力和科学技术的发展一方面为教育内容的变化和创新提出新要求，另一方面也为教育内容的创新提供新条件。

第三，社会发展背景是教育内容创新的重要推动力。教育就是为社会培养人才，而教育内容就是为培养社会需要的人才而设定的教育计划，因此当社会发展背景和发展趋势有所变更时，教育内容也需要跟随社会发展的步伐不断与时俱进。正如当下大数据、计算机和互联网等高新技术兴起后，诸多高校不断调整教育内容，设计相关方面的专业和社会实践活动。

如今，在网络技术迅速发展、网络舆论“铺天盖地”的生活现状下，人们接收信息的时间、空间、地域等方面发生了变化，生活环境也发生了变更，这些都要求思想政治教育的教育内容要及时更新，与新时代同步前进。在现有网络平台中，人与人、人与网、人与学校、学校与学校的交互，使得人人都是内容的创造者，人人都是内容的受益者，由于存在于新媒体平台上的内容的存量不限、增量猛涨、流量传导遇到4G与5G技术，聚集的内容能够为高校思想政治教育所用的素材已经积累成大数据，具有巨大的教育价值和意义。譬如，相关的网站、微信公众号平台、App、手机报、文献数据库等都可以找到与当下时政相联系的教育内容，也可以挖掘到专业领域最前沿的研究成果，这些均可作为高校思想政治教育的素材，极大地开阔了教师和学生的思维视野。

（三）教育形式的创新

教育形式的创新指教育方式的变化、变更。形式是指某物的样子和构造，区别于该物构成的材料，即事物的外形，也指办事的方法。这一词语早在古希腊时期就被亚里士多德在哲学研究中运用过，但不同于亚里士多德所言形式即“实体”，教育活动中的教育形式主要指的是教育活动的方式、方法，因而形式也就可解释为方式、方法。

传统意义上的教育形式主要是“填鸭式教育”，其特点是教师口授、板书，学生耳记、笔记，教师根据学生课堂上及时反馈的信息，了解学生对所学知识的掌握和理解程度，并据此调整教育策略以达到预期的教育目标。此种教育形式在互联网时代受到冲击，其弊端不断显露，因此，传统的教育形式需要不断创新。

在新技术的作用下，教育形式的创新并不是完全否定已有的教育形式，而是指在传统教育形式的基础之上不断创造出新的教育形式，让学生以更新颖的方式来学习，让学校的教育方式更加顺应社会发展的节奏。在这一理念的影响下，教育形式需要实现多元化的发展。让创新后的教育形式不仅有利于减轻教师教育活动的负担，同时有利于更加满足学生接受教育活动的需求，能够激发学生接受教育的兴趣，同时也能提高教育的效率。因此，网络时代创新思想政治教育，就要充分利用网络载体优势，开展丰富多彩且具有交互性、参与性、开放性的课程活动，以图文并茂、生动形象的方式呈现内容，以按需挖掘、学生为导向的方式去探索新渠道，以教师乐意、学生喜欢的方式去利用和开拓教育新手段，增强“思政课程”与“课程思政”的影响力、感染力和渗透力，为学生的全面发展做足功课。

（四）教育衔接的创新

高中与大学是教育过程中的重要环节，在培养人才的过程中需要相互合作，因此在教育过程中需要着重加强高中和大学教育之间的衔接。“transition”译为“衔接”“转衔”或者“过渡”。从生涯发展的角度而言，“衔接”可能发生在角色、任务与生活形态转换的各个阶段。从心理学角度来说，“转衔”是个体生活、角色形态等的一种转型或改变，生命的成长和发展就是克服并解决生命过程中每个阶段所遇到的困难而成功转衔至下一个阶段的过程。中学生离开已经适应三年的高中教育，开始全新的大学生活，其间的转衔令人期待，同时意味着挑战和困难，需要无缝衔接。[①]

随着教育的不断发展，教育水平和质量的不断提高，以及政府文件《国家中长期教育改革和发展规划纲要（2010—2020年）》在人才培养方面提出，“树立系统培养观念，推进小学、中学、大学有机衔接”，思想政治教育过程中对高中与大学之间衔接的要求也越来越高，因此在互联网的作用下教育的衔接需要不断创新。教育衔接的创新主要强调的是突破以往高中与大学课程设置过程中各自独立、相互分离的状态，实现高中教育内容和教育模式与大学教育内容、教育目标和教育宗旨之间的连贯性与一致性，从而实现对高素质人才进行不间断的教育与培养。

---

① 官文江. 大学与高中教育衔接的问题与对策［J］. 科技视界，2018（2）：98.

高中与大学教育是连贯性和阶段性的统一，因此高中与大学教育的衔接将打破相互孤立、不相往来的局面。这有利于加强交流与合作，帮助学生实现高中到大学的顺利过渡，对促进学生全面持续的发展产生一定的影响。

三、网络舆情的特征

（一）自由性和交互性

开放、平等、协作与分享是互联网的四个精神，正是互联网的精神打造了网络舆情的自由性与交互性。完全开放的互联网加深和拓宽了人们在网上交往的深度和广度。在网络舆情事件中，每个人都是信息发布者，也是信息接收者。在开放的互联网平台上，手持麦克风的每个网民都可以成为“新闻记者”“草根记者”，对安全事件、贪污腐败、生存压力、贫富差距、出台的不当政策等问题自由地表达自己的观点、态度、情绪和想法。同时，去中心化的网络舆情传播加强了交流的互动性，网民既可以制造、传播信息，也可以评论、接收信息。为数众多的网民可以在网络上对各种事件和问题展开讨论、交流和互动，形成多中心、多方向的传播。美国学者保罗·萨福（Paul Saffo）指出，同其他人发生联系——进行跨越时空的互动交往，是网络传播方式的本质特征。① 例如，2016 年 6 月的英国“脱欧”公投事件，参与网络讨论的网民可以为捍卫他们的赞同或反对意见而展开激烈的争论和探讨，这种交互性的实时交流，使各种意见得到自由和开放的碰撞、表达，甚至可以给决策者提供比较好的民意反馈。再如，2018 年 6 月 4 日发酵的“崔永元范冰冰阴阳合同事件”，崔永元爆料范冰冰采用“大小”合同，另行约定片酬 5 000万元，两合同共拿走片酬6 000万元，而实际上范冰冰只在片场演出 4 天。此网络舆情事件因涉及偷税漏税问题瞬间引发群众热议，网民在网络舆情的自由性和交互性中自由站队，有的支持范冰冰并为她正言，但更多的网民则支持崔永元，正是网民的热议和传播使国家相关部门意识到问题的严峻

① 孟威. 网络互动意义诠释与规则探讨［M］. 北京：经济管理出版社，2004：4.

性和重要性而第一时间介入调查取证。

（二）丰富性与多元性

网络舆情的丰富性与多元性表现在网络舆情内容的多样性和社会现实的反映性。从南海仲裁事件可看到国家对主权问题不容谈判的坚毅态度；从贪官抽的名烟、戴的名表可看到官场的腐败与黑暗；从“狼牙山五壮士”英雄后人起诉侵权案可看到法律对名誉权和荣誉权的保护；从中学生打人事件可看出当前基础教育的漏洞和缺失；从孕妇晕倒在路上没人救助可看到社会的怀疑和冷漠。当然，也可从车友集体为消防车、救护车让道看到社会的正能量；从微信众筹捐款事件看到社会的爱心；从爱心午餐事件看到社会的温暖；从过年幸福大巴事件看到企业的责任。网络舆情的丰富性和多元性还体现在主体的多样性和内容的多元性，网络舆情的参与主体来自社会各个阶层，遍布各个行业，如学生、教师、党政机关事业单位人员、企业/公司职员、个体户、农民、退休人员等；网络舆情内容更是包罗万象，涉及政治、经济、文化、军事、娱乐、外交、财经、科技、游戏等，网民可以把自己撰写好的新闻稿或视频随时随地分享到网络中，其他网民自由转载、评论、分享，进一步加大了网络舆情的丰富性与多元性。

（三）情绪性与非理性

网络舆情是指网民情绪情感在网络上的表达，因此必然带来网络舆情的情绪性和非理性。由于网民的情绪波动性较大，在网络舆情的传播和互动中，在个体与个体之间、观点与观点之间容易受到干扰和影响的情况下，人们容易改变原有的观点和态度，甚至翻转原有的网络舆情方向。有学者提出，一个热点新闻事件加上一种情绪化的意见，就能够点燃一片舆论的导火索。[①] 一方面，网络舆情受主客观因素的影响带有强烈的情绪性和感情性；另一方面，网民信息获取的非全面性、观察问题角度的有限性等因素使网络舆情信息容

① 胡钰. 新闻与舆论［M］. 北京：中国广播电视出版社，2001：165.

易失真、失控，具有很强的非理性。例如，2015年5月成都女司机遭男司机暴打事件曝光后，网友对“路怒暴打者”给予谴责，同情女司机。行车记录仪所录视频公开后，网友的态度发生了180度转变，转而谴责被打女司机的“路霸行为”，并对其进行“人肉搜索”，给当事人造成巨大的舆论压力。在这一网络舆情事件中，网民的情绪波动性很大，网友对女司机的“人肉搜索”行为更是涉嫌网络暴力，具有很大的非理性，有悖于社会法治，不利于社会的稳定。再如，2018年7月15日的“长春长生疫苗事件”，在长生生物自2017年11月被发现百白破疫苗效价指标不符合规定后不到一年，再曝疫苗质量问题。2018年7月21日，一篇名为《疫苗之王》的文章迅速在微信朋友圈引爆，关注度很快超百万，这篇文章把疫苗安全问题推到风口浪尖。百白破疫苗出事，全国家长在网络舆情的发酵中陷入了恐慌，甚至引发“不打疫苗就不会出事”的非理性言论，举国上下的恐慌指数直线上升。

（四）群体极化性

网络的匿名性、互动性、开放性，网络表达的低成本以及群体的易受感染性、从众心理、群体舆论的偏执[①]，容易使网络舆情产生群体极化现象，具有群体极化性特征。在网络和新传播技术领域，具有相似意见的团体会彼此进行沟通讨论，到最后他们的想法和原先一样，只是形式上变得更极端[②]。凯斯·桑斯坦也指出，网络就像一个“巨大的回音室”，网络中的人们置身于相近的看法中，会强化原有的观点，变得极端，最后导致“群体极化”的发生[③]。网络舆情的群体极化可以演化为单极聚化、两极分化、多极裂化和零极淡化四种群体极化形式，且可以相互转化[④]。比较分析四种极化形式，网络舆情的群体极化性容易使网络舆情产生“一边倒”的局势，导致群体单极聚化的极端行为和极端舆论。古斯塔夫·勒庞在其著作《乌合之众——大众心理

① 柳欣，郭慧，胡艳慧．基于群体极化现象的青少年网络舆情引导对策研究［J］．办公自动化，2015（22）：33-36.

② 吴自强．微博中的群体极化现象分析［J］．群文天地，2012（7）：280+282.

③ 凯斯·桑斯坦．极端的人群：群体行为的心理学［M］．北京：新华出版社，2010.

④ 王根生．面向群体极化的网络舆情演化研究［D］．南昌：江西财经大学，2011.

研究》中也提到，独立的个体融入集体后，其个性会被湮没。在群体思想占统治地位之时，群体的去责任化行为也容易表现出低智商化、情绪化、极端化、非理性及排斥异议，进而对社会造成负面的破坏性影响。如奥运会火炬在法国传递受挫造成的抵制家乐福事件，中日钓鱼岛争端造成的对日产汽车的打砸烧事件，“人肉搜索”逼死当事人的网络暴力事件，北京八达岭野生动物园发生的老虎咬人事件，长春长生疫苗事件，崔永元范冰冰阴阳合同事件等。

四、网络舆情与学生心理

（一）学生心理的特征

1. 开放求知心理

学生代表一种开放和向上的积极力量，他们无法忍受枯燥、单调和千篇一律；他们乐于交流，乐于尝试，乐于进步，乐于追求新知识，乐于创造新事物，乐于挑战习以为常中的不平常，这一切源于学生的开放求知心理。当代“95”后青年心理开放的形成并不是一蹴而就的，而是紧随社会的发展和变化衍生的一种心理。他们出生于改革开放后的20年左右，整个国家和社会的物质需求得到了较大的丰富和完善，人们除了追求物质的丰富和满足，还追求教育、文化、公平、正义等其他方面的满足。学生在追求这些精神食粮的过程中，一方面深受社会大环境的影响，另一方面又期望可以在这一大环境中展翅高飞。所以，物质条件的丰富并没有减轻他们在梦想追逐中的时代孤独感。当这份孤独无处安放的时候，他们顺势选择在虚拟网络空间追求自己的标签和个性，并向往在网络空间“遨游和探索”，用一颗开放的心展开与外界的交流，不再固执僵化，不再故步自封。

2. 猎奇探新心理

兴趣是人类最好的老师，学生正处在树立世界观、人生观和价值观的关键时期，在这一时期，他们对社会的万事万物和种种现象都充满浓厚的兴趣，在事件的扑朔迷离中进行猎奇探新。互联网的搜索引擎更是为学生获取更新、更全的信息提供了便捷的手段，网络舆情事件正是借助人们的好奇心理推动着事件跌宕起伏地发展。一方面，网络满足了学生从中获取信息的需求；另一方面，网络也助长了青年一代的八卦和传播不实言论之风。

3. 叛逆动荡心理

学生的心理具有叛逆性和动荡性两个鲜明的特征。青春期是人生的第二个叛逆期，这一叛逆期的学生具有强烈的“成人感”，人格要求独立，社会地位要求平等，精神和行为要求自主，极其反抗父母、老师等长辈的控制，反对大人的过于保护，反感大人的越俎代庖。他们不盲目听从父母和老师的建议，而是自己拥有对事物的想法和自我评价，他们渴望拥有独立自主性并受到别人的理解和尊重，如果得不到他们想要的尊重，他们可能会对社会、对人产生敌意。在冲突无法缓解之时，人在自由意志下对自我行为和思想的正常判断或肯定评价得不到认同，或遭受否定评价，甚至内心对于公平正义的价值判断遭遇挑战，便不自觉地产生了敌意①。敌意包括消极评价、不满、不信任和憎恨。所以缺乏足够社会阅历和实践经验的学生在看到社会的贪污腐败、不平不公等现象时，容易在不满的情绪下产生心理失衡和敌意，最终导致“仇官”“仇富”“仇警”等仇视心理的出现。而且，他们的心理是动荡不安的，具有非常强烈的情绪性，情绪起伏波动很大，对自己的情绪很多时候不能加以把控，甚至有可能在“伸张正义”“仗义相帮”的心理下做出与法律法规和道德规范相违背的行为。

4. 跟风从众心理

从众心理，是指个人受到外界人群行为的影响，而在自己的知觉、判断、认识上表现出符合公众舆论或多数人的行为方式，是大部分个体普遍所有的

---

① 余秀才. 网络舆论传播的行为与动因［J］. 编辑之友，2012（4）：40.

心理现象①。群体因素是形成跟风从众心理的根本原因，人们为了避免孤立而选择去责任化地从众，“沉默的螺旋”现象正是源于这一心理，学生在自己观点和想法的表述过程中，若发现自己支持的观点得到大家的广泛认同和欢迎，就会选择积极参与其中，所以，这种类型的观点会在传播中实现扩散。相反，当他发现他提出或表达的观点没有人或者极少人赞同和理会，甚至自己的这种观点得到群起而攻之的“待遇”的时候，即使他最初表述的观点自己极力赞同，也会选择沉默。意见一方的沉默造成另一方意见的增势，如此循环往复，便形成一方的声音越来越强大，另一方越来越沉默的螺旋发展过程。

此外，情境因素和个人因素是形成从众心理的重要原因。年轻的学生往往精力充沛，有相似的爱好与兴趣，在强烈的自我意识下感性而非理性地看问题。当他们发现自己的观点或表达方式与占绝对优势的主流相对立或有差异时，内心会产生来自群体的压力，正是这种压力驱使他们随波逐流②，跟风从众。

（二）网络舆情和学生心理特征的相互契合

社会心理学研究表明，人们产生某种态度和行为总是由一定心理动机所驱使的，不存在没有心理基础的行为。在网络舆情中，网民的心理是影响和制约社会和谐的预警器。在新媒体时代，当代学生既表现出敢于尝试、敢于创新、敢于追求的积极力量，又在社会环境和西方文化的侵蚀下表现出一定的以自我为中心、道德责任感弱化、物质利益盈利化、自私自利等消极的思想心理特点，而网络舆情的特征恰好与学生的心理特点相契合。

其一，网络舆情的自由性与交互性，它以光为单位传递着世界各地五彩斑斓的信息，打破地理概念的限制，使国家与国家之间、地域与地域之间的制度、文化意识形态的约束成为历史③。学生可以随时随地浏览、交流、分享

① 张维. 从众与“眼里揉不得沙子”［J］. 劳动保护，2014（10）：59.
② 迟学芝. 网络舆情下大学生心理特征分析［J］. 青年记者，2014（30）：96-97.
③ 张延芳. 网络社会背景下当代青年思想政治教育研究［D］. 金华：浙江师范大学，2012.

各国各地的网络舆情信息，这种巨大的自由性和交互性正好与学生的开放求知心理相契合，他们可以通过网络浏览新闻、展开学习。当然，网络舆情的自由性、交互性和学生的开放求知心理离不开当前互联网网络技术的发展和网络的普及，可以这么说，当前很多国民已经离不开网络而存在。根据第 41 次中国互联网发展状况统计报告显示（见图 1-1、图 1-2 和图 1-3），2016 年，中国网民人均周上网时间为 26.4 小时，而到了 2017 年，人均周上网时间提升至 27 小时，也就是说，每天上网时间接近 4 个小时。相比我国网民早期对互联网的使用习惯，到了 2017 年发生了很大的改变。纵观 2016 年 12 月—2017 年 12 月中国网民各类互联网/手机应用的使用率，排名前十的依次为即时通信、搜索引擎、网络新闻、网络视频、网络音乐、网上支付、网络购物、网络游戏、网上银行、网络文学。可以说，互联网/手机应用的使用习惯，使得学生也同样越来越关注当前的科技、新闻、教育等资讯信息，并学会通过互联网拓宽自己的知识面，这为网络舆情的自由性和交互性提供了基础。

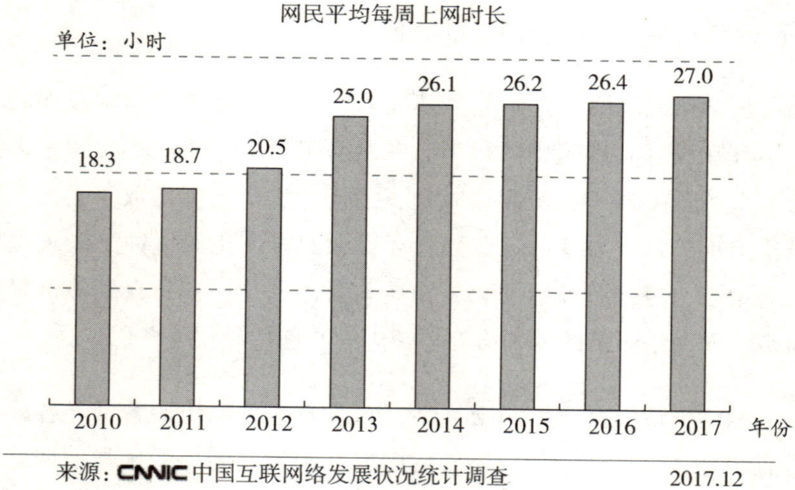

图1-1　2017 年中国网民平均每周上网时长

	2017.12		2016.12		
应用	用户规模（万）	网民使用率	用户规模（万）	网民使用率	年增长率
即时通信	72023	93.3%	66628	91.1%	8.1%
搜索引擎	63956	82.8%	60238	82.4%	6.2%
网络新闻	64689	83.8%	61390	84.0%	5.4%
网络视频	57892	75.0%	54455	74.5%	6.3%
网络音乐	54809	71.0%	50313	68.8%	8.9%
网上支付	53110	68.8%	47450	64.9%	11.9%
网络购物	53332	69.1%	46670	63.8%	14.3%
网络游戏	44161	57.2%	41704	57.0%	5.9%
网上银行	39911	51.7%	36552	50.0%	9.2%
网络文学	37774	48.9%	33319	45.6%	13.4%
旅行预订	37578	48.7%	29922	40.9%	25.6%
电子邮件	28422	36.8%	24815	33.9%	14.5%
互联网理财	12881	16.7%	9890	13.5%	30.2%
网上炒股或炒基金	6730	8.7%	6276	8.6%	7.2%
微博	31601	40.9%	27143	37.1%	16.4%
地图查询	49247	63.8%	46166	63.1%	6.7%
网上订外卖	34338	44.5%	20856	28.5%	64.6%
在线教育	15518	20.1%	13764	18.8%	12.7%
网约出租车	28651	37.1%	22463	30.79%	27.5%
网约专车或快车	23623	30.6%	16799	23.0%	40.6%
网络直播	42209	54.7%	34431	47.1%	22.6%
共享单车	22078	28.6%	—	—	

图1-2　2016.12—2017.12 中国网民各类互联网应用的使用率

	2017.12		2016.12		
应用	用户规模（万）	网民使用率	用户规模（万）	网民使用率	年增长率
手机即时通信	69359	92.2%	63797	91.8%	8.7%
手机网络新闻	61959	82.3%	57126	82.2%	8.5%
手机搜索	62398	82.9%	57511	82.7%	8.5%
手机网络音乐	51173	68.0%	46791	67.3%	9.4%
手机网络视频	54857	72.9%	49987	71.9%	9.7%
手机网上支付	52703	70.0%	46920	67.5%	12.3%
手机网络购物	50563	67.2%	44093	63.4%	14.7%
手机网络游戏	40710	54.1%	35166	50.6%	15.8%
手机网上银行	37024	49.2%	33357	48.0%	11.0%
手机网络文学	34352	45.6%	30377	43.7%	13.1%
手机旅行预订	33961	45.1%	26179	37.7%	29.7%
手机邮件	23276	30.9%	19713	28.4%	18.1%
手机在线教育课程	11890	15.8%	9798	14.1%	21.3%
手机微博	28634	38.0%	24086	34.6%	18.9%
手机地图、手机导航	46504	61.8%	43123	62.0%	7.8%
手机网上订外卖	32229	42.8%	19387	27.9%	66.2%

图1-3　2016.12—2017.12 中国网民各类手机互联网应用的使用率

其二，网络舆情的丰富性与多元性正好满足了学生猎奇探新的心理。正是学生的这份猎奇探新，推动了网络舆情事件跌宕起伏地发展。现代网络技术的飞速发展和传播手段的高速提高，使得网络舆情丰富多元化，并在学生猎奇探新心理的推波助澜下，理论上几乎每个人都可以借助当前信息技术实现向所有人的信息传播。这种随时随地的互动传播进一步加速了网络舆情相关信息和意见的升华和聚集，如当前微信的发展。根据2016年中国社交应用用户行为研究报告显示（见图1-4），在各种各样的社交网络（SNS）技术和工具中，微信是最具代表性和最为流行的。微信作为手机背后“微内容、微型化”的社交网络，凭着“即时性强、简明性高、私密性足、安全性大、圈内传播快”等技术优势实现了与信息发展、社会文化和人性需要的完美契合。其中的人性需要，就离不开猎奇探新的心理。微信所依存的简洁的界面、友好的操作系统，突破了对用户年龄和文化的限制，赢得了所有拥有便携式设备用户的心——无论是耄耋老人还是垂髫小儿，无论是饱学之士还是目不识丁者，都难以冷眼旁观、置身事外。上海谢耕耘教授曾比喻说，一种传播媒体普及5 000万人，收音机用了38年，电视机用了13年，互联网用了4年，而微博只用了14个月。一条微博短短几行，渗透力却非常大，而微信普及5 000万人却仅仅用了几个月。微信在网络领域掀起空前巨浪，是其作为大众文化产品和流行文化符号表征所承载的，后现代主义、速度文化、娱乐至上的色彩满足了人们日益增长的多元化需求。时尚化和大众化的运作方式，眼球经济优势的开发，权利真空的场域，个人空间和公共空间的并存给予微信无限的魅力。经由网络技术的发展和SNS技术的流行，大众文化不断冲击知识分子“圈禁”传播媒介的高墙，消解和否定各种权威话语、绝对真理和传统价值观念。这些挑战与冲突在微博、博客、人人网、开心网等社交网站上都有体现，然而直至出现了微信这个全民参与、全民畅游的社交媒介，全民性质的狂欢、自我话语权的释放和对本我的深层次表达才找到了出口；摒弃精英知识分子与政治代言人的指手画脚，自由表达的快感时代才真正到来。微信传播的图文、视频、表情等功能的开发，也顺应了21世纪视觉文化的盛行，微信展示的快捷、直观、形象、刺激、浅显的视觉文化，正好迎合了大众文化的消费需求。在这个自由的、绚烂的文化场域，微信通过技术优势不断地实现自我更新，满足用户不断增长的探求欲望，同时也为社会的娱乐化趋势推波助澜。如朋友圈满足了平凡人被关注和及时了解他人动态的欲望，无等级、个性化皮肤满足了新世纪人人平等的心理需求，摇一摇满足了人们隐秘的、娱乐的诉求欲望等。这就可以较好地解释为什么微信会成为2015年以来，最受中国网民欢迎的一种即时通信软件。正是有了这强大的无与伦比的人气，微信很快成为网络舆情传播的一大平台，也让充满猎奇探新心理的学生更愿意在这一平台发现、分享、传播舆情信息，从而进一步使网络舆情更加丰富化、多元化。

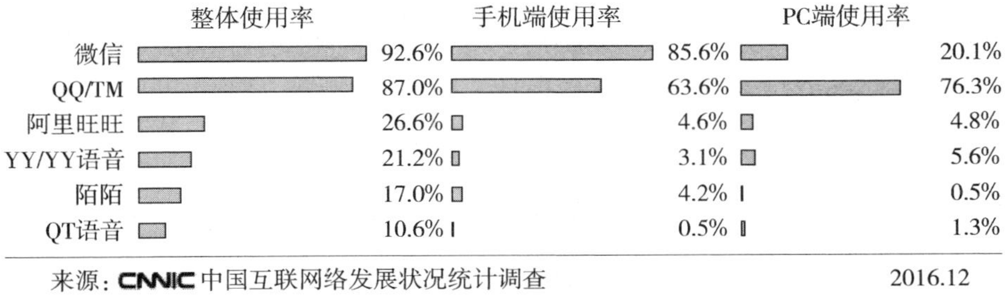

图1-4　2016年重点即时通信应用使用率

其三，网络舆情的情绪性与非理性，掺杂了学生的叛逆动荡心理，这也是网民情绪的波动性与非理性的直观表现。2018年是改革开放40周年，也是2020年全面建成小康社会的攻坚之年。新时代面临着“人民日益增长的美好生活需要和不平衡不充分的发展之间的矛盾”，即使在中国比较发达的区域，人们同样面临着人口、环境、资源的压力以及学习、就业、结婚、买房、买车等方面的多重压力，这些压力在一定程度上增加了人们的社会风险因素，进而激化了社会矛盾，并把这一矛盾的战场同步转移到虚拟的互联网社会中，成为网络舆情的燃料。根据社会燃烧理论，社会转型和经济转轨过程中出现的系统性问题，如官民对立、贫富差距、医患冲突、住房保障等诸多问题，都是社会燃烧的物质，并呈不断累积的状态。相关政策和规则的不透明、不公正，管理理念和水平不到位，部分群体的利益诉求受阻，部分媒体和网络舆论对极端事件的放大效益等诸多因素，造成公众和社会情绪的焦虑，从而构成了助燃剂。而当一些突发性群体性事件发生后，经互联网和媒体的报道和放大，则成了整个社会舆论的燃爆点和导火索。① 例如2018年的疫苗事件，在社会燃烧理论下，整个事件掺杂着我们国人的不满和愤怒情绪；再如2012年9月发生的“钓鱼岛”事件，据透露，某市拘留的47名参与打砸日系车和日货店的青年，在询问时发现，竟有12人根本就不知道钓鱼岛在哪里。而这一网络舆情事件的背后，正是青年一代的叛逆和动荡心理。正是社会矛盾的尖锐突出，官与民的关系、警与民的关系、城与乡的关系、贫与富的关系、城管与商贩的关系、医生和患者的关系、老板和员工的关系等才会进一步激化青年一代的叛逆动荡心理，并在网络舆情的情绪性与非理性下进一步扩大，让社会燃烧现象延伸成为网络燃烧的战场，而“社会燃烧”和“网络燃烧”的相辅相成和相互融合，会让网络舆情的情绪性、非理性和学生的叛逆动荡心理进一步相互渗透，形成一股强大的舆论流。

理论分析：社会燃烧理论

首先，我们要了解**自然燃烧原理**。

自然界的燃烧必须具备三个基本条件，三者缺一不可。

1. 燃烧材料；
2. 助燃剂；
3. 着火点。

$$C+O_2 \xlongequal{\text{点燃}} CO_2$$

就上面化学燃烧公式进行分析，C是燃烧材料，O_2是助燃剂，当它们达到着火点后就会燃烧。

社会燃烧理论：如果把近年来出现的群体事件比作熊熊燃烧的烈火，那么它的起因大体包括这样三个缺一不可的条件，其一是具备充分的燃烧物质，即情绪流，也就是普遍的社会不满情绪；其二是具有助燃剂，即意见流，也就是社会不满情绪被赋予的集体认同感；其三是有引爆点，即行动流，也就是有看似偶然的突发事件，或者非主流意见领袖的煽动。三个条件的紧密结合，就是“社会燃烧理论”。总的来说，社会

① 牛文元，叶文虎. 全面构建中国社会稳定预警系统［J］. 中国发展，2003（4）：5-8.

燃烧理论是指运用自然燃烧原理，将社会的无序、失稳和动乱与燃烧现象进行合理的类比。这个理论是由牛文元教授提出来的。

其四，学生的跟风从众心理推动了网络舆情的群体极化性，在情境因素、个人因素、群体因素等影响下产生跟风从众，容易使网络舆情产生群体极化现象。由于互联网的匿名性和虚拟性、个人责任感和道德感的弱化、互联网群体无意识、“沉默的螺旋”效应等因素的存在，学生的跟风从众心理在网络上显得更加明显。有研究认为，网上的群体极化率是现实生活中（网下）的2倍。网民的跟风从众，对形成网络舆情的群体极化性产生了推波助澜的重要作用。特别是学生，三观正处于发展和完善时期，由于网络舆情的群体极化现象，也就是说观点相近的网民一开始就有某种倾向，倾向于多人赞同支持的观点，从而失去了自己对网络舆情信息的科学分析和理性判断。这种盲从、盲目、盲信的集体无意识现象，形成了强大的网络舆论压力，往往非常容易使事态变得越发严重，最后演变成网络舆情的群体极化事件。

有时，从众是人类的一种本能，是一种人们天生具有的与他人保持一致、和他人做相同事情的本能。这种本能并非人类所特有，动物界也广泛存在，如动物之间的觅食、交配、迁移、居住环境的选择等，如著名的“羊群效应”理论。羊群是一种很散乱的组织，平时在一起也是盲目地左冲右撞，但一旦有一只头羊动起来，其他的羊也会不假思索地一哄而上，全然不顾前面可能有狼或者不远处有更好的草。而在网络舆情群体化事件的形成和传播过程中，其实也是羊群效应的体现，甚至会在羊群效应中产生“网络谣言”。为什么学生的跟风从众心理推动了网络舆情的群体极化性，一是因为学生在网上群体无意识、法不责众的惯性思维和心理在作祟，使自己在虚拟的网络世界迷失自我；二是因为某些意见领袖对网络舆情事件的推波助澜，甚至会出现一些网络推手/网络打手来影响或控制网络舆情事件的发展轨道。所以，学生面对网络舆情事件，一定要保持理性，不要让自己的跟风从众本能在群体无意识中占据上风。所以说，正是网络舆情特征和学生心理特点的高度契合，使得思想政治教育有机融入网络舆情显得更加迫在眉睫。

第二章　网络舆情下思想政治教育的价值分析

一、问题的适时提出

（一）我国网民的结构特征，呈低龄化、低学历趋势

要研究网络舆情与思想政治教育的创新，自然要先深入了解和认识我国网民的结构特征，如年龄层次、文化程度、知识层次等。第 42 次《中国互联网络发展状况统计报告》显示，截至 2018 年 6 月，我国网民将近 8.02 亿人（见图 2-1），其中，手机网民规模将近 7.88 亿人（见图 2-2）。再看中国网民年龄结构（见图 2-3），非常高地集中在十几岁至三十几岁，10～19 岁和 20～29 岁分别占 18.2%和 27.9%，40 岁以下的网民所占比例高达 74.4%，40 岁以上的网民不超过 26%，说明网民中年轻人占主体，呈年轻化、低龄化趋势；网民的文化程度（见图 2-4）整体不高，初中学历的网民占 37.7%，高中/中专/技校学历的占 25.1%，大专的占 10%，大学本科及以上的占 10.6%。从这一数据可以看出，目前网民数量上的激增主要来自低学历人群，学历结构持续呈现低龄化现象，中国网民中达大学本科以上学历的仅有 10.6%，接近 80%的网民学历结构水平和文化程度不到大专。而网民的职业结构中（见图 2-5），所占比例最高的依然是学生，高达 24.8%。

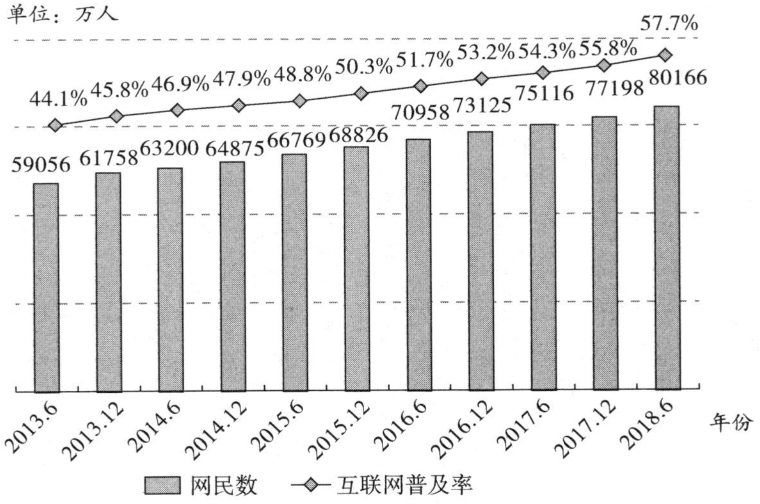

来源：CNNIC 中国互联网络发展状况统计调查　　2018.6

图2-1　中国网民规模和互联网普及率

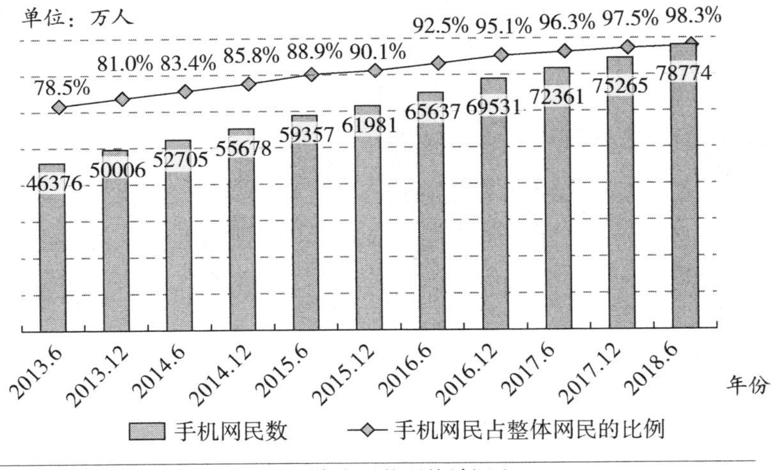

来源：CNNIC 中国互联网络发展状况统计调查　　2018.6

图2-2　中国手机网民规模及其占整体网民的比例

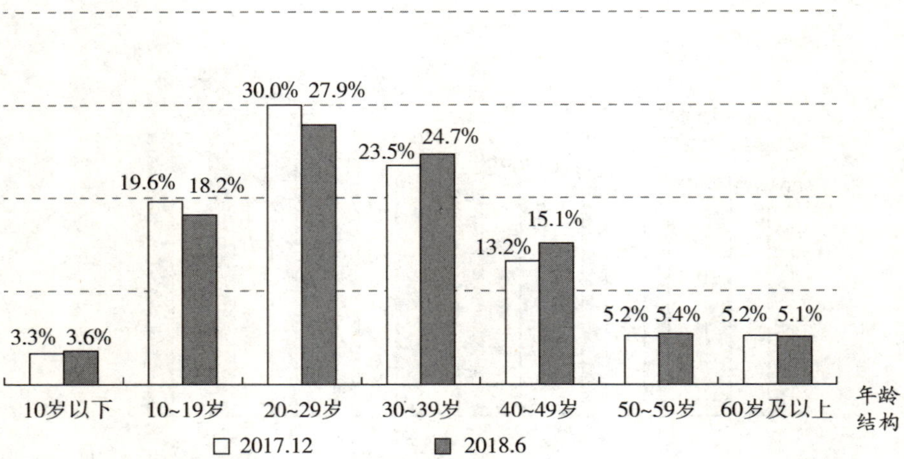

来源：CNNIC 中国互联网络发展状况统计调查　　2018.6

图2-3　中国网民年龄结构分布图

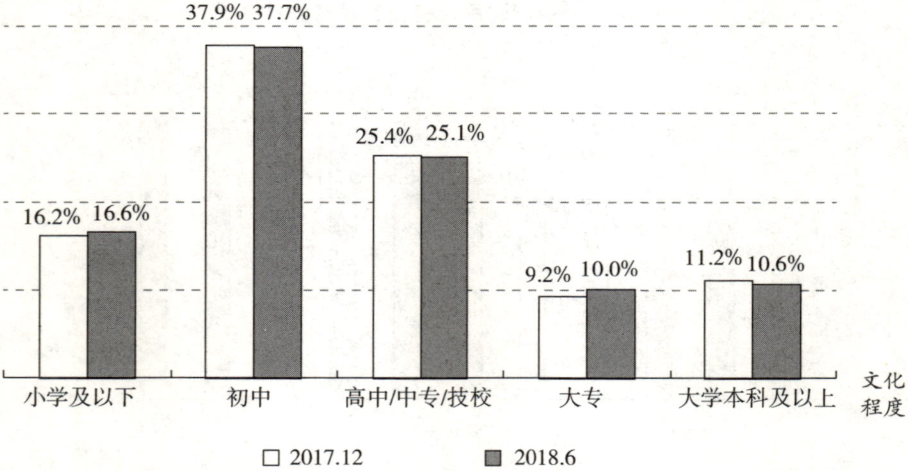

来源：CNNIC 中国互联网络发展状况统计调查　　2018.6

图2-4　中国网民学历结构分布图

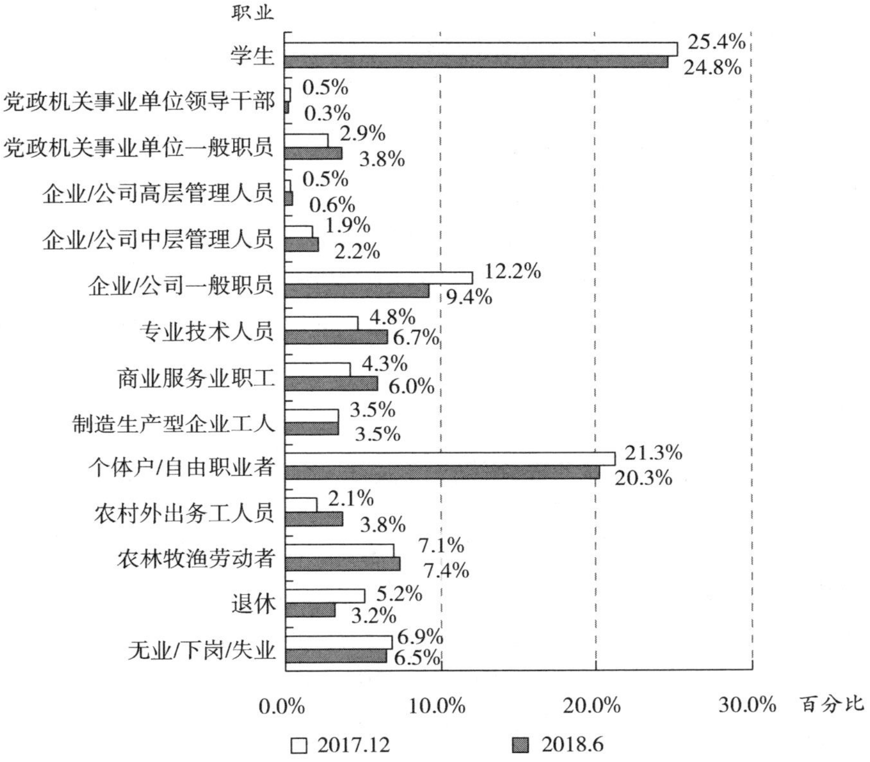

来源：CNNIC 中国互联网络发展状况统计调查　　2018.6

图2-5　中国网民职业结构分布图

（二）青少年网络失范行为，呈多样化、规模化趋势

处于社会转型期间的学生，其世界观、人生观和价值观容易在网络影响下发生潜移默化的变化，甚至产生一系列网络失范行为。网络失范行为是指网络行为主体违背了一定的社会规范和所应遵循的行为准则要求，而在“虚拟的电子赛博空间”里出现行为偏差①。当代学生的网络失范行为主要有：①网络信息选择失范，对网络色情、网络暴力、反动言论等负面信息情有独钟；②网络信息传播失范，传播虚假信息、垃圾信息、谣言信息，制造事端，

① 李一. 网络行为失范［M］. 北京：社会科学文献出版社，2007.

颠倒黑白；③网络言语使用失范，大量使用粗俗信息、下流信息等不文明网络语言在虚拟空间刷存在感等。缺失法律意识或法律意识不够强的学生还容易走上网络违法犯罪的道路，如建立网站或网页传播色情、暴力、恐怖等网络违法信息；利用网络侵犯他人隐私权、名誉权；非法破坏或者非法侵入计算机信息系统；利用网络或基于网络的诱因实施盗窃、诈骗、故意伤害等①。在丰富多元的网络舆情事件中，青少年网络失范行为的网络舆情新闻也是不鲜于耳，正向着多样化、规模化的趋势发展。当然，其中也有不少青少年学生因为善良单纯、阅历不深，容易上当受骗，这就有了一系列裸贷、网贷、网络诈骗等网络舆情事件。

（三）学生网络评论意愿和网络信任程度，呈高过网民总体的趋势

中国青少年上网行为研究报告显示（见表2-1），中学生和大学生的网络评论意愿程度都比较高，中学生、大学生非常喜欢和比较喜欢在网络上发表评论的比例分别为6.8%、6.1%和43.9%、48%。在网络信任程度上（见表2-2），中学生和大学生比较信任网络信息的比例分别为61.8%和59.6%。从表2-1和表2-2的数据可以看出，学生的网络评论意愿和对互联网网络信息的信任程度还是比较高的，超过了50%。纵观原因，一是学生正处于心理上的“断乳期”“叛逆期”，对社会和生活中的很多事情越发感兴趣，喜欢刺激信息，喜欢对问题作出褒贬评论，喜欢为捍卫自己的观点而争论不休，社会参与活跃度也越来越高，但是在现实生活中，受到学校、老师和家长的各种限制，无法实现自由表达，互联网自然而然成了他们自由表达意见和看法的主要场所；二是学生的年龄较小、阅历较少、社会支持比较薄弱，面对互联网上形形色色的庞大信息，对虚假信息、谣言信息、冗余信息、过时信息、盗版信息等垃圾信息不能进行识别，缺乏分辨能力，容易轻信。

---

① 中央综治委预防青少年违法犯罪工作领导小组办公室，共青团中央维护青少年权益部，中国青少年研究中心．青少年网络伤害问题研究［R］．2009.

表2-1　青少年网络评论意愿

评论意愿	小学生	中学生	大学生	非学生	青少年总体	网民总体
非常喜欢	8.7%	6.8%	6.1%	6.6%	6.8%	6.7%
比较喜欢	27.9%	43.9%	48.0%	42.8%	42.4%	37.1%
不太喜欢	45.1%	40.2%	38.7%	39.9%	40.3%	42.4%
非常不喜欢	8.8%	5.3%	5.2%	6.2%	6.0%	7.8%
说不清	9.5%	3.7%	2.0%	4.5%	4.4%	6.0%

数据来源：中国互联网络信息中心

表2-2　青少年网络信任程度

信任程度	小学生	中学生	大学生	非学生	青少年总体	网民总体
完全信任	5.9%	4.5%	1.3%	3.3%	3.8%	3.2%
比较信任	50.5%	61.8%	59.6%	52.4%	56.3%	51.3%
不太信任	25.7%	29.7%	34.2%	38.1%	33.5%	37.8%
完全不信任	7.2%	2.8%	3.0%	3.6%	3.6%	3.9%
说不清	10.7%	1.2%	1.8%	2.6%	2.8%	3.8%

数据来源：中国互联网络信息中心

相比于专科及以上的网民，高中生所占比例更多，也就是说，并不是每一个高中生网民都能顺利考进大学深造。从心理学上来说，大学的再学习教育是青年对社会的“延缓偿付期”。而中国的现状是，很多高中生在心理的“延缓偿付期”之前就步入社会参加工作，缺失了在大学期间通过“实践—检验—树立—再检验”的自我同一性确立的过程，这部分网民更容易出现网络失范行为和网络犯罪行为。这也从侧面给我们的高中思想政治教育敲响警钟——很多教育内容和教育课程不能等到大学才开展。当前的高中政治学科不仅要培养学生学习政治学科的兴趣，还要注重利用网络舆情培养学生政治学科的“政治认同、理性精神、法治意识、公共参与”四个核心素养；更要在高中时期就开始注重培养学生的信息素养和媒介素养，让学生既要懂得利用网络加强学习，也要懂得利用互联网传播媒介，初步形成积极的媒介批评能力，提升自身的理性精神和法治意识，用正确的网络素养，理性利用新媒体参与社会公共生活。

从问题提出的背景还可以看出，学生在网上发表意见的比例更高，更愿意在网络上发表评论，不管是中学生还是大学生。网络给发声带来了方便，他们可以在网络上自由地表达自己的观点、态度和看法，充分发挥自己的个性。但任何事物都有双面性，正如有学者所说，人类任何一种重大的科学发现和创造都无异于从神的天庭中窃得圣火。一方面会给自己带来光明，另一方面也会因此葬身火海①。当前是网络信息急剧爆炸的信息时代，网络舆情信息种类繁多，信息质量参差不齐，真假难辨，在网络虚拟空间的信息交流也呈现出去中心化的混杂性。学生正处于三观和人格形成的关键期和断乳期，其思想成熟的速度往往落后于年龄增长的速度，缺乏舆情信息辨别能力，容易受到负面舆情信息的不良影响，引发生理、心理等问题，产生网络失范行为，进而导致道德弱化和网络犯罪等社会问题。因此，关注和重视网络舆情下的思想政治教育，充分发挥网络舆情对学生思想政治教育的作用，深入挖掘学校的思想政治教育利用网络舆情存在的问题，寻找充分利用网络舆情创新思想政治教育的有效途径，加强学生政治学科核心素养和媒介素养的培养，加强学生获取、分析和加工信息的能力，以及加强高中和大学之间的思想政治教育衔接，成为我们必须认真面对和深入研究的重要课题。

二、研究的时代背景

（一）国家政策方针的积极贯彻

习近平总书记在党的十八大以来，提出了系列“网络强国”“网络治理观”。2015 年 7 月，国务院颁布了《关于积极推进“互联网+”行动的指导意见》，提出健康医疗、教育、交通等民生领域互联网应用更加丰富，线上线下结合更加紧密②，“互联网+教育”的互联网思维吹响了号角。2015 年 10 月，

---

① 范玉芳. 科学双刃剑：令人忧虑的科学暗影［M］. 广州：广东省地图出版社，1999：前言，4.

② 国务院. 关于积极推进“互联网+”行动的指导意见［R］. 2015.

党的十八届五中全会又提出，要拓展发展新空间，用发展新空间培育发展新动力，用发展新动力开拓发展新空间[①]。2015 年 11 月，《中共中央关于制定国民经济和社会发展第十三个五年规划的建议》提出，要牢牢把握正确的舆论导向，健全社会舆情引导机制，传播正能量。加强网上思想文化阵地建设，实施网络内容建设工程，发展积极向上的网络文化，净化网络环境[②]。

2016 年 4 月，习近平总书记在网络安全和信息化工作座谈会上的讲话中强调，互联网是一个社会信息大平台，亿万网民在上面获得信息、交流信息，这会对他们的求知途径、思维方式、价值观念产生重要影响，特别是会对他们对国家、对社会、对工作、对人生的看法产生重要影响[③]。从国家和国家领导人的方针政策中我们可以看出，“互联网+”的理念提出了教育的新时代要求，学生作为网络舆情的参与主体和影响对象，网上思想文化阵地建设的义务自然义不容辞。学校和教师更应在中国互联网经济发展的新时代加强自身的信息素养，预防本领恐慌，在教学中加强高中生网络伦理建设，发挥道德教化的引导作用，借助网络舆情素材让网上主旋律唱响，让网络空间得到滋养，让网络生态得以修复。

思想政治教育的创新是实事求是的，是与时俱进的，是紧跟时代步伐的，我国进入新时代，思想政治教育创新步入新征程。党的十九大报告指出，“要全面贯彻党的教育方针，落实立德树人根本任务，发展素质教育，推进教育公平，培养德智体美全面发展的社会主义建设者和接班人”。[④]“落实立德树人的根本任务”的出路在于思想政治教育，“培养德智体美全面发展的社会主义建设者和接班人”离不开思想政治教育。因此，在坚持创新思想政治教育课程的工作中，要深刻贯彻习近平总书记关于思想政治教育课程创新的重要

---

① 中共中央政治局．十八届五中全会报告［R］．2015.

② 中共中央政治局．中共中央关于制定国民经济和社会发展第十三个五年规划的建议［R］．2015.

③ 习近平．网络安全和信息化工作座谈会上的讲话［R］．2015.

④ 习近平．在中国共产党第十九次全国代表大会上的报告［N］．人民日报，2017-10-19.

精神，“坚持把立德树人作为中心环节，把思想政治工作贯穿教育教学全过程，实现全程育人、全方位育人，努力开创我国高等教育事业新局面”。①

2019 年 3 月 18 日，习近平总书记在主持召开的学校思想政治理论课教师座谈会上指出：“办好思想政治理论课，最根本的是要全面贯彻党的教育方针，解决好培养什么人、怎样培养人、为谁培养人这个根本问题。”② 因此，在新媒体时代，创新高校思想政治教育需要首先回答的就是习近平总书记提出的这个“根本问题”。同时，在创新高校思想政治教育的过程中，要充分“发挥教师的积极性、主动性、创造性。思政课教师，要给学生心灵埋下真善美的种子，引导学生扣好人生第一粒扣子”。③

习近平总书记还指出：“推动思想政治理论课改革创新，要不断增强思政课的思想性、理论性和亲和力、针对性。”具体要做到“八个统一”：“要坚持政治性和学理性相统一；坚持价值性和知识性相统一；坚持建设性和批判性相统一；坚持理论性和实践性相统一；坚持统一性和多样性相统一；坚持主导性和主体性相统一；坚持灌输性和启发性相统一；坚持显性教育和隐性教育相统一。”④

综上所述，深入贯彻落实习近平总书记关于思政课程改革的重要讲话精神，推动思想政治教育的创新，要把“立德树人”作为课程创新的根本任务；把“政治要强、情怀要深……”等“六个要”作为评判“课程教师是什么样子”的标准；把“八个统一”作为课程创新全过程的具体实践要求；把要“培养什么人、怎样培养人、为谁培养人”这个根本问题作为课程创新全过程都要认真思考的具体问题。

---

① 习近平主持召开学校思想政治理论课教师座谈会：强调用新时代中国特色社会主义思想铸魂育人贯彻党的教育方针落实立德树人根本任务. 人民日报，2019-03-19.

② 习近平主持召开学校思想政治理论课教师座谈会：强调用新时代中国特色社会主义思想铸魂育人贯彻党的教育方针落实立德树人根本任务. 人民日报，2019-03-19.

③ 习近平主持召开学校思想政治理论课教师座谈会：强调用新时代中国特色社会主义思想铸魂育人贯彻党的教育方针落实立德树人根本任务. 人民日报，2019-03-19.

④ 习近平主持召开学校思想政治理论课教师座谈会：强调用新时代中国特色社会主义思想铸魂育人贯彻党的教育方针落实立德树人根本任务. 人民日报，2019-03-19.

（二）学校教育实效的灵活提高

网络舆情环境下的学校思想政治教育在被动适应中产生了一系列新问题，主要表现在如下几个方面。

第一，部分思想政治教育工作者的信息素质和媒介素养不足，对网络知识和技术了解不多，上网经验少，对学生的网络行为和思想心理特点缺乏认识。

第二，目前学校思想政治教育的传统途径和方法不适应当代网络环境，面对网络信息对学生的影响，学校和教师正面的宣传教育缺乏吸引力和影响力。

第三，学生面对空前自由的网络空间，容易受到多元文化的强烈冲击，思想意识、道德行为和行为方式等不确定性增大，导致学生出现道德弱化、行为失范、自由主义、人情淡漠、犯罪行为等。

第四，高中思想政治课堂在高考的指挥棒下“以分数论英雄”，教学方式和教学内容单一落后，不适合学生对信息时代的教育需求。而高校的思想政治教育课堂也是如此，教师的课件在雷同中缺乏创新，有些课件的案例内容甚至还是十年前的案例，代表性不强，从而导致了学生经过高考进入大学后，依旧对思想政治课比较排斥。

第五，学校网络管理制度规定缺欠。在高中校园，除了在校规中禁止学生带手机、iPad等具有上网功能的电子设备进入校园外，对学生的网络管理几乎还是一片空白。

以上问题表现的根源在于很多学校和老师信奉“网络危害论”，因担心网络影响学生的成绩而控制其使用，却忽视了对学生信息技术和网络素养的培养，这是一种得不偿失的做法。

通过研究最近五年的各省市高考真题，可以发现，高考的命题指挥棒越来越紧扣时事热点，利用网络舆情素材出题的典型题目也越来越多（可参考附件：高考题汇总）。通过研究网络舆情下的高中思想政治教育，研究近五年的高考真题，开发适合学生的网络舆情校本课程，加强高中生的政治学科核心素养和信息媒介素养，制定灵活的学校网络管理制度，可以较好地解决以上问题，提高思想政治教育的实效。

相比于高中校园，在大学里面，学校和老师对手机、iPad、游戏机、电脑等多媒体设备的管制忽然从“缩紧”转变到“放松”这另一极端，很多学生表现得无所适从。特别是部分不能很好地通过军训这一关键时期迅速适应大学生活和大学节奏的大学生，感觉到不懂交际的自己无法融入同学圈，进而开始逃避人群，躲在自己的世界里，进而把自己融入虚拟的网络世界，这也就是为什么男孩子要避免游戏成瘾，女孩子要避免“煲剧”成瘾，因为这是大学宝贵时光的两大杀手。面对这些问题，高校也应该同步加强学校的网络管理，同时，还可以通过开设相关课堂、讲座、辩论赛、晚会等形式加强学生网络使用的指导，让学生更好地平衡和利用网络这把双刃剑，使其剑锋对外，以免自伤。

（三）教师教育方式的适时转变

网络舆情环境下的思想政治教育，其实是现实的一种延伸。之所以要把网络舆情纳入学校的思想政治教育中，学生成长环境的发展和变化是一个根本原因。在信息时代，网络不仅是一种技术，更是人类的一种生存方式。

在网络环境中，学生的个性和人格都得到了发展和丰富。学校的思想政治教育工作者，特别是政治老师，要建立网上和网下结合，学校和家庭结合，学校和社会结合的立体教育环境，增强时代意识，提升信息素养，创建贴近时代、贴近生活、贴近实践、贴近学生的“四贴近”线上线下课堂，加快学生政治学科核心素养的培养步伐。既要学会利用网络舆情素材来加强学生对国家的政治认同，同时也要转变教育方式，提升个人信息素养，切实提高教学质量，克服思想政治教学中存在的教育方式单一、内容枯燥无味等问题，加强学生学习政治的主动性、趣味性和积极性。

（四）学生信息素养的合力培养

素养有别于素质，素质是指与生俱来的性质和特征，而素养则是指经过后天的训练和实践而获得的基本的素质和修养。素养与不同的品类组合将诞生新的含义和特征，但总体上依然是指对该结合领域的素质和修养，如教师素养、学生素养、数据素养、媒介素养等，具体包括对某种特定事项所拥有的知识、能力、态度、情感、品德等。

学生素养是相较于教师素养而言的，它是指学生在学习的过程中应该具备的基本素质和修养。《大学》开篇曰："大学之道，在明明德，在亲民，在止于至善。"可见，学生素养的根本追求在于达到"完善的境界"。学生素养是学生通向完善境界的"垫脚石"，教育要对学生素养进行合力培养。

当代学生作为网络信息技术应用的主要群体，不仅是思想政治教育的主要对象，更是网络文化建设和网络道德维护的一支充满创造力的主体力量，"力除网络之弊，大兴网络之力"，在校园文化建设中传播正能量。网络舆情作为学生每天接触的网络信息和教师上课的丰富素材，一方面，网络舆情反映的社会和文化信息丰富多样，顺应了当代学生日益增长的精神需求和文化需求；另一方面，这些网络舆情信息参差不齐、真假难分，学生对负面舆情信息的关注度大大超过对正面舆情的关注度，而且负面网络舆情信息的传播具有强自主性、强非线性、强非中心性等特点，容易对学生的生理、心理造成不良的后果，甚至对社会造成不良的影响。学生作为思想文化和网络舆情渗透的重要群体，在实践中创造着网络文化，创造的网络文化又可以在物理空间和网络空间同时反作用于学生。

面对网络舆情对学生潜移默化的重要影响，学校、老师、家长和社会应该齐心合力引导其健康成长，在网络舆情的运用中加强学生的信息素养和媒介素养，增强学生对网络舆情信息的分析能力和辨析能力，初步形成符合主流的、积极的媒介批评能力，学会传播正面网络舆情，预防信息崇拜，降低负面网络舆情信息对自身的影响，形成全面的理论体系和理性的参与方式，懂得理性运用现代新媒体参与公共生活。

三、网络舆情对思想政治教学的作用

（一）提供教学资源，丰富传统教材

当前高中政治课教学在“应试教育”和“片面追求升学率”体制下存在课程教学目标单一、教学内容脱离实际与生活、教学方法单调枯燥、社会实践严重不足、教学资源匮乏等问题①。具有高时效性和丰富多元性的网络舆情可以为政治课教学提供适宜的教学资源，丰富传统教材内容，以更好地为以上问题把脉并对症下药。

网络舆情对教学资源的完善作用具体表现在两方面：一方面，网络舆情为教学提供了活灵活现的丰富素材，解决了目前政治教学脱离社会实际和学生生活的教学困境。如在讲必修二《政治生活》第二单元中“权力的行使：需要监督”这一章节的时候，可以结合习近平总书记“党纪先于国法，党纪严于国法”的治党兴国政略，收集最具代表性或最新的贪污腐败网络舆情事件。如周永康事件和薄熙来事件，引发同学们循序渐进的思考：①权力的行使为什么要进行制约和监督？②怎么监督，监督的形式有哪些？③为什么薄熙来贪污了三千万元，却和贪污了一亿三千万元的周永康一样被判了“无期徒刑”？④结合廉洁从政若干准则、中共纪律处分条例等规定思考，清除隐患为什么主要追究贪污责任？⑤为什么要给予周永康和薄熙来开除党籍的最高处分？利用热门网络舆情，设计多个回合的课堂互动，不仅丰富了简单枯燥的政治教材，也进一步提升了学生的政治热情，提高了学生的政治认同、法治意识和理性精神，避免让政治课堂成为一节“空大上”的“洗脑课”。

另一方面，网络舆情创新着教学语言，丰富着网络话语。网络语言更新

---

① 杨孟．高中思想政治课案例教学存在的问题及对策研究［D］．武汉：华中师范大学，2015.

速度快，新词新语层出不穷，且和当下的流行文化紧密相连①。相比于更新内容具有很大滞后性的教材，与时俱进的网络语言可以更好地展开和学生的交流及互动。网络话语不仅可成为网络社群传递信息、表达情感的载体和工具，也是网络社会交往的身份标识物和维系社群存在的重要纽带②。教师通过研究网络舆情，掌握最新网络话语，用学生喜闻乐见的方式传递教育信息，以缩小与学生之间的代沟和距离，从而更好地实现思想政治教育的实效。

（二）连线实战高考，衔接思政教育

一直以来，素质教育、创新教育主要停留在意识层面和理念层面，之所以难以进入操作层面，根本原因在于难以找到切入点，网络舆情的社会性正好和紧扣社会热点出题的高考指挥棒相契合。利用网络舆情连线高考，可以更好地突破应试教育的瓶颈。纵观近 5 年的全国卷和具有代表性的城市高考试题，如海南、北京、上海、天津、江苏、广东、浙江，可以发现各省市的高考试卷中，有不少选择题、辨析题和材料分析题是紧扣热点网络舆情事件进行命题的，这也为政治教学提供了一个新的教学切入点和命题方向。21 世纪对高考的考查不再是死记硬背的知识堆积，而更注重对学生理解能力、分析问题能力、时事敏锐度、正确价值观的培养。关注社会，解读现实，是对高中政治教学提出的新要求。新课标下的高考越发关注并反映社会现实，不仅将年度国内外重大时事、党和政府在现阶段的基本路线和重大方针政策纳入考试范围，而且经常从社会热点问题选择新信息、提出新问题③。图 2-6 所示是 2016 年全国文综高考卷 1 的材料分析题第 39 题，该题所采用的素材正是近期的热点网络舆情事件，通过分析“有的人打着‘还原历史真相’的旗号颠覆英雄、歪曲历史、消解崇高”的网络舆情事件让学生学会认知网络谣言、网络暴力，进而考查价值观、中华民族精神等考点。

---

① 荣燕. 论网络舆情与高校思想政治教育的耦合［J］. 教育探索，2014（6）：128-129.

② 李德才，李凡. 网络环境下思想政治教育理论和方法创新［J］. 思想理论教育导刊，2011（8）：90-93.

③ 李岚. 平稳过渡　稳中有变　变中求新——新课程背景下政治高考试题分析及教学启示［J］. 河北教育（综合版），2012（9）：36-37.

39.阅读材料，完成下列要求。（26分）

一个有希望的民族不能没有英雄，一个有前途的国家不能没有先锋。中华民族英雄是中华民族的脊梁。

近年来，有的人打着“还原历史真相”的旗号颠覆英雄、歪曲历史、消解崇高。如胡诌“黄继光堵枪眼不合情理”“‘火烧邱少云’违背生理学”“董存瑞炸碉堡为虚构”等。凡此种种混淆是非的谣言借助网络等传媒随意传播，一些网民盲目跟风、随手转发。这种抹黑英雄形象的谣传引起了一些人历史认知混乱和价值观迷失。

还原历史、守护英雄、捍卫崇高，就是守护良知、正义和精神家园。战场上多次负伤的志愿军老战士李继德动情地说：“黄继光堵枪眼时，我在现场！”当年的老排长郭安民挺身直言，燃烧弹点燃伪装草，“大火整整烧了二十多分钟，邱少云始终一动不动”。董存瑞的生前战友郅顺义多次口述力证，董存瑞舍身炸碉堡，就在他的掩护之下……

（1）结合材料，运用价值观的知识，对否认英雄的错误言论加以批驳。（12分）

（2）结合材料和文化生活知识，探究如何守护英雄、弘扬中华民族精神。（10分）

（3）班级召开“我为英雄点个赞”主题班会，请就如何学习英雄列出发言要点。（两条，每条10~30个字）（4分）

图2-6　2016年全国文综高考卷1的材料分析题

（三）培养学科兴趣，加强渗透融合

众所周知，思想政治教育是一种渗透式教育。渗透式教育是指把思想政治教育意图融于特定的载体，通过熏陶和感染来达到教育目的，是一种隐性的教育方法①。教师在教学中可借助网络舆情这一载体，通过网络舆情素材的灵活引用，提高学生学习政治的热情和兴趣，使教学内容与生活实际、社会问题渗透融合。一方面，网络舆情的热点话题也是学生最感兴趣的讨论议题，学生可在课上和课下、线上和线下与老师、同学甚至网友分享自己的观点，表达自己的主张。同时，具备一定信息素养的教师将理性的观点通过因势利导的方式渗透到学生的思想之中，将理论的讲解融合到问题的实际解决之中，从而实现对学生开展有效思想政治教育的目的②。

① 中国思想政治教育工作研究会. 思想政治教育工作概论［M］. 北京：北京大学出版社，2007：58.

② 明义敬. 论高校网络舆情视阈下的大学生思想政治教育［D］. 苏州：苏州大学，2010.

另一方面，教师在政治教学中利用网络舆情素材这一载体，可以达到提升学生的媒介素养和政治学科的政治认同、理性精神、法治意识和公共参与四个核心素养的目的。再者，在网络舆情事件探析中，让学生利用所学知识进行深入分析，可以较好地转变学生对政治课空洞乏味、脱离实际的看法，对激发学习兴趣有着很好的作用[①]。因此，在政治教学中，教师应充分利用网络舆情这一有利的素材工具，培养学生的理性思维，在新型的对话模式中建立一种新型的师生关系，加强教学实效性。

(四) 拉近师生关系，促进教学相长

美国教育家玛克辛・格林说："如果一个人要真正了解人们的意图，感受他们的主动性，体验他们面临的不确定，就必须作为一名参与者深入事件发生的过程中。"[②] 从玛克辛・格林的话语中得知，师生之间熟悉的过程就是师生相互参与的过程，也是拉近师生关系的过程。网络舆情在师生交流过程中起到一个沟通桥梁的作用，如果这一作用把握得好的话，正好可以拉近师生关系，促进教学相长。同时，网络舆情在教学中的运用还可以有效避免在思想政治教学中普遍存在的"面对面交流的弊端以及反复说教所产生的逆反心理"。若教师能较好地在教学中对网络舆情事件进行正确梳理和恰当引导，学生对学习思想政治的逆反心理将会得到一定的改善，并在交流中加强理论知识的学以致用。

在思想政治教学中，师生可借助最新的网络舆情热点事件交流彼此的看法和观点，在知识碰撞和诉说倾听中流露真情实感。一方面，加强知识点的学习和掌握，另一方面，可增加彼此友谊，拉近师生关系，提升教学实效。网络舆情还可结合新媒体的应用，实现教学相长，其作用主要表现在以下三个方面。

第一，师生可利用网络舆情在线上和线下平台自由交流、讨论相关的学

① 陈思源. 网络环境对高中思想政治课教学的影响及应对研究［D］. 新乡：河南师范大学，2015.

② 玛克辛・格林. 释放想象：教育、艺术与社会变革［M］. 郭芳，译. 北京：北京师范大学出版社，2017：12.

习内容。学生尤可针对上课没听懂抑或还有疑问的地方，利用新媒体等软件针对网络舆情事件展开线上的进一步交流和探讨，为学生有效地学习提供强大的案例支撑。

第二，教师可把最近热议的、有讨论价值、有探讨必要的网络舆情事件分享到学习群中，使学习交流群洋溢学习气氛，在散发正能量的氛围中选择一种接地气的方式实现一种课堂教学和课后探讨的无缝对接，激起大家好好学习、关注社会生活的热情。

第三，教师还可利用多媒体的嵌入开通网络舆情学习客户端，学生只需添加关注便能便捷地进行学习、交流，如微信学习群、微信公共账号等。在这些学习平台上，师生可一起分析最新的网络舆情事件，了解国际国内时事，既可提高教师的知识前沿意识，也可加强学生的学习兴趣，促进师生的自我发展。

四、网络舆情对学生道德教育的作用

（一）拓宽德育空间，开拓全新阵地

在高中应试教育下，高中普遍选择了一种“重智育轻德育”的教育模式，但是素质教育的关键在于德育而非智育。高中对德育教育的欠乏，导致了大学生道德素质低下、责任意识淡薄、极端个人主义盛行等。当前，学生主体性膨胀、学校德育釜底抽薪、学生基础道德品格沦落、人际关系异化和“安全德育”盛行等成为阻滞当代学校德育前进的障碍[①]。纵观学生的道德现状，德育工作显得非常迫切。学校借助网络舆情开展德育，可以扩宽德育空间，开拓全新阵地。一方面，由于当代青年是网络的最大使用者，德育工作者不能把自己的教育空间局限在线下。网络舆情不仅蕴含着思想政治教育的丰富素材和信息，还为班主任/辅导员、政治教师、政教处、学工部等德育工作者提供了一种新的现代化手段，拓宽了德育路径，最终实现校内与校外、线上

---

① 龙宝新. 我国公立中学德育工作面临的新危机——基于对陕西省16所公立中学德育工作的实地调查［J］. 中国教育学刊，2011（4）：76-79.

和线下的有机结合，加强德育的实效性。另一方面，德育工作者可以借助网络舆情开展各式各样的校园活动或校外实践活动，在活动中了解学生的思想动态和行为动向，对可能出现的偏离正常轨道的行为或偏离主流的负面思想进行引导和纠正。

（二）丰富网站内容，构建“互联网+德育”平台

网络德育是指在信息技术条件下通过网络平台创造性地实施德育活动，达到育人的目的①。目前，高中和大学都有自己的网站，但网络的德育效果欠佳。一是因为学校不重视对网站德育内容的建设，网站中心位置更注重宣传学校和单纯的信息发布；二是因为学生对学校网站的关注热情疲软，对网站上的内容缺乏热情，容易使学校的网站建设成为一项“面子工程”；三是因为网站德育内容建设得不全面，即使设置了德育板块，但也主要局限于诸如社团活动、校园故事、宿舍生活、视频报道、心灵空间、青春律动、学校校刊等，缺乏充实的网络德育内容。而利用网络舆情丰富网站德育内容，构建“互联网+德育”平台，可以较好地解决以上问题。

首先，以网络舆情为素材和切入点，学校网站带头重视网络德育的建设，设置网络德育专栏，防止不良信息阻碍高中生身心的健康发展。同时，还可以让学生增加对网络舆情的好奇和热情，让学生主动参与进去，调动学生的积极性，更好地发挥他们学习德育的主体能动性②。

其次，在德育工作中，可通过开展班级网页建设、教师微课大赛、科研活动、开设学校论坛、开展演讲辩论大赛、开通班级微信公共账号等活动，充分发挥新媒体、自媒体的作用，讨论最近发生的且对学生较有教育意义、需要学生认真思考的反映社会现实的网络舆情事件。德育工作者应在日常和活动中加强对学生的德育教育，把活动成果同步更新到学校网站上，丰富网

---

① 于艳波．网络德育：有特色，更有魅力［J］．人民教育，2010（Z3）：61-62．

② 宣海宁．学校德育工作管理中存在的问题及对策分析——以河南省信阳市某中学为例［J］．企业导报，2016（7）：1-2．

站的德育内容，增加网站的点击率和关注量。

（三）培养舆情兴趣，加强网络文化建设

由于网络环境复杂，不易监管，且暴力、色情信息、图片和网络游戏不断增加，加上学生接触信息的便利性，其更容易沉溺于网络，产生暴力倾向，思想发生动摇，不仅影响他们的学习意志，也阻碍其良好品德的养成①。因此，要注重网络舆情对德育的作用，培养学生对舆情的兴趣，进而加强学生的网络文化和网络伦理建设。一方面，德育工作者可以利用网络舆情向学生宣传社会主义核心价值观，促使学生明确在虚拟网络中的道德操守和道德义务，增强实践网络道德行为的自觉性，建设自主型网络道德，共享欢愉的网络精神家园②。另一方面，充分利用网络舆情加强学生的网络公德建设和教育，避免学生在浩瀚无穷和信息参差不齐的互联网中迷失自我。

其实，一些旧的道德观念和道德规范已经不适应当前急速变化的社会，新时期需要新的道德观念和规范来引领，但新的道德观念和规范却尚未形成，在这种情况下，可利用丰富多样的网络舆情事件初步树立适应社会变化的、符合当代社会的道德准则，加强网络文化的正能量建设，在正能量的传播中避免网络失范行为、网络犯罪行为的发生。如 2017 年 11 月起持续发酵的“江歌案”，让大家对“该不该善良”有了一定的质疑。善良是一种美德，是人身上的一种光环，我们应该一代一代传承下去，这是毋庸置疑的。但是，放到当代社会，我们选择善良的同时也要懂得保护自己，这个“度”该如何把控，需要新的道德规范和观念来引领；再如，老人、孕妇、小孩跌倒了该不该扶的问题，扶了担心被讹，不扶良心过意不去，类似这种网络舆情事件不仅需要适应当前的道德规范，更需要法律的制约和法律的权威为其保驾护航。

---

① 冯文全，陈晓霞. 中学德育存在的问题及对策分析 [J]. 教育与教学研究，2016 (6)：117-120.

② 张博. 网络舆情对大学生思想政治教育的影响研究 [D]. 喀什：喀什大学，2015.

第三章　网络舆情下思想政治教育的影响分析

一、网络舆情给思想政治教育带来的积极作用

（一）树立社会主义核心价值观，培养社会责任感

在思想政治教育中，合理利用网络舆情可以帮助高中生树立正确的社会主义核心价值观，培养其社会责任感。一方面，教师可在教学和德育中通过各种载体在学生中传播、分享和讨论符合社会主义核心价值观的网络舆情事件，将网络舆情中主人公的先进事迹与思想政治教学和德育完美结合起来，帮助学生在日常生活中找到自己的学习榜样，利用榜样指导行为，端正思想，实现蜕变，进而在正面网络舆情事件中传递社会正能量，培养学生责任意识。另一方面，网络舆情在满足学生获取知识与信息、交流观点与想法、拓展人际与交往、提供情感宣泄渠道等的同时，也在一定程度上激发了学生关注社会发展和参加社会生活的激情。

在实践中，首先，教师应该想方设法实现思想政治教育和网络舆情的合力，在思想政治教育中灵活引用网络舆情素材，在网络舆情引导中内化思想政治教育内容，让学生在时代的发展和进步中加强对国家方针及社会事务的关注，在理论和实践中激发学生学习政治的热情，并在这个过程中润物无声般地帮助学生树立正确的三观，以便日后更好地适应社会。如在讲《哲学与生活》第四单元第十二课“实现人生的价值”的时候，教师可选用 2015 年 10 月的两大网络舆情事件——“黄晓明的两亿婚礼”和“屠呦呦获诺贝尔生理学或医学奖”，再结合网友分享的文章《黄晓明 PK 屠呦呦：一生努力不敌

一场作秀!》①，引导学生分析关于“价值观”“社会贡献”“价值创造”等问题，帮助学生认识到每个人都有自己的社会贡献方式，而不是让学生在“黄晓明挥金如土办婚礼，屠呦呦的奖金却不够在北京买个客厅”的社会舆论影响下形成“读书无用论”“科学家没钱途”的潜在社会意识。

其次，可通过适宜的网络舆情事件，引导学生在现实生活中和虚拟网络上学会理性表达、科学表达、合理表达，宣扬社会主义核心价值观，培养自身的社会责任感。目前，在网络上既有弘扬社会主义主旋律、宣传主流价值观的舆情和信息，也有不少不良舆情和信息，甚至还有一些反马克思主义、反社会主义的负面信息。在这种情况下，互联网已成为我们对学生进行思想政治教育的一种新的途径，成为学校在思想政治领域必须占领的一个重要阵地。若把这一阵地占领并利用好，思想政治教育可更好地实现事半功倍的效果。如大学时期正是社会主义核心价值观体系构建的重要时期，这种核心价值观直接影响着大学生日常的思想和行为。在思想政治教育中，可利用网络舆情促进大学生的情感交流，培养大学生的健康情感，进行更深层次的交流，与其他同龄人交换对人生、学习、兴趣爱好、爱情以及对社会等事件的看法和意见。

再次，可通过网络舆情引导大学生利用网络关心社会、国情和民情，提高大学生的社会责任感。学校要充分利用网络舆情引导学生关心社会、关注民生和国情，积极以社会的发展和民族的昌盛为己任，不能随大流和盲从，不能分不清是非曲直，以更好地提高他们的社会责任感。

最后，学校还可以通过培养教师和学生成为意见领袖的方式来引导网络舆情，加强网络舆情的分析、研究和监督。学校和网络媒体都应充分重视意见领袖的作用，积极培养学生在网络中成为意见领袖。他们能够推动和改变网络中的焦点和热点舆情事件，影响或左右网络舆论的走向，具有强大的舆论发动力和推动力。学校也可以通过定期或不定期地邀请学生中的意见领袖

---

① 路长全. 黄晓明 PK 屠呦呦：一生努力不敌一场作秀［EB/OL］.（2019-06-15）［2015-10-12］. http://mt.sohu.com/20151012/n423002324.shtml.

与专家、学者或官员进行热点话题探讨，在专家学者与学生的积极互动中，进一步培养和规范网络意见领袖。并通过他们去引领学生网民比较理性地看待各种问题，较好地引导网络舆情，加强校园舆论监督，及时了解和干预学生的思想问题，以更好地应对和解决可能会出现的问题，抑制不良网络舆情的传播，更好地促进学校的和谐校园建设。

（二）培养政治学科核心素养，加强学生的媒介素养

政治学科核心素养和媒介素养是对新时代学生提出的新要求。一方面，网络舆情可以更好地培养学生的政治学科核心素养。教育部在《关于全面深化课程改革　落实立德树人根本任务的意见》中进一步提出，政治学科的核心素养为“政治认同、理性精神、法治意识和公共参与”（见图 3-1）。同时还在文件中提出，信息网络技术突飞猛进让各种思想文化交流交融交锋更加频繁，但学校的教育重智轻德，单纯追求分数和升学率，学生的社会责任感、创新精神和实践能力较为薄弱①，学生的综合素养欠缺和不足，如理性精神的缺乏、法治意识的薄弱。教师在思想政治教育工作中，合理恰当地使用网络舆情可以更好地加强学生四个学科核心素养的建设。另一方面，网络舆情还有利于培养学生的媒介素养。媒介素养包括媒介使用素养、信息生产素养、信息消费素养、社会交往素养、社会协作素养、社会参与素养等②。如学生应如何正确使用电脑、iPad、手机；如何在海量信息中筛选、判断、分析有效信息；如何负责地发布、传播、分享网络信息；如何在网络中尊重他人的权利；如何理性参与网络写作等。如果从中学开始，教师就注重培养学生的媒介素养，那么，我们共同拥有的网络空间，必定会更加明朗。

---

① 教育部. 关于全面深化课程改革　落实立德树人根本任务的意见［R］. 2014.

② 彭兰. 社会化媒体时代的三种媒介素养及其关系［J］. 上海师范大学学报（哲学社会科学版），2013（3）：52-60.

学科	核心素养	具体表述
政治	政治认同	政治认同是指人们对一定社会制度和意识形态的认可和赞同。通过本课程的学习，学生能够确信发展中国特色社会主义是国家富强、民族振兴、人民幸福的根本保障；理解中国共产党的领导是中国特色社会主义最本质的特征，拥护中国共产党的领导；认同社会主义核心价值观是建设什么样的国家、建设什么样的社会、培育什么样的公民最基本的价值标准，自觉践行社会主义核心价值观。
	理性精神	理性精神是人们在认识和改造世界的过程中表现出来的理智、自主、反思等思维品质和行为特征。通过本课程的学习，学生能够运用马克思主义哲学的观点和方法观察事物、分析问题、解决矛盾，面对经济、政治、文化、社会和生态文明建设中的问题，作出理性的解释、判断和选择，坚定理想信念，树立文化自信，以负责任的态度和行动促进社会和谐。
	法治意识	法治意识是人们对法律的认可、崇尚与遵从，是关于法治的思想、知识和态度，主要包括规则意识、程序意识和权利义务意识等。通过本课程的学习，学生能理解法治是人类文明演进中逐步形成的国家治理方式；形成宪法至上、法律权威、法律面前人人平等的观念；懂得行使权利与履行义务的关系；养成依法办事、依法维权、履行法定义务的习惯；具有法治让社会更和谐生活更美好的认知和情感。
	公共参与	公共参与是公民主动有序参与社会公共事务和国家治理，承担公共责任，维护公共利益，践行公共精神的意愿与能力。通过本课程的学习，学生能够具有人民当家作主和勇于担当的责任感；了解有序参与公共事务的途径、方式和规则；积累参与民主管理、民主决策、民主监督的实践经验；提高通过对话协商、沟通与合作表达诉求、解决问题的能力。

图3-1　政治学科的核心素养

（三）提高学生对主流观点的认同，加强思想政治教育的生活化

网络舆情蕴含着思想政治教育丰富的信息资源，既可以向学生传递正确的知识，使学生树立社会主义核心价值观，提升他们的学科核心素养及媒介素养，还可以提高学生对社会主流观点的认同感，让网络舆情下的思想政治教育信息和内容得到最大限度的引导和传授。其一，思想政治教育可以通过网络舆情素材让学生正确理解现实矛盾，促进社会和谐和网络文明建设，提高学生对社会主流观点的认同，从而避免形成偏差性认识，避免学生因消极不满而缺乏理性地表达消极、偏激或低俗的言论，并在自我提升中学会理性客观科学地表达意见和观点。其二，网络舆情中的主流观点可把传统思想政治教育的理论说教和观点灌输转化为对学生潜移默化地感染和引导，并在渗

透融合中侧重于对学生群体民心和民意的有效疏通引导，使他们形成符合一定社会或一定阶级所认同的政治态度和思想行为①，进一步加强思想政治教育的实效性。其三，网络是学生获取主流观点的主要渠道，而网络舆情是实现意识形态教育的重要载体。思想政治教学者和德育者可通过发挥网络舆情的优势，着力加强其生活化转换，即将社会主义意识形态、社会主义核心价值体系、社会主义核心价值观以更加生活化、大众化的方式向学生表达，让主流观点能够在学生的现实生活和网络生活中“看得见，摸得着，做得到”，实现网络思想政治教育的虚实结合②。如让学生学会在网络舆情中主动发现主流观点，也可以通过“树立身边的网络道德模范”的方式使学生对社会主流观点的认知更加清晰，以更好地让主流观点渗透并内化到学生的日常生活和学习中，进而实现主流观点对学生实际行动的指引作用。

二、网络舆情给思想政治教育带来的消极影响

（一）西方价值观的渗透和操控

互联网是一把双刃剑，其便捷性为全世界各国文化、思想、意识形态的交流提供了方便，也为西方价值观的操控和渗透打开了大门，一方面让学生的视野变得开阔，另一方面却面临西方价值取向的隐形渗透和操控。再者，跨国界、多领域、多层次的交流为西方宣传其资本主义意识形态和价值观提供了便利，并试图通过网络这一“隐形的战场”发动“无硝烟的意识形态战争”，特别是一些国际反华势力，试图在网络上宣扬“反马克思主义、反社会主义、反集体主体”三反恶俗言论，通过控制网络舆情舆论导向对我国学生群体进行西方价值观的渗透，进一步“西化”中国学生。所以，网络舆情和网络舆论的这些“隐形战场”更容易成为以美国为首的西方发达国家对我国学生进行思想和意识形态渗透的渠道，他们试图通过这种隐蔽式“意识渗透”

---

① 荣燕. 论网络舆情与高校思想政治教育的关联［J］. 武警学院学报，2014（1）：59-61.

② 刘娜. 大学生对网络思想政治教育环境中主流观点的认同研究［J］. 思想理论教育导刊，2015（4）：121-125.

来影响和操纵我国学生的思想和生活方式，实现其“不战而胜”的长远政治图谋。美国前总统布什在接受美国广播公司采访时强调：“我们非常高兴地看到，因特网按照我们希望的方式进入中国，我们所崇尚的自由和民主很快会在那里生根发芽，改变他们一代一代人的生活方式。”

近年来，除了西方的自由和民主思想在我国盛行外，西方的消费主义、拜金主义、享乐主义、极端个人主义、后现代文化等其他文化相继通过网络、书籍、影视、游戏等传播载体进入我国，催生了当代青年的物欲、享乐、媚俗、国家观念淡薄、历史虚无主义、否定主义、反中心等社会心理[①]。如2016年开始风靡的校园网贷事件，正是西方资本主义价值观在我国强势输入和输出的结果，其金融资本的放贷正是西方价值观的缩影。而学生正处于三观形成和完善的关键时期，很容易受西方意识形态和价值观的影响，其价值观一旦被颠覆，就是颠覆我国的未来，颠覆我国的社会主义核心价值观，颠覆我国的高中思想政治教育实效。再如，2018年6月热议的文章《中国大学沦为艾滋病重灾区，处心积虑：西方扔出的“奶头”恶果毕现!》，在西方价值观的影响下，我国不少青年开始追求一种“娱乐至死”的文化和“奶头乐”的满足。什么叫“奶头乐”？简单地讲，就是通过抛出一个“奶头”，这个“奶头”可以是毒品、赌博、色情、娱乐或娱乐偶像等任意一种低成本却又顺应人性的低俗文化。当人们满足于这一“奶头”时，即使处于被剥削地位，也会放弃抗争，这就是“娱乐社会”的一面，从另一侧面来看，其实隐藏着西方价值观的渗透无处不在。

（二）产生思想偏差，造成群体极化倾向

网络舆情的迅速发酵和传播，容易让学生在思想偏激中产生群体极化倾向。极化倾向是人们潜在心理需求的折射，是产生网络文化阴暗面的必不可少的助推力量，在少数人发起，多数人或附和，或默许，或添油加醋的过程

① 张延芳. 网络社会背景下当代青年思想政治教育研究［D］. 金华：浙江师范大学，2012.

中逐步形成[①]。一方面，负面网络舆情在群体极化中容易形成认知偏差。这种偏差表现在：第一，网络舆论带有明显的个人情绪，学生比较敏感，容易冲动，对一些事情的评价常常带有强烈的个人感情色彩；第二，网络上存在着很多不真实的信息。不真实的信息会随着网络的传播进行发酵，逐渐偏离事情真相，在以讹传讹中混淆视听，影响学生的判断。学生正处于世界观、人生观、价值观的形成阶段，他们有社会责任感、正义感、同情心，但他们分辨是非的能力还有待进一步提高，容易听风就是雨，易受一些似是而非的信息和不良言论的影响。另一方面，网络舆情特别是当前的负面网络舆情很多涉及社会转型期间突出的社会矛盾和社会问题，学生在关注不公平的舆情报道时容易产生对社会的不满和降低对政治的认同，在非理性的情绪发泄中产生网络暴力，践踏公民权利，甚至从网络搬至现实，影响社会的稳定，降低思想政治教育的成效。

（三）人际关系淡化冷漠，造成责任道德感弱化

相对于正面网络舆情，负面网络舆情还会对学生的人际关系和责任道德感产生负面影响。

首先，是对学生的交往方式和人际关系产生影响。在教师和家长压迫式的教育焦虑下，家长对子女抱有厚望，望子成龙，望女成凤。这是一个怎样的时代？其实这是一个特别容易让人焦虑的年代。父母不仅疲于经济焦虑，还被动陷入了教育焦虑。君可见，父母通宵达旦在校门口排队只为给孩子争一个入学名额？君可见，父母付出昂贵代价为孩子购买学位房只为给孩子争取最好的学校？君可见，父母几经周折“走后门”“托关系”只为给孩子最好的教育？这就是中国有着极度“教育”恐慌的父母，他们无比痛恨当代的应试教育，却唯恐孩子通不过学校的各种考试；他们无比疼爱自己的孩子，却忍痛割爱偷走孩子的“童年”，把他们送进各种培训班；他们痛斥着中国教育的不公、学校的黑暗，却私底下让孩子拼爷拼爹拼财力……所以，这也是

① 盛晓白. 网上群体极化倾向应及时疏导［N］. 光明日报，2010-10-10（5）.

一个容易让孩子焦虑的年代。中国青少年研究中心通过连续十几年对全国的中小学生进行跟踪调查，发现近八成的中小学生学习超时，睡眠不足，83.6%的中学生父母要求孩子考试考前15名，54.7%希望孩子将来读到博士学位。因此，特别是中小学生，同时面对着家长和教师的双重厚望和压力。这部分学生在步入大学摆脱大人的管制后，更易转向网络寻求解放、自由和快乐。显然，长时间暴露在网络之下的学生自然会花更多的时间在网络交往中，这些学生更易受负面网络舆情的影响，进而影响他们在实际生活中的交往方式和人际关系。

其次，是负面网络舆情会带来责任道德感的弱化，如扶跌倒的老人家反而被讹的网络舆情事件让现在的学生见到跌倒的老人不敢再扶；身体健全的人伪装成残疾人上街乞讨月入过万的舆情事件让现在的学生不愿再给街边乞讨的人一点爱心，宁愿相信所有的乞讨人员都是假的。

最后，负面网络舆情还容易带来学生法律意识的弱化，网络的匿名性给学生带来了更多的网络自由，这在一定程度上失去了现实社会生活中的道德和法律约束，进而放纵自己。如在网络上散播网络谣言、查看黄色图片、浏览色情网站、在网上购买“枪手”帮忙写作业或靠帮他们写作业来赚钱、在网上买“毕业论文”“毕业设计”等。

三、网络舆情给思想政治教育带来的机遇和挑战

网络舆情的发展丰富了学生思想政治教育的内容和形式，创新了思想政治教育的载体和平台，既给思想政治教育工作带来难得的机遇，同时也带来了严峻挑战。通过上文的阐述，我们可以发现网络舆情给思想政治教育带来的难得的时代机遇，如学生思想政治教育工作新阵地的开辟、学生思想政治教育工作新合力的形成等。

但是，我们也应该清醒地看到，网络舆情在给学生的思想政治教育工作带来机遇的同时也带来了系列挑战：①挑战着传统的课堂教学模式。网络舆

情打破了教育者固有的“教师讲、学生听，教师写、学生抄”的教育教学模式，因为传统的封闭式强制理论灌输已经难以在网络时代收到实效，传统的教育模式由于滞后于信息的更新和时代的发展而受到深层次的挑战。②挑战着教育者的自身定位和能力素质。我们思想政治教育工作者的思想素质和综合能力是否能适应新媒体时代的变化和需求，若从当前的思想政治教育内容滞后、方法单一、缺乏吸引力方面来看，很明显，我们的思想政治教育者还有很大的提升空间。③挑战着学校的网络思想政治教育。突发性的网络舆情事件容易激发网民的“群体极化”，间接诱发学生群体性事件。所以，互联网的开放性、即时性、隐匿性、互动性等特点给网络思想政治教育带来新的问题和新的挑战。④挑战着网络新生代学生的个性表达。在多元的新媒体信息时代，校园或社会主流声音的缺失和自我个性表达的越位，也会给我们的学生带来思想上的困惑和行动上的迷茫。⑤网络环境对思想政治教育工作带来的最大挑战是网络环境和网络文化使得学生价值冲突更加直接和剧烈，价值取向更加多元，价值选择更加困难。主要表现为：第一，西方资本主义的思想意识形态通过网络进行思想文化渗透，对社会主义意识形态控制力带来冲击。第二，不良的人生观、价值观会对学生的思想道德观念和法律意识带来消极影响。第三，网络的虚拟性对学生的交往方式和人际关系会产生负面影响。

第四章　网络舆情下思想政治教育的实证分析

一、网络舆情下高中思想政治教育现状的调查分析

（一）样本分析

本次调查以某重点高中的师生为调查对象，在学生问卷中，共发放 600 份，回收有效问卷 556 份，有效回收率为 92. 7%。其中，男生为 194 人，女生为 362 人。回收的问卷中，一年级占 33. 09%，二年级占 34. 89%，三年级占 32. 01%。在教师问卷中，共发放 16 份，回收有效问卷 16 份，有效回收率为 100%。该高中三个年级共 16 位政治教师，其中，男教师 8 人，女教师 8 人。回收的问卷中，高一、高二和高三各年级教师比例分别是：高一占 43. 75%、高二占 25%、高三占 31. 25%。为了使调查结果的信息和数据更加精准，本次调查采取完全匿名的形式，从而真正达到问卷调查的目的。

（二）数据分析

1. 师生展开交流沟通的社交软件/社交平台

由于学校不允许学生带手机、iPad 等设备进入教学区，因此在课后或周末/放假，师生之间才更方便借用社交软件/平台展开线上交流和沟通。如图 4-1 和图 4-2 所示，在众多社交软件中，学生更愿意使用微信、QQ 和教师进行交流，比例分别为 54. 68% 和 28. 78%，相对而言，36. 33% 的学生在课后不与老师展开任何线上交流；相比于学生，老师也同样热衷于使用微信、QQ 和学生进行沟通，比例分别为 87. 5% 和 56. 25%。由数据可以看出，大部分师生

还是喜欢使用当前比较流行和便捷的微信和 QQ 这两种社交软件进行交流和探讨相关问题，但也有部分师生在课后是零交流的。

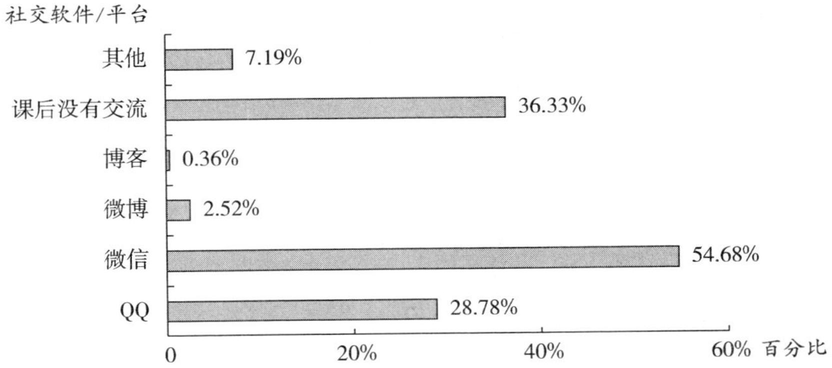

图4-1　学生选择的主要交流沟通平台

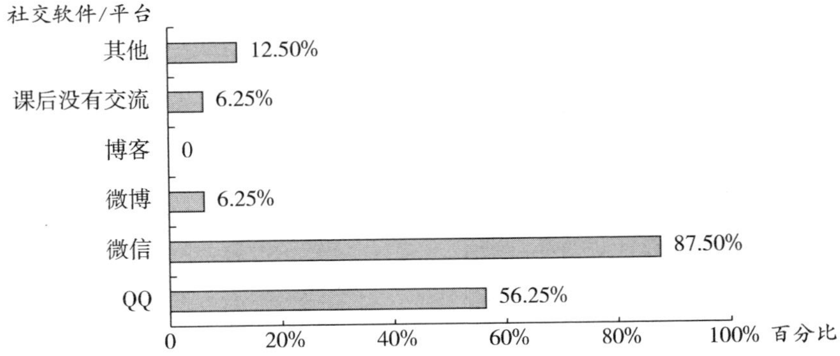

图4-2　教师选择的主要交流沟通平台

2. 学生在周末/放假，每天的上网时间和上网主要需求

如图 4-3 所示，周末或放假每天上网 6 小时以上的学生占 18. 35%，上网 3~6 小时的学生占 31. 29%，上网 1~3 小时的学生占 37. 41%，上网 1 小时以下的学生仅占 12. 95%。通过统计分析，周末或放假每天上网时间超过 3 小时的学生所占比例超过五成，由此可见，在周末或放假时间，学生在互联网逗留的时间并不短。

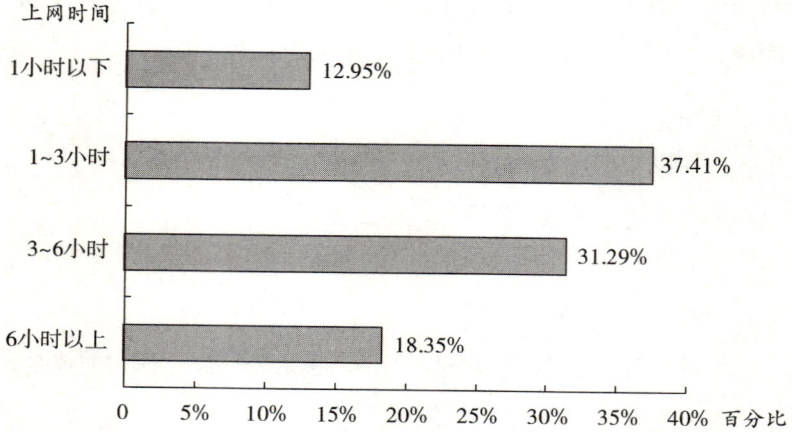

图4-3　学生在周末/放假每天的上网时间

根据问卷中对学生上网主要需求的调查得出（见图 4-4），在列举的主要需求中，听歌或看视频的比例最高，达 85. 25%；其次分别是查找学习资料、聊天交友和浏览新闻，所占比例分别为 64. 03%、62. 95%和 60. 43%；然后是网购和玩游戏，比例分别为 34. 53%和 31. 29%。相对而言，学生使用网络进行收发邮件和团购消费的比例较低，仅占 16. 55%和 6. 47%。说明学生上网的主要需求，首先是娱乐和放松，其次是学习和浏览新闻。

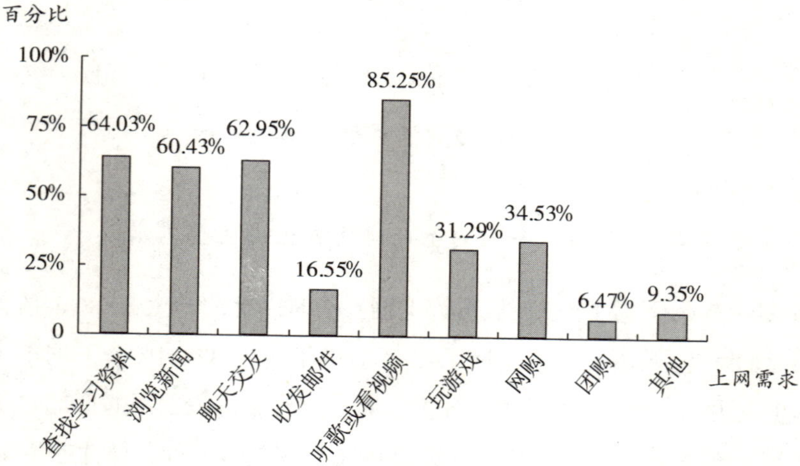

图4-4　学生上网的主要需求

3. 网络表达的特点和网络信息的分辨

(1) 学生网络评论/看法的特点分析

数据显示，学生在互联网上发表评论或看法的意愿程度还是比较高的，比较喜欢的比例占65.83%，非常喜欢的占1.80%；不太喜欢和非常不喜欢的比例分别为12.95%和8.63%。如图4-5所示，接近七成的高中生愿意且比较喜欢在互联网上针对网络事件发表自己的评论和看法，而“沉默者”为少数。互联网是学生自由表达意见的线上场所，学生对自己感兴趣的事件和问题，会为捍卫自己的观点而做出评论，网络社会交往和社交参与活跃程度较高。

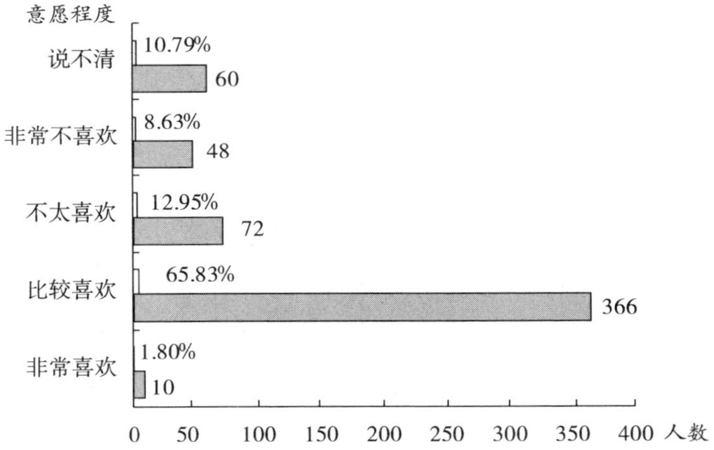

图4-5 学生在互联网发表评论/看法的喜欢程度

对学生网上发表评论或看法时的心态调查结果（见图4-6）显示，选择“平等参与”的人数最多，占总数的52%；其次是在“正能量爆满”的心态下发表评论，所占比例为12%；然后分别是“表达跟网友相似的观点，以表支持”和“表达跟网友不同的观点，进行反驳”，比例分别为10%和9%；“从众心理”和“发泄情绪”的比例为2%和3%。由此可见，学生把互联网当作是一个相对平等的互动场所，而其在互动过程中的心态却是千姿百态的。

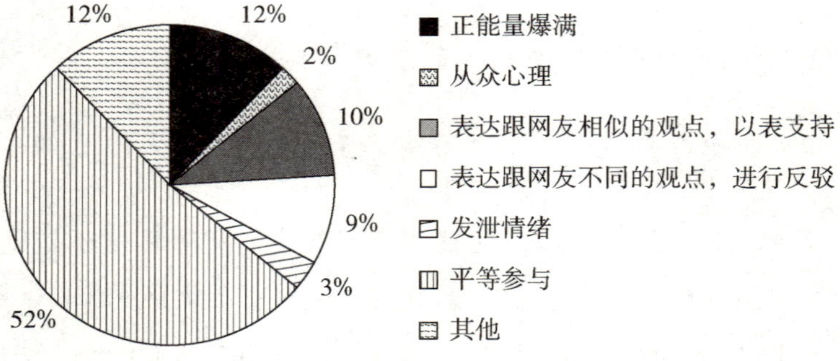

图4-6　学生在互联网上发表评论或看法的心态

学生愿意在互联网上发表自己的评论和看法，同样，网友的评论或观点也会对学生造成一定的影响。如图 4-7 所示，占 59. 35%的学生认为网友的评论或观点对其具有一定的影响，会主动拉看网友的评论；占 2. 88%的学生认为影响较大，容易认同网友的观点；认为“没有多大影响，不太关注网友的评论”的学生仅占 37. 77%。这表明，超过六成的学生会受到网友的评论或观点的影响，互联网对学生的影响程度正日益加深。

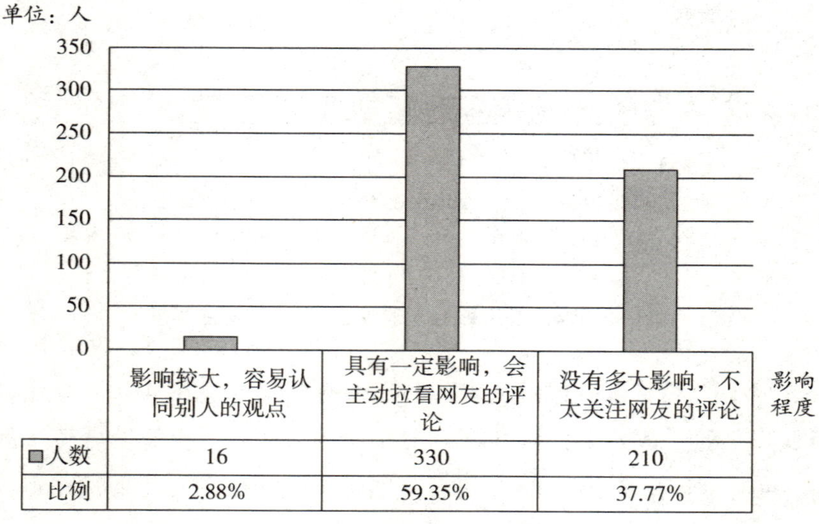

图4-7　网友的评论或观点对学生造成的影响

(2) 学生对网上不良信息/虚假信息的分辨

如图 4-8 所示，对于网上的不良信息和虚假信息，58.63%的学生认为“大部分时候可以分辨”，39.21%的学生认为“有时可以分辨”，其中，“有疑问的信息会主动去求实”的比例为 26.26%，“有疑问的信息懒得去求实”的比例为 12.95%，而“不能分辨真伪”的学生比例为 2.16%。可见，有接近六成的学生能较好地分辨真伪，但还有一部分同学不能正确地分辨网络上的不良信息和虚假信息并懒得去求实信息的真伪。可以正确地分辨网络上的虚假、不良信息是媒介素养的一个综合表现，通过对统计数据的分析，更显现出了教师在思想政治教育工作中对学生进行有效引导和培养其信息分辨能力等媒介素养的必要性。

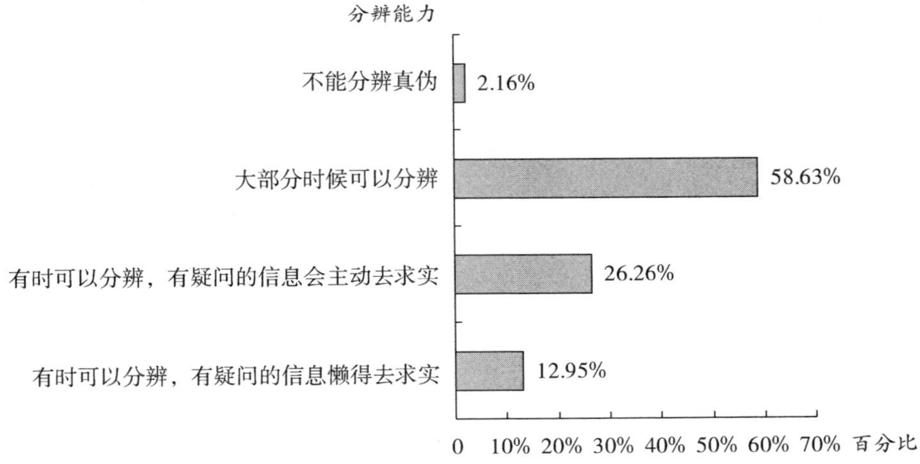

图4-8　学生对网上不良信息/虚假信息的分辨

4. 网络舆情对教师和学生的影响分析

(1) 师生感兴趣的网络舆情信息统计分析

从图 4-9 可以看出，相对于负面网络舆情信息，教师和学生对正面网络舆情信息更有兴趣，比例分别为 37.50%和 21.22%；对正面网络舆情信息和负面网络舆情信息都感兴趣的比例分别为 62. 50% 和 56. 83%。相对而言，选择只对负面网络舆情信息更感兴趣的比例较低，教师比例为 0，学生比例为 4. 68%。值得注意的是，调查数据显示，占比为 17. 27% 的学生表示对正面网络舆情信息和负面网络舆情信息都不感兴趣，一方面在于大部分学校禁止学生带手机、iPad 等具有上网功能的电子设备进入校园，而遏制了学生了解舆情信息的机会和兴趣；另一方面在于部分学生在高考的指挥棒下追求“以分数论英雄”，而把精力 100% 地投入高考备考中。

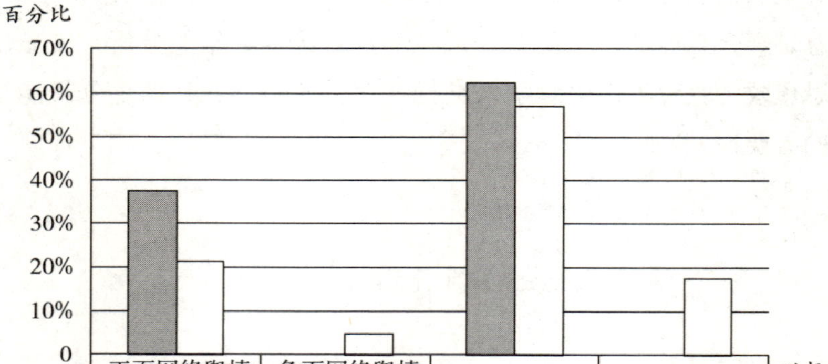

	正面网络舆情信息	负面网络舆情信息	都感兴趣	都不感兴趣
■教师	37.50%	0	62.50%	0
□学生	21.22%	4.68%	56.83%	17.27%

图4-9　师生感兴趣的正面/负面网络舆情信息数据对比

如图 4-10 所示，通过对学生更关注的网络舆情信息类别的调查结果分析显示，学生对国际新闻、娱乐和国内时事政治更感兴趣，关注比例分别为 68. 35%、63. 31% 和 61. 15%；其次是文化、体育、经济和教育，关注比例分别为 51. 80%、32. 73%、29. 86% 和 22. 66%；对军事网络舆情信息更加关注的学生比例为 15. 47%。由此可以看出，学生关注的网络舆情信息类别是五花八门的，其中，对国内外时事新闻和娱乐信息更是情有独钟。这表明，教师在学生的思想政治教育工作中，同样应该加强对网络舆情信息的关注，并注重培养他们理性分析和评述网络舆情信息的能力，加强学生的媒介素养和信息素养。

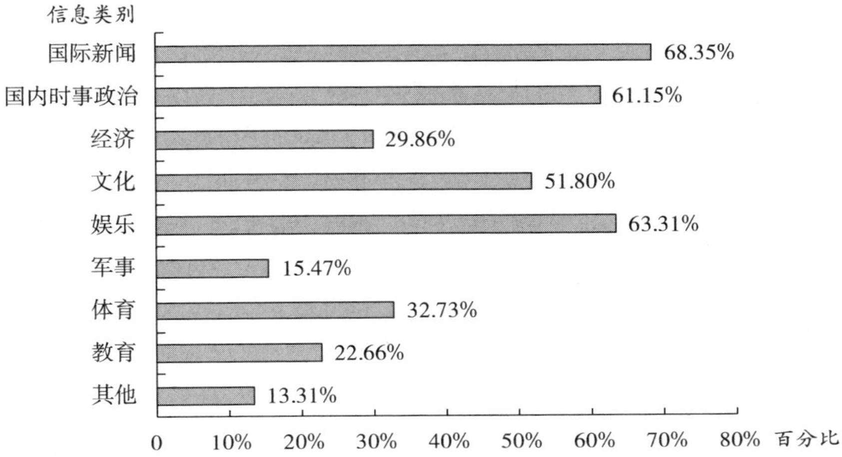

图4-10　学生更关注的网络舆情信息类别

（2）网络舆情对学生思想和行为的影响

为了解网络舆情信息对高中生的影响，调查问卷设置了网络舆情对学生思想/行为和政治学科核心素养影响的调查。如图 4-11 所示，学生认为网络舆情对其思想/行为影响非常大的比例为 1.80%；具有一定的影响的比例为 70.14%；认为没有任何影响的比例仅占 28.06%。数据表明，网络舆情对学生产生影响的比例超过七成，教师在学生的思想政治教育中，不可忽视网络舆情在网络教育工作中的重要性，应致力于使网络舆情更多地对学生产生正面的影响，而非负面影响。

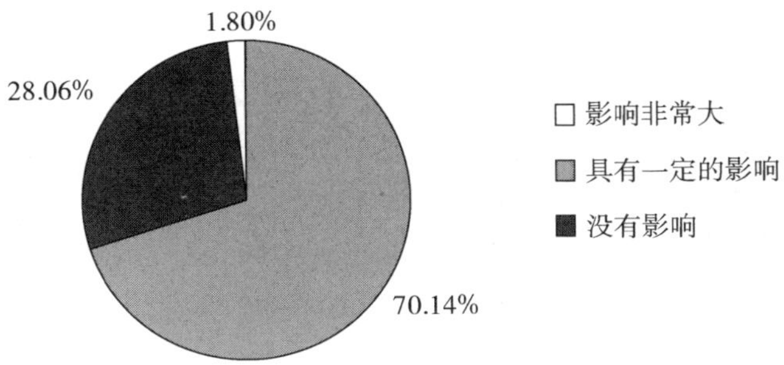

图4-11　网络舆情对学生思想/行为的影响程度

（3）网络舆情对学生政治学科核心素养的影响

通过对比图 4-12 和图 4-13，在网络舆情的影响下，大部分教师和学生都认为网络舆情信息增强/增高了学生的四个政治学科核心素养——政治认同、理性精神、法治意识、公共参与，其比例分别为 62.5%、68.75%、87.5%、81.25%和 50.36%、65.47%、69.42%、56.83%。通过对比两组数据可发现，教师关于网络舆情对学生学科核心素养的影响是比学生更加乐观的。相对而言，教师和学生认为网络舆情信息减弱/减少了学生的四个学科核心素养的比例分别为 37.5%、31.25%、12.5%、12.5%和 3.6%、3.6%、1.08%、2.16%。这表明，相比于学生，教师认为网络舆情信息对学生学科核心素养的负面影响程度比较深，尤其是政治认同和理性精神，超过三成的教师认为在网络舆情信息的影响下被减弱/减少。认为网络舆情信息对学科核心素养无影响的教师和学生比例分别为 0、0、0、6.25%和 46.04%、30.94%、29.5%、41.01%。从对比数据可以发现，超过九成的教师认为网络舆情信息对学生的四个政治学科核心素养是有影响的，教师应在教学和教育中充分意识到网络舆情对学生造成的影响，以更好地让网络舆情为提高学生的四个学科核心素养提供服务和支持，减轻/减弱网络舆情对学生造成的不良影响。

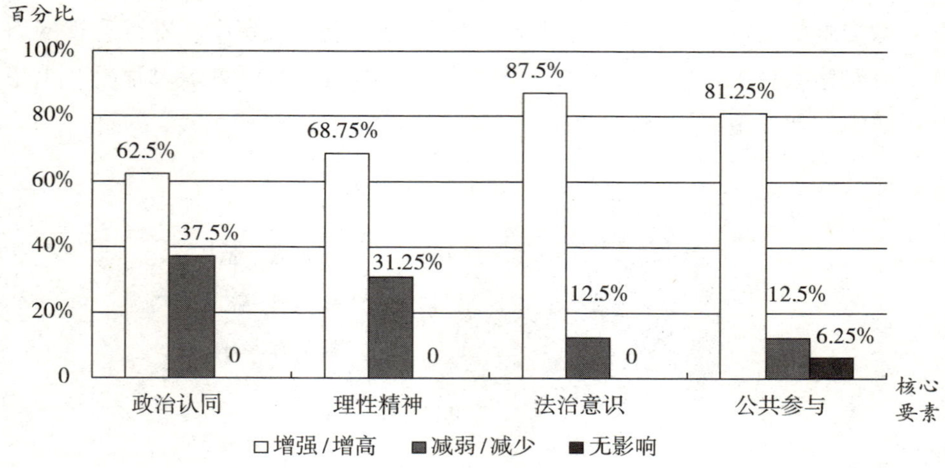

图4-12　教师眼中网络舆情对学生学科核心素养的影响对比分析

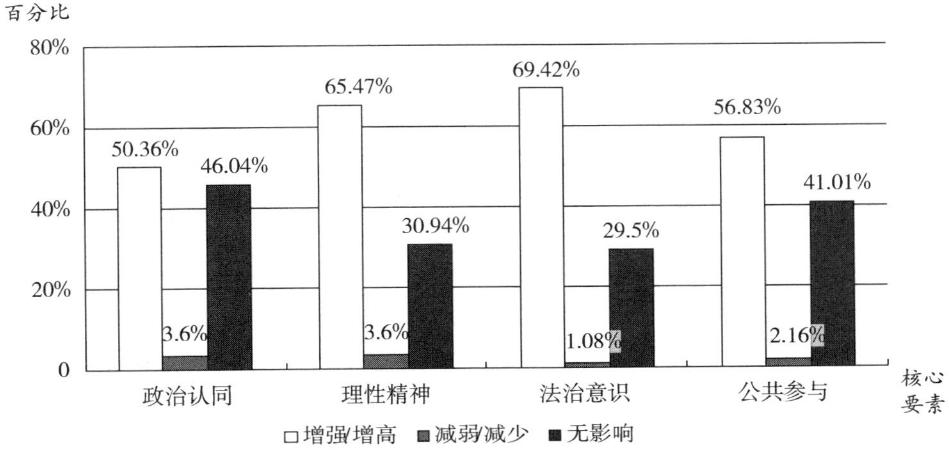

图4-13　学生眼中网络舆情对其学科核心素养的影响对比分析

（4）师生对热点网络舆情的态度

如图 4-14 所示，对于热点网络舆情事件，学生的态度是截然不同的。会“理性分析事件，形成自己的观点”的学生比例超过六成，高达 65. 83%；“看完只会‘感叹’”的学生比例为 16. 19%；“会顶帖并分享”的学生比例为 15. 47%；“纯属看客”的学生比例占 38. 85%。数据表明，超过八成的学生比较关注热点网络舆情事件并会在阅读后进行顶帖分享或对事件进行理性分析。在实际工作中，教师应加强学生对热点网络舆情信息的分析能力，提高学生的辩证思维能力和媒介素养、学科核心素养。

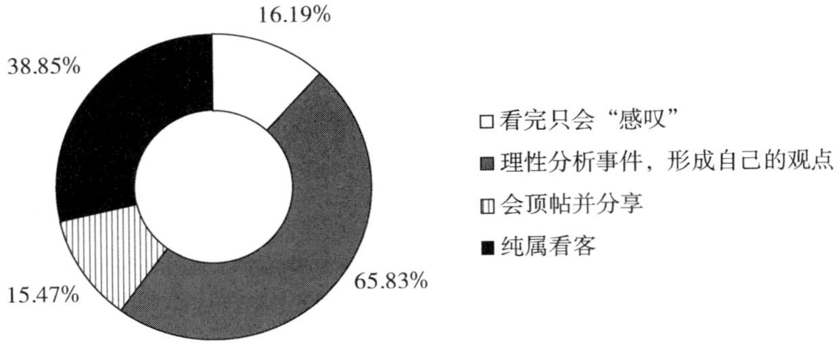

图4-14　学生对热点网络舆情事件的态度

在思想政治教育过程中，面对“您是否会让学生对热点网络舆情事件进行评述”这个问题（见图 4-15），31. 25%的教师选择“经常”；62. 5%的教师只会“偶尔，一般不会”让学生对热点网络舆情事件进行评述；选择“从来不会”的比例占 6. 25%。而在“关于学生对热点网络舆情事件的评述教师能否给予正确的分析及引导”这个问题上（见图 4-16），50%的教师认为自己可以给予学生正确的分析及引导。数据显示，关于学生对热点网络舆情事件的评述，一半教师相信自己有能力给予学生正确的引导。但是部分教师表示，在教育过程中，一般不会或从来不会提供机会让学生对热点网络舆情事件进行评述。为了加强网络舆情对高中生思想政治教育的实效性，教师应该更多地创造机会和提供场所让学生对热点网络舆情事件进行评析，从而可以更好地对学生的思想、行为和学科核心素养的正确培养加以引导。

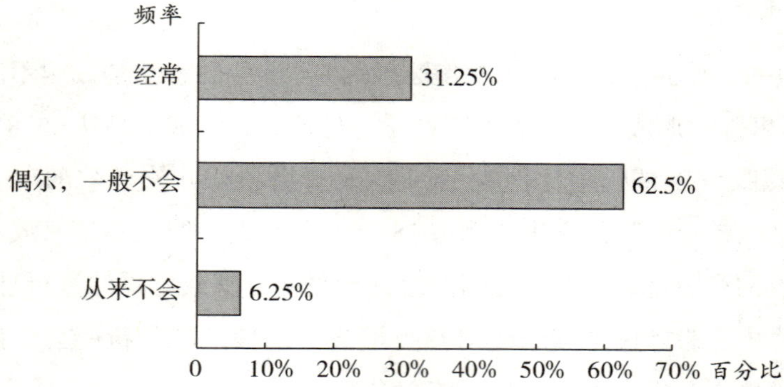

图4-15　教师让学生对热点网络舆情事件进行评述的频率统计

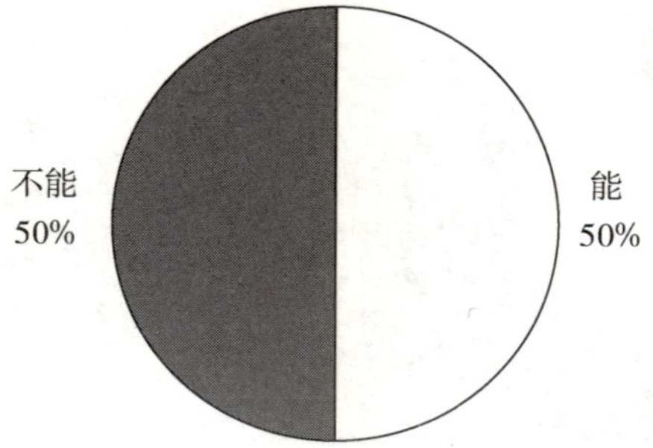

图4-16　学生对热点网络舆情事件的评述教师能否给予正确的分析及引导

5. 学校和教师对学生网络教育的重视程度调查

（1）教师日常的思想政治教育工作的教育内容

如图 4-17 所示，在日常的学生思想政治教育工作中，教师主要的教育内容排在前三位的分别是道德教育、理想教育和爱国教育，比例分别为 100%、93. 75%和 87. 5%；其次是法律教育、集体意识教育和个性教育，所占比例分别为 75%、62. 5%和 50%；然后是历史教育，所占比例为 25%；相对而言，网络教育却仅占 12. 5%。数据表明，在教师的日常思想政治教育工作中，教育内容是丰富多样的，教师比较关注学生的道德教育和理想教育，而网络教育这一领域却是比较薄弱的。

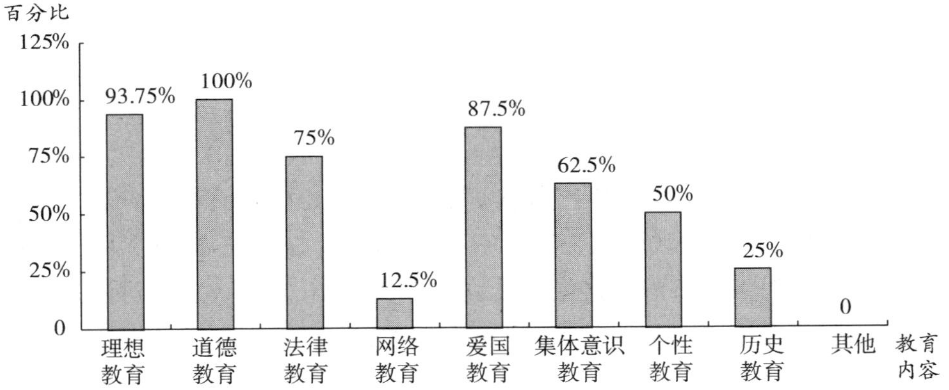

图4-17　教师日常思想政治教育工作的教育内容

（2）教师日常的思想政治教育工作的教育方法

如图 4-18 所示，在日常的学生思想政治教育工作中，教师采用的教育方法主要侧重于“注重加强班级和学校思想政治环境建设”，所占比例高达 87. 5%；其次是“注重社会服务和实践教育”及“注重思想政治教育课程设置的全面化”，比例均为 43. 75%；侧重于“注重心理咨询工作”的教师占 37. 5%；“注重课外活动的开展”的教师占 12. 5%；而选择侧重于“注重网络建设和网络教育”的比例为 0。从调查数据可以看出，“网络教育”是教师进行教育的薄弱板块，相对应地，在日常的工作中，教师也就“不注重网络建设和网络教育”，这一现状非常不利于提高新媒体时代下当代高中生的媒介素养和信息素养。

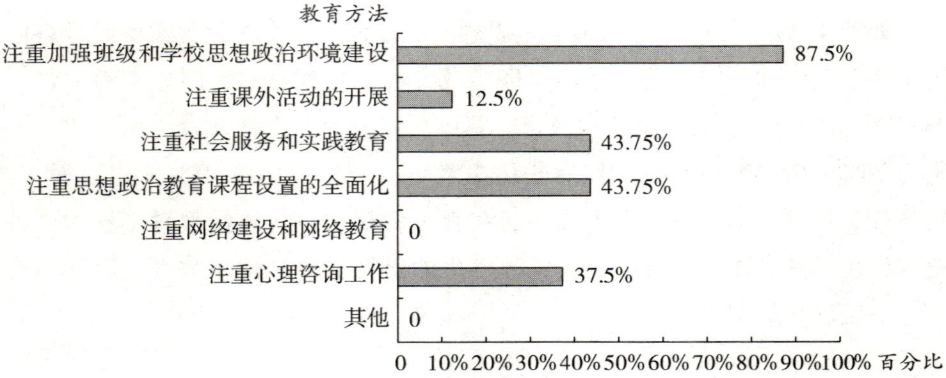

图4-18　教师日常思想政治教育工作的教育方法

（3）学校对校园网站思想政治教育模块建设的重视程度

关于“学校是否重视校园网站的思想政治教育建设”的调查结果（见图4-19）显示，100% 的教师认为学校不重视。目前，高中学校都有自己的网站，网站中心位置更多的是宣传学校动态或单纯的信息发布，相对而言，网站的思想政治教育建设这一板块一直不被重视甚至空置。

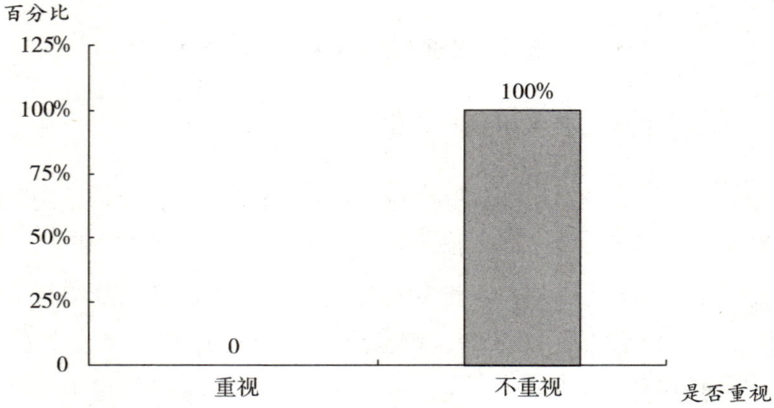

图4-19　学校是否重视校园网站的思想政治教育建设调查

6. 网络舆情下的高中思想政治教育

（1）学校开展的舆情/网络舆情教育活动调查

关于“学校是否有开展过舆情或网络舆情的相关教育活动”这一问题，100%的教师选择了“没有”。在教师建议的舆情或网络舆情教育活动调查中（见图4-20），87.5%的教师建议“举办网络舆情专题讲座”；81.25%的教师建议“组建网络舆情兴趣小组”；选择“组织网络舆情社会调查”的教师占75%；“指导学生绘制网络舆情黑板报”和“组建网络舆情社团”的比例分别为68.75%和62.5%；37.5%的教师建议“撰写网络舆情小论文”；选择“其他”的教师比例为6.25%。数据表明，学校和教师在“网络舆情”教育这一块还几乎停留在“空白”状态，网络舆情是影响高中生成长和媒介素养形成的重要因素，而学校的不重视直接导致教师在这一版块的教育缺失。

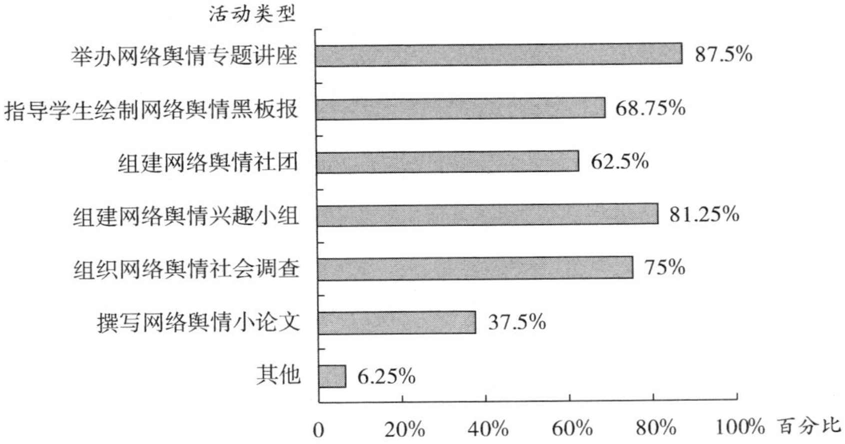

图4-20　建议学校开展的舆情/网络舆情教育活动调查

（2）存在的问题

在图4-21所示的“您是否满意目前的高中思想政治教育现状”的调查问题中，0%的教师选择“满意”；62.5%的教师选择“不太满意”；选择“无所谓”和“不满意”的教师比例均为6.25%；选择“基本满意”的比例为25%。相对应地，在“网络时代您是否会致力于利用网络舆情加强思想政治教育的创新”这一题目中，31.25%的教师会经常利用网络舆情加强教育创新；62.5%的教师表示“偶尔”会利用网络舆情加强思政工作的教育创新；表示“从来没有”致力于加强教育创新的教师比例为6.25%。由此说明，有接近七成的教师对目前的高中思想政治教育现状是不太满意或不满意的，只有三成的教师会经常致力于利用网络舆情加强思想政治教育的创新工作。

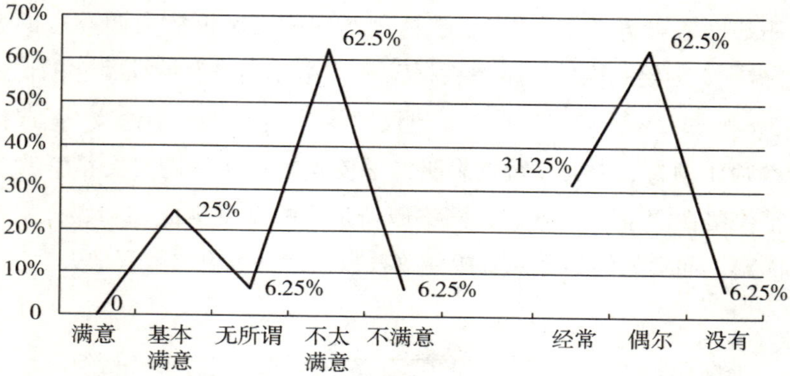

图4-21 教师是否满意目前的教育现状以及是否致力于加强教育创新调查统计

面对学校在网络舆情下的高中思想政治教育存在的问题，有高达81.25%的教师认为“教育方法传统，缺乏网络教育和实践教育”；43.75%的教师认为“校园网站和网络文化建设落后”；68.75%的教师认为“学生道德观念淡化，容易受社会大环境的影响”；认为“教学内容陈旧，缺乏网络舆情内容的支持”和“教育目标片面，缺乏学科核心素养和信息媒介素养教育”的教师比例均为62.5%；认为“教育评价形式单一，缺乏线上和线下的结合”和“教育者网络舆情分析及引导能力不足”的比例均为50%，如图4-22所示。在对“教师在网络时代对学生的学习评价方式”的调查（见图4-23）中，100%的教师以“卷面分数（成绩）”评价学生，“平时作业”“课堂表现”和“课后互动”的评价方式比例分别为50%、31.25%和18.75%。由此说明，学校在网络舆情下的思想政治教育工作存在的问题还是比较多的，学校和教师都需要不断地与时俱进、转变教育观念、优化学生评价方式、深化和拓宽高中思想政治教育内容，特别是网络教育和实践教育这一块，需要在日常工作中加以重视，以更好地填补“网络舆情”这一领域的教育空白。

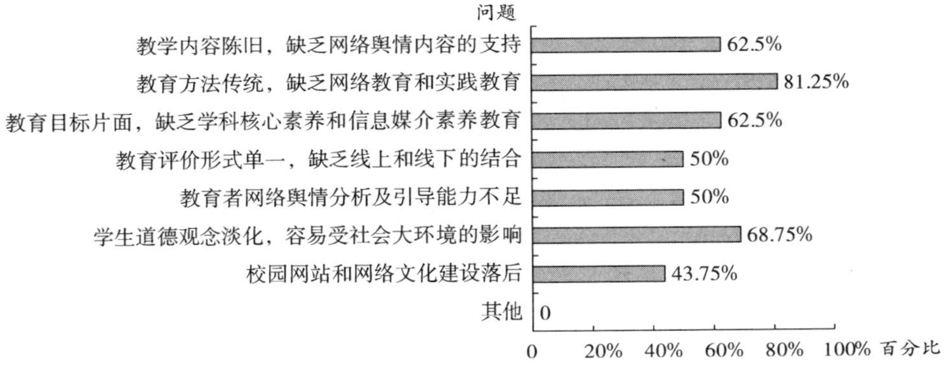

图4-22　学校在网络舆情下的高中思政教育存在的问题调查统计

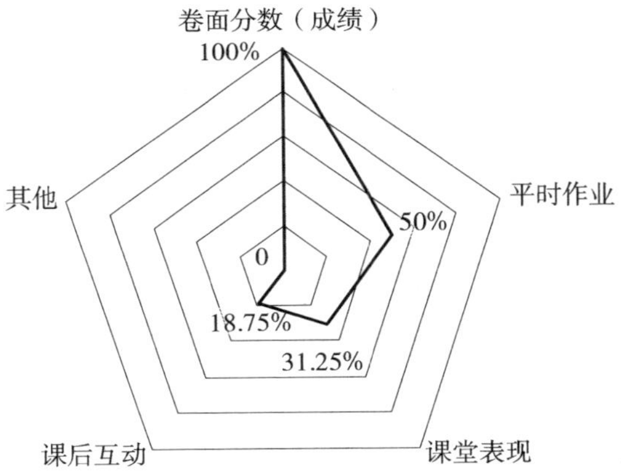

图4-23　教师在网络时代对学生的学习评价方式

（3）网络舆情健康发展的保障

如图 4-24 所示，在学生调查问卷中，为了保障网络舆情的健康发展和利用网络舆情加强思想政治教育工作，86. 33%的学生认为应该“加强网络舆情监管制度”；79. 14%的学生认为应该“培养学生的网络媒介素养，提高学生的责任意识”；70. 5%的学生认为应该“建立完善的监管队伍”；认为要“加强学校的网络教育”“加强教师队伍的素质建设，加大教师媒介素养能力的培训”和“加强学校的网站建设”的学生所占比例分别为 40.65%、38.49% 和 33.09%。这表明，要加强网络舆情的健康发展，应加强学校、教师和学生“三位一体”的综合建设和管理。

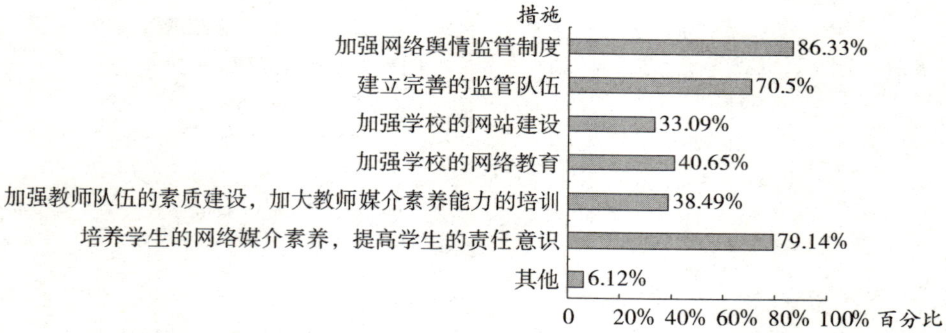

图4-24　保障网络舆情健康发展的措施调查统计

二、网络舆情下高校思想政治教育现状的调查分析

（一）样本分析

本次调查以某大专院校的师生为调查对象，在学生问卷中，共发放1 400份，回收有效问卷1 390份，有效回收率为 99.3%。其中，男生为 552 人，女生为 838 人。大一学生 956 人，大二学生 196 人，大三学生 238 人。在教师问卷中，共发放 60 份，回收有效问卷 60 份，有效回收率为 100%。教师调查对象包括思政课专任老师、辅导员、党务工作者等。回收问卷中，大一的教师占 73.33%、大二的教师占 20%、大三的教师占 6.67%。为了使调查结果的信息和数据更加精准，本次调查采取完全匿名的形式，从而真正达到问卷调查的目的。

（二）数据分析

1. 师生展开交流沟通的社交软件/社交平台

针对手机等多媒体的使用，高中是管制型，大学是放松型。所以，在课堂和课后，大学生有更多的时间和更多的渠道跟教师进行交流。如图 4-25 和图 4-26 所示，在众多社交软件中，学生更愿意用微信、QQ 和教师进行交流，比例分别是 92. 37% 和 37. 55%，其中，有 5. 04% 的学生会选择利用游戏与教师进行交流和沟通。相对而言，14. 53% 的学生在课后不与老师展开任何线上交流。相比于学生，教师同样也热衷于用微信、QQ 和学生进行沟通，比例分别是 100% 和 66. 67%。由这两个数据图的对比我们可以看出，教师和学生都喜欢用微信和 QQ 在课后和对方展开线上交流，尤其是教师，微信已经成为一种不可或缺的工作社交工具。但我们也要看到一个现象，就是依旧有不少师生在课后是零交流的。

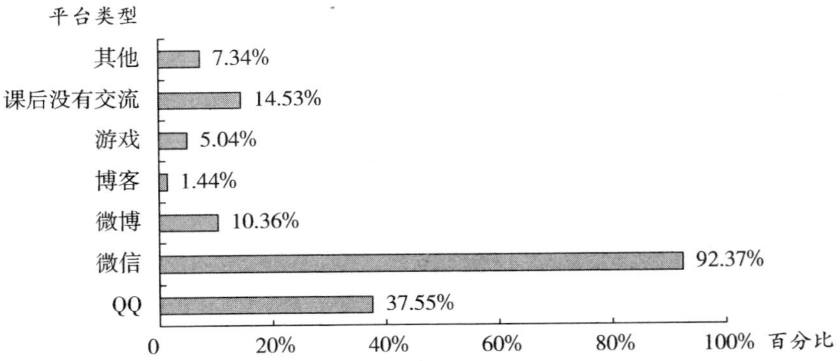

图4-25　学生选择的主要交流沟通平台

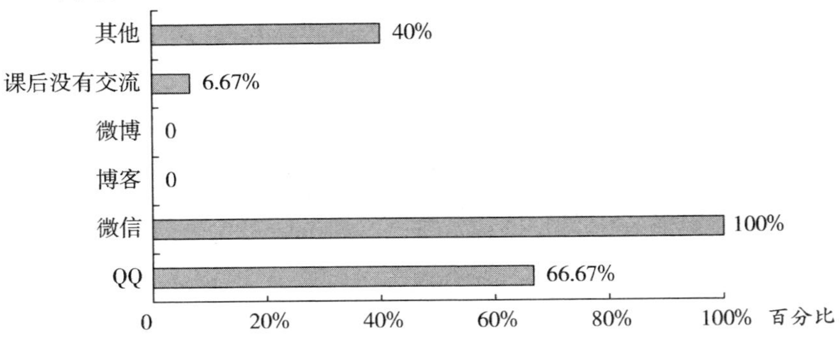

图4-26　教师选择的主要交流沟通平台

2. 大学生每天的上网时间和上网主要需求

如图 4-27 所示，大学生中每天上网 5 小时以上的学生占 40.58%，上网 3~5 小时的学生占 31.51%，上网 1~3 小时的学生占 24.03%，上网 1 小时以下的学生仅占 3.88%。也就是说，超过七成的大学生每天上网时间至少超过 3 小时，超过 5 小时的人数占比超过四成。除去学生上课、睡觉的时间，其实并没有那么多时间上网。之所以每天上网时间过长，很大一部分原因是学生把上课甚至是睡觉的时间贡献在网络中。

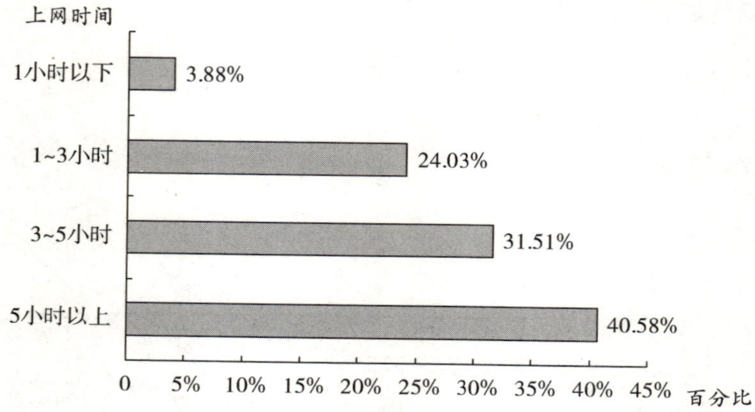

图4-27　学生每天的上网时间

根据问卷中对学生上网的主要需求调查得出（见图 4-28），在列举的主要需求中，听歌或看视频的比例最高，达 82.45%；其次分别是聊天交友、查找学习资料、浏览新闻，所占比例分别为 77.41%、70.79% 和 68.06%；然后是网购和玩游戏，比例分别为 46.91% 和 44.32%。相对而言，大学生使用网络进行收发邮件的比例比较低，仅占 19.86%。说明学生上网的主要需求，首先是娱乐和放松，其次才是学习，如查找学习资料、浏览新闻等。

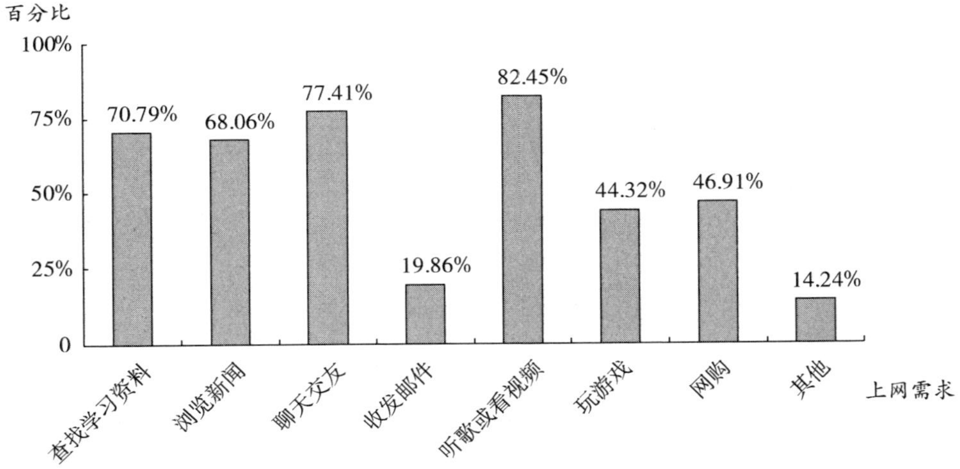

图4-28　学生上网的主要需求

3. 手机微信对师生的影响

(1) 一般来说，每天早上醒来第一件事情是打开手机微信

从上文的分析我们可以知道，在这日新月异的新媒体时代，不管是教师还是学生，都越来越热衷于借助微信和对方展开线上交流。从图 4-29 和图 4-30 的数据分析中，我们也可以清楚地看到微信对师生的影响。一般来说，“您每天早上醒来第一件事情是不是打开手机微信”，选择“是”的学生和老师分别占 17. 55% 和 20%；选择“大部分情况是”的学生和老师分别占 52. 23% 和 73. 33%，选择“很少”的学生和老师分别占 14. 68% 和 6. 67%，而选择“不是”的学生和老师分别仅占 15. 54% 和 0。也就是说，超过 69. 78% 的学生和 93. 33% 的老师在早上醒来做的第一件事情，一般情况下都是打开手机微信。

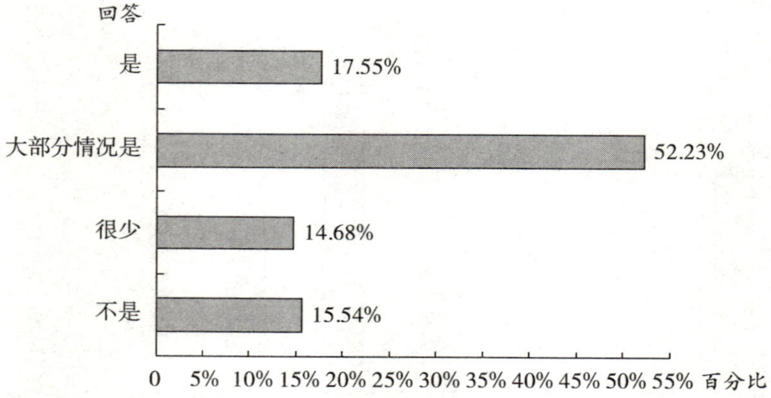

图4-29 学生每天早上醒来做的第一件事情是不是打开手机微信

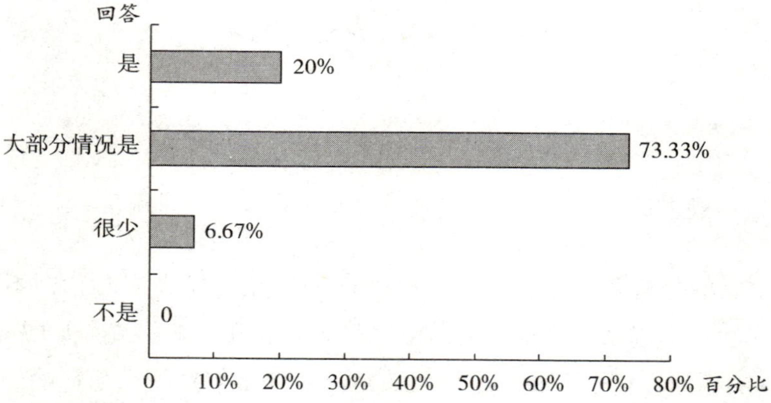

图4-30 教师每天早上醒来做的第一件事情是不是打开手机微信

（2）微信公众号的关注数目和种类

在对学生关注的微信公众号数目的调查中发现（见图 4-31），关注数目少于 10 个的占 9. 21%，多于 10 个少于 15 个的比例为 33. 81%，而表示关注的太多了的学生比例为 56. 12%，表示一个都不关注的比例只有 0. 86%。也就是说，超过九成的学生在手机微信 App 上关注了不少公众号。

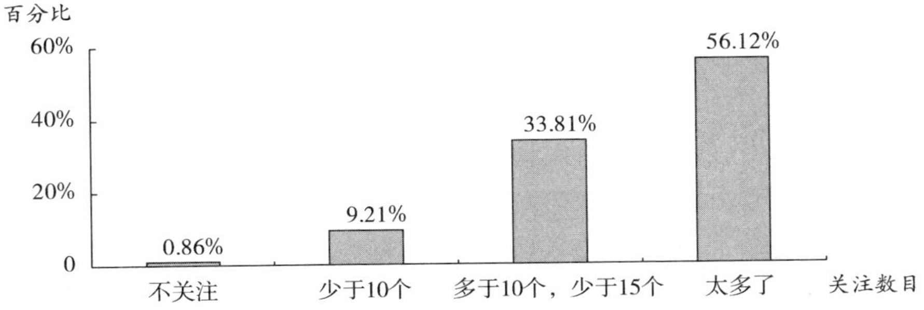

图4-31　学生关注的微信公众号数目

学生关注的微信公众号的种类也是丰富多样（见图 4-32）。关注最多的是学校各大组织、社团的公众号，比例高达 82. 88%；然后是新闻资讯，比例达 76. 83%；排名第三的是杂志散文，比例达 58. 42%；关注旅游攻略、健康养生、网站商铺、明星名人的比例分别占 43. 17%、30. 07%、21. 01% 和 16. 4%。说明学生对微信公众号的利用还是比较契合自身的学生工作和学习的，除了关注学校各大组织、社团的公众号，还比较注重关注新闻资讯类的学习平台。从图 4-33 所示的学生刷朋友圈的目的可以看到，学生关注圈友生活动态和浏览好玩的有趣分享比例分别为 84. 17% 和 67. 48%，排名第三的是了解最新新闻信息，比例为 40. 43%。其实，学生对新闻信息的关注也为我们当前的高校思想政治教育与网络舆情的创新结合提供了一个良好契机。

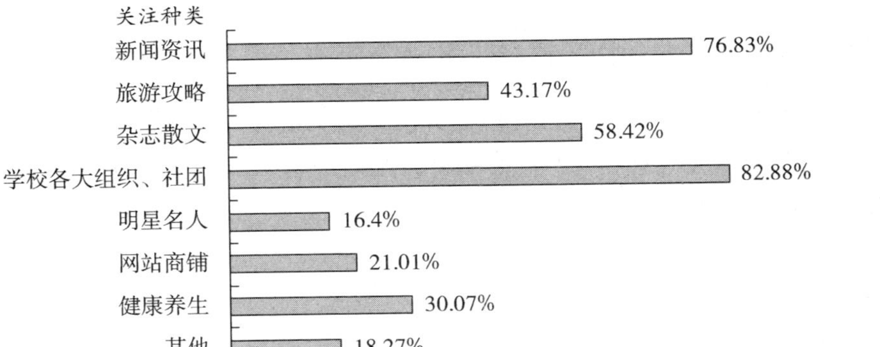

图4-32　学生关注的微信公众号种类分布

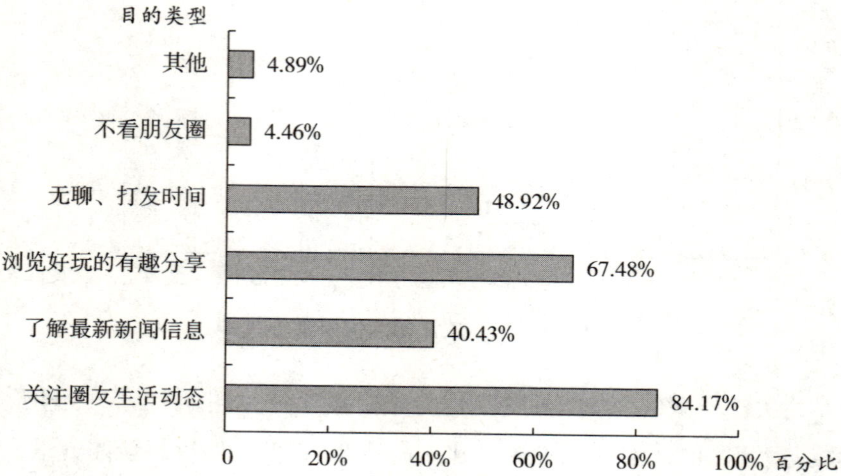

图4-33　学生刷朋友圈的目的

4. 网络表达的特点和网络信息的分辨

(1) 学生网络评论/看法的特点分析

数据显示，大学生在互联网上发表评论或看法的意愿程度还是比较高的，非常喜欢的比例为 3. 45%；比较喜欢的比例为 59. 71%；不太喜欢和非常不喜欢的比例分别为 17. 7% 和 5. 04%；说不清楚的学生比例为 14. 1%。如图 4-34 所示，高达 63. 16% 的大学生愿意且比较喜欢在互联网上针对网络事件发表自己的评论和看法，而非常不喜欢的“沉默者”为少数。大学生上网时间比较多，特别是对微信朋友圈和微信公众号的关注度比较高，当他们看到与自己利益相关或感兴趣的新闻话题时更愿意在互联网上表达、分享自己的观点和看法，同时，也会为捍卫自己的观点而做出评论，网络社会交往和社交参与活跃程度较高。

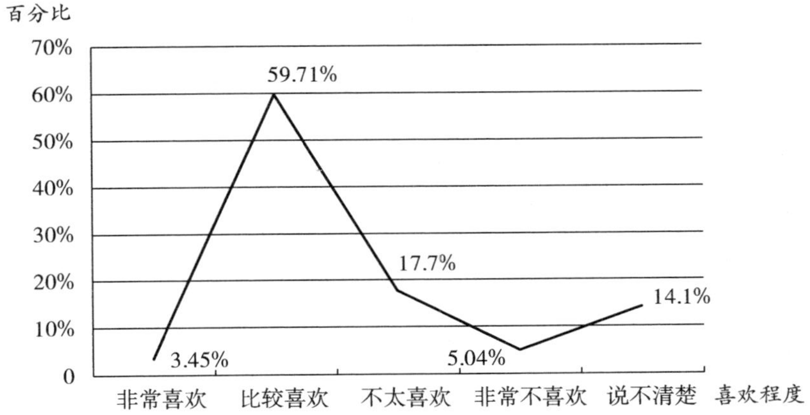

图4-34　大学生在互联网发表评论/看法的喜欢程度

对大学生网上发表评论或看法的心态调查结果（见图 4-35）显示，选择“平等参与”的人数最多，占到总数的 65. 18%；其次是在“正能量爆满”的心态下发表评论，所占比例为 33. 53%；然后分别是“表达跟网友相似的观点，以表支持”和“表达跟网友不同的观点，进行反驳”，比例分别为 27. 19%和 12. 37%；“从众心理”和“发泄情绪”的比例为 10. 65%和 5. 18%。由此可见，学生把互联网当作是一个相对平等的互动场所，而其在互动过程中的心态却是千姿百态的。

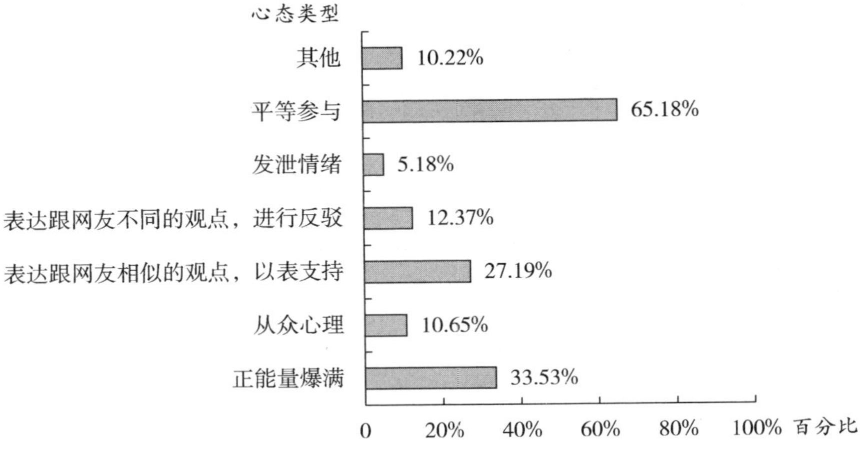

图4-35　大学生在网上发表评论或看法的心态

学生愿意在互联网上发表自己的评论和看法，同样，网友的评论或观点也会对学生造成一定的影响。图 4-36 所示的调查数据显示，62. 88% 的学生认为网友的评论或观点对其“具有一定影响，会主动拉看网友的评论”；“没有多大影响，不太关注网友的评论”的学生仅占 31. 37%；而认为“影响较大，容易认同网友的观点”的学生比例为 5. 76%。这表明，接近七成的学生会受到网友的评论或观点的影响，互联网对学生的影响程度正日益加深。

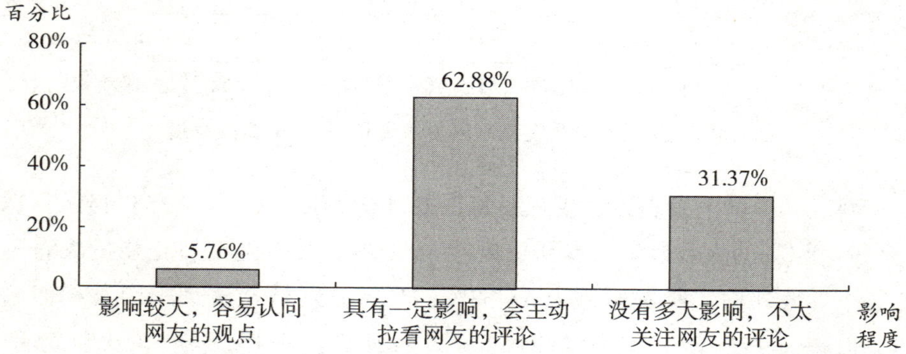

图4-36　网友的评论或观点对大学生造成的影响

（2）学生对网上不良信息/虚假信息的分辨

如图 4-37 所示，对于网上的不良信息和虚假信息，49. 93% 的大学生认为“大部分时候可以分辨”；47. 63% 的学生认为“有时可以分辨”，其中，“有疑问的信息会主动去求实”的比例为 29. 93%，“有疑问的信息懒得去求实”的比例为 17. 7%；而“不能分辨真伪”的学生比例为 2. 45%。可见，超过七成的大学生能较好地分辨真伪，但还有一部分同学不能正确地分辨网络上的不良信息和虚假信息并懒得去求证信息的真伪。可以正确地分辨网络上的虚假、不良信息是媒介素养的一个综合体现，通过对统计数据的分析，更显现出了教师在思想政治教育工作中对学生进行有效引导和培养其信息分辨能力等媒介素养的必要性。

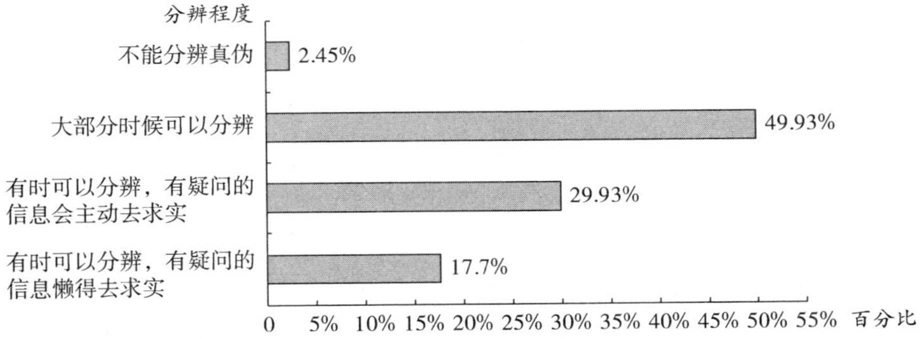

图4-37　大学生对网上不良信息/虚假信息的分辨

5. 网络舆情对教师和学生的影响分析

(1) 师生感兴趣的网络舆情信息统计分析

如图 4-38 所示，教师平时还是比较关注网络舆情信息的。经常关注的比例高达 73. 33%；偶尔关注的仅占 26. 67%；不关注的为 0。说明我们的思想政治教育者为了更好地充实自己的教育素材和提高网络思想政治教育实效，平时自己对网络舆情信息就有一定的敏感度，只有这样，教师才能把热点网络舆情引入课堂，在探讨中让学生展开思考。

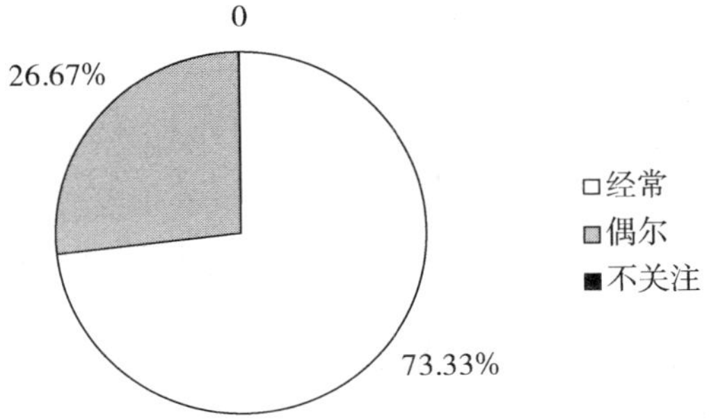

图4-38　教师平时是否经常关注网络舆情信息

网络舆情包括正面网络舆情和负面网络舆情。从图 4-39 中可以看出，相对于负面网络舆情，教师和学生对正面网络舆情显得更感兴趣，比例分别为

20%和43.88%；对正面网络舆情和负面网络舆情都感兴趣的比例高达80%和42.25%。而且，对于负面网络舆情信息，师生的关注态度是不一样的，教师只对负面网络舆情感兴趣的比例为0；而学生只对负面网络舆情感兴趣的比例是2.16%；对两种网络舆情信息都不感兴趣的比例分别为0和11.51%。值得注意的是，占11.51%的大学生对正面网络舆情和负面网络舆情都不感兴趣，一方面在于学生习惯于高中“以分数论英雄”的被动学习模式，对课后的自主学习方向比较不明确；另一方面可能在于部分学生对国家、对社会的关注度比较低甚至比较淡漠，保持着一种“两耳不闻天下事”或“事不关己，高高挂起”的看客心态，所以对正面热点网络舆情和负面网络舆情信息都没有进行关注；抑或是在大学阶段把更多的时间投入到学校组织、社团组织或兼职等学生工作上，而导致没时间关注网络舆情信息。

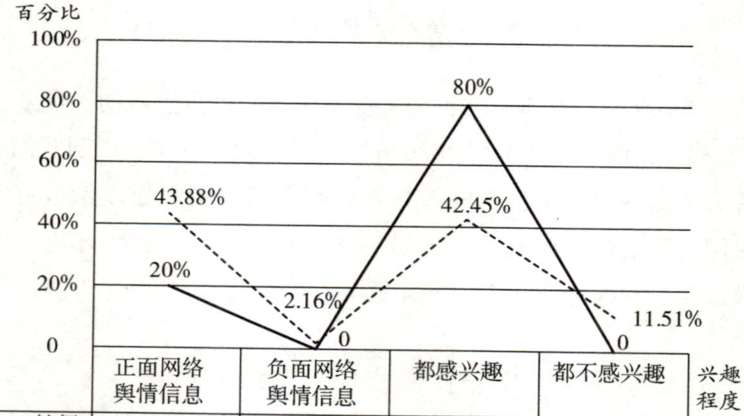

	正面网络舆情信息	负面网络舆情信息	都感兴趣	都不感兴趣
——教师	20%	0	80%	0
-----学生	43.88%	2.16%	42.45%	11.51%

图4-39　师生感兴趣的正面/负面网络舆情信息数据对比

从上面的分析可以发现，超过八成的大学生都会去关注网络舆情信息。通过图4-40所示的数据可以了解学生关注的网络舆情信息类别，调查分析显示，学生对国内时事的关注度最高，比例达75.25%；然后是娱乐，比例为70.22%；紧接着是国际新闻、文化和经济，所占比例分别为65.76%、58.71%和45.04%。对教育、体育和军事比较关注的大学生比例分别为

38.56%、33.38%和28.35%。由此可以看出，学生关注的网络舆情信息类别是五花八门的，其中，对国内时事、娱乐和国际新闻更是情有独钟。这表明教师在学生的思想政治教育工作中，首先自身要对这些网络舆情热点素材有一定的关注度和敏感度，加强对这些信息的把关，并注重在教育过程中培养学生理性分析和评述网络舆情信息的能力，加强学生的媒介素养和信息素养。

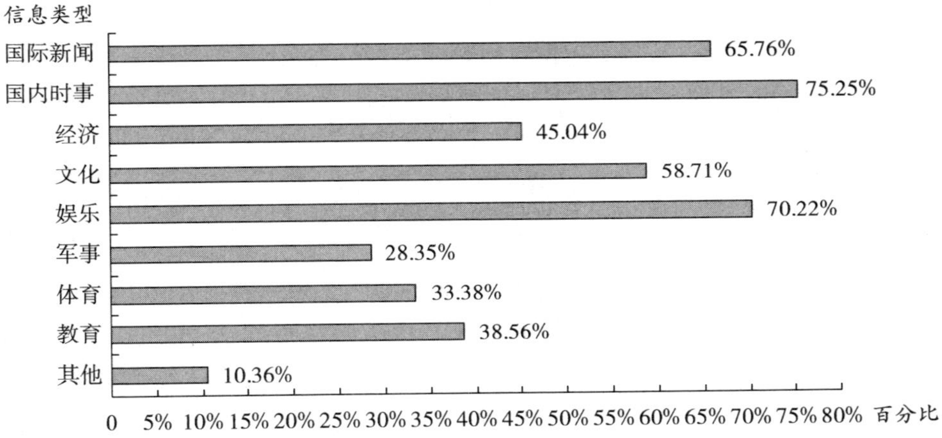

图4-40　大学生关注的网络舆情信息类别

（2）网络舆情对学生思想和行为的影响

为了解网络舆情信息对大学生的影响，调查问卷设置了网络舆情对学生思想/行为和政治学科核心素养影响的调查。如图4-41所示，学生认为网络舆情对其思想/行为影响非常大的比例为6.04%；认为具有一定的影响的比例为68.06%；认为没有影响的比例仅为25.9%。数据表明，网络舆情对学生产生影响的比例超过七成，教师在学生的思想政治教育中，不可忽视网络舆情这块网络教育工作，且应当致力于使网络舆情更多地对学生产生正面影响，而非负面影响。

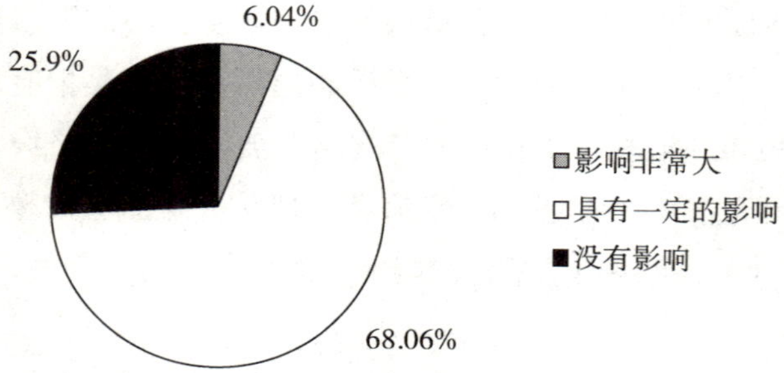

图4-41　网络舆情对大学生思想/行为的影响程度

（3）网络舆情对学生政治学科核心素养的影响

通过前面的分析可以发现，其实大学生每天都被热点网络舆情事件围绕着。通过对比图 4-42 和图 4-43 可知，在网络舆情的影响下，大部分学生和教师都认为网络舆情信息增强/增高了学生的四个政治学科核心素养——政治认同、理性精神、法治意识、公共参与，其比例分别为 59. 42%、64. 75%、70. 94%、60. 43%和 73. 33%、80%、80%、80%，通过对比两组数据可以发现，教师关于网络舆情对学生学科核心素养的影响是比学生更加乐观的。相对而言，学生和教师认为网络舆情信息减弱/减少了学生的四个学科核心素养的比例分别为 11. 37%、11. 51%、7. 63%、10. 5%和 20%、13. 33%、6. 67%、13. 33%。这表明，教师和学生都承认在一定程度上，网络舆情对学生政治学科核心素养的培养产生了一定的负面影响，尤其是政治认同，所占比例是最高的。通过对比分析还可以发现，教师比学生更认同网络舆情在一定程度上降低了学生的政治认同、理性精神、法治意识和公共参与四个学科核心素养。学生和教师认为网络舆情信息对学科核心素养无影响的比例分别为 29. 21%、23. 74%、21. 44%、29. 06%和 6. 67%、6. 67%、13. 33%、6. 67%，对比这组数据可以发现，教师认为网络舆情对学生的学科核心素养无影响的比例比较低。究其原因，一方面可能是因为部分学生平时不关注网络舆情信息，所以认为对自己无影响；另一方面可能是因为虽然一些网络舆情事件影响到了自身，但学生潜意识里并没意识到对自己产生的影响。纵观两个数据图可以发现，超过九成的教师认为网络舆情信息对学生的四个政治学科核心素养是有影响的，教师应在教学和教育中充分意识到网络舆情对学生造成的影响，以更好地让网络舆情为提高学生的四个学科核心素养提供服务和支持，减轻/减弱网络舆情对学生造成的不良影响。

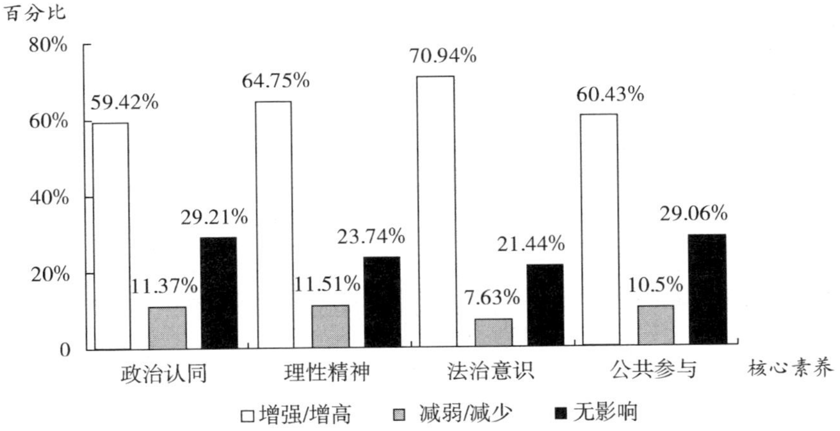

图4-42　学生眼中网络舆情对其学科核心素养的影响对比分析

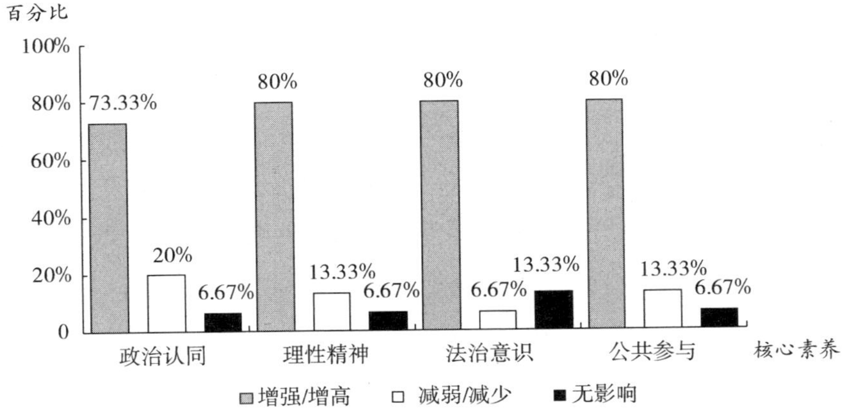

图4-43　教师眼中网络舆情对其学科核心素养的影响对比分析

（4）师生对热点网络舆情事件的态度

如图4-44所示，对于热点网络舆情事件，大学生的态度是截然不同的。会“理性分析事件，形成自己的观点”的学生比例超过六成，高达64.32%；“看完只会‘感叹’”的学生比例为21.44%；“会顶帖并分享”的学生比例为8.78%；“纯属看客”的学生比例为40.43%。数据表明，超过七成的学生比较关注热点网络舆情事件并会在阅读后进行顶帖分享或对事件进行理性分析。在实际工作中，教师应加强学生对热点网络舆情信息的分析能力，提高学生的辩证思维能力、媒介素养和学科核心素养。

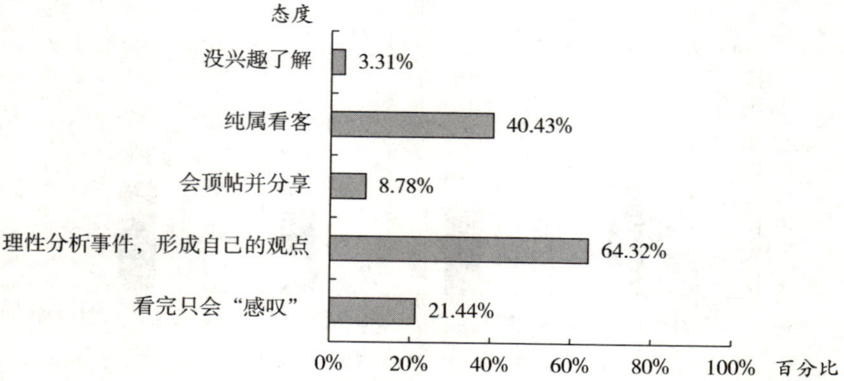

图4-44　大学生对热点网络舆情事件的态度

在思想政治教育过程中，面对“您是否会让学生对热点网络舆情事件进行评述”这个问题，如图 4-45 所示，40%的教师选择“经常”；53. 33%的教师“偶尔，一般不会”让学生对热点网络舆情事件进行评述；选择“从来不会”的比例为 6. 67%。选择“经常”的教师一般也比较关注热点网络舆情事件，愿意把热点网络舆情素材搬入课堂，会结合近期的能引发学生深思的热点网络舆情事件让学生学懂书本上的理论知识点。

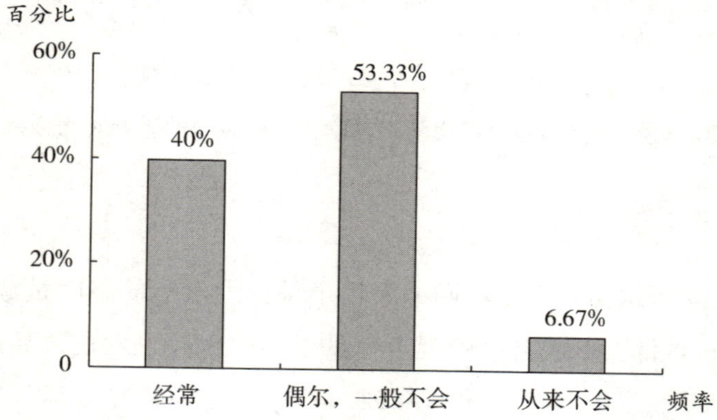

图4-45　教师让大学生对热点网络舆情事件进行评述的频率统计

而在“关于学生对热点网络舆情事件的评述您能否给予正确的分析及引导”这个问题上，93.33%的教师认为自己可以给予学生正确的分析及引导，如图4-46所示的数据显示，但是部分教师表示，在教育过程中，一般不会或从来不会提供机会让学生对热点网络舆情事件进行评述。为了加强网络舆情对大学生思想政治教育的实效性，教师应该更多地创造机会和提供场所让学生对热点网络舆情事件进行评析，从而可以更好地对学生的思想、行为和学科核心素养的正确培养加以引导。

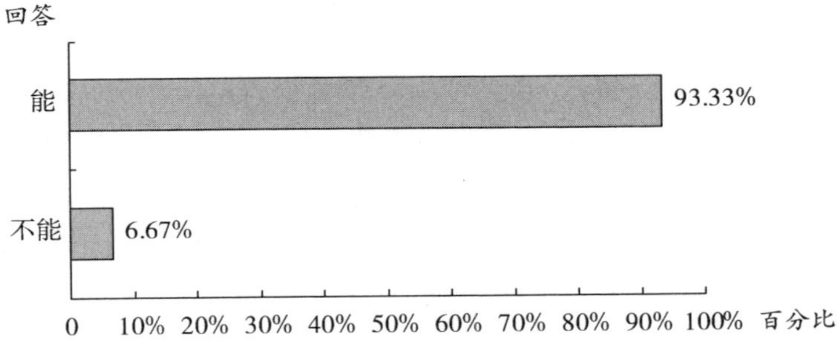

图4-46　大学生对热点网络舆情事件的评述教师能否给予正确的分析及引导

6. 大学和教师对学生网络教育的重视程度调查

如图4-47所示，在日常的学生思想政治教育工作中，教师对大学生的主要教育内容排在首位的是集体意识教育和道德教育，所占比例为100%；紧接着是理想教育、法律教育和爱国教育，所占比例都是86.67%；然后是网络教育，占比为66.67%；最后是个性教育和历史教育，所占比例分别为53.33%和46.67%。从数据图的形状可以看出，教师对大学生的日常思想政治教育的主要内容种类还是比较多样的，教师最注重大学生的集体意识教育和道德教育，网络教育的比例也超过了六成，说明教师还是比较注重网络思想政治教育的。

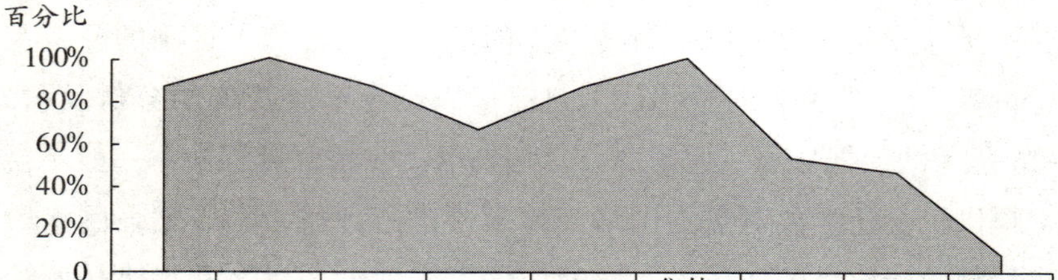

教育内容	理想教育	道德教育	法律教育	网络教育	爱国教育	集体意识教育	个性教育	历史教育	其他
■比例	86.67%	100%	86.67%	66.67%	86.67%	100%	53.33%	46.67%	8%

图4-47　大学教师日常思想政治教育工作的教育内容

调查显示（见图 4-48），在日常的思想政治教育工作中，高校教师采用的教育方法中“注重加强班级和学校思想政治环境建设”所占比例高达 80%；其次是“注重社会服务和实践教育”与“注重课外活动的开展”，比例分别为 73. 33% 和 66. 67%；“注重思想政治教育课程设置的全面化”的教师占 60%；“注重心理咨询工作”的教师占 53. 33%；“注重网络建设和网络教育”的教师比例为 46. 67%，选择“其他”的为 10%。从调查数据可以看出，高校教师日常的教育方法还是比较多样均衡的，且比较重视社会服务和实践教育，但网络建设和网络教育还是比较薄弱的，只有教师自身重视起来，才能在工作中自觉主动地引入网络教育。

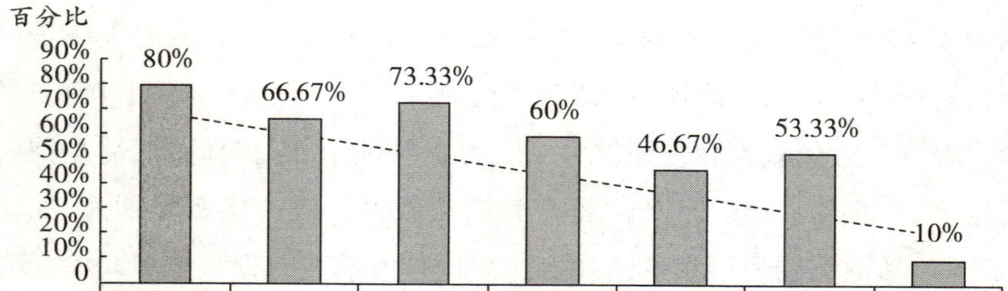

教育方法	注重加强班级和学校思想政治环境建设	注重课外活动的开展	注重社会服务和实践教育	注重思想政治教育课程设置的全面化	注重网络建设和网络教育	注重心理咨询工作	其他
■比例	80%	66.67%	73.33%	60%	46.67%	53.33%	10%

图4-48　高校教师日常思想政治教育工作的教育方法

关于“学校是否重视校园网站的思想政治教育建设”的调查结果显示（见图 4-49），53.33%的教师认为高校重视校园网站的思想政治教育建设，但也有 46.67%的教师认为高校并不重视校园网站的思想政治教育建设。每一所高校都有自己的网站，但网站中心位置更多的是宣传学校动态或单纯的信息发布，相对而言，网站的思想政治教育建设这一版块还不够受重视甚至常被空置。

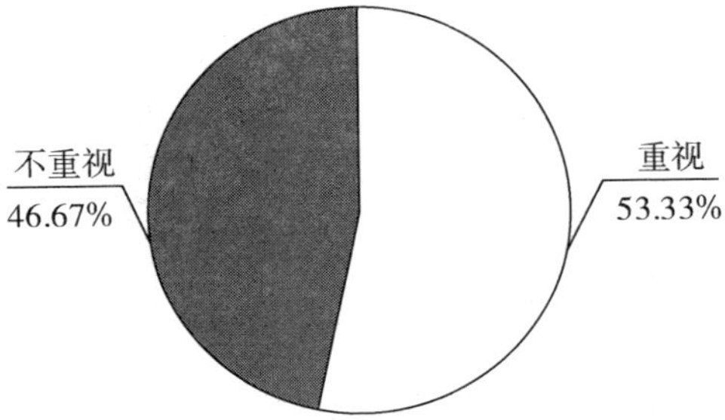

图4-49　学校是否重视校园网站的思想政治教育建设调查

7. 网络舆情下的高校思想政治教育

（1）学校开展的舆情/网络舆情教育活动调查

如图 4-50 所示，关于“学校是否有开展过跟舆情或网络舆情相关的教育活动”这一问题，46.67%的教师选择了“有”。在教师建议的舆情或网络舆情教育活动调查中（见图 4-51），93.33%的教师建议“举办网络舆情专题讲座”；80%的教师建议“组建网络舆情兴趣小组”；选择“组织网络舆情社会调查”“指导学生绘制网络舆情宣传海报”和“组建网络舆情社团”的比例均为 73.33%；46.67%的教师建议“撰写网络舆情小论文”；选择“其他”的教师比例为 40%，说明我们高校教师针对网络舆情可开展的教育活动方式还是比较多样的，选“其他”选项的教师高达四成，也就是说每个教师还有一套适合自己和自己学生的教育活动方式。当然，前提是学校首先要把网络舆情这一领域的教育工作重视起来。调查数据显示，还有超过四成的教师认为学校自始至终都没有举办过与网络舆情相关的教育活动。所以，如果希望提升教师的网络素养，提高教师在这方面的教育能力，学校必须想方设法提供更多更好的实践和活动平台，这样才能更好地形成“学校—教师—学生”三者的三角稳固合力。

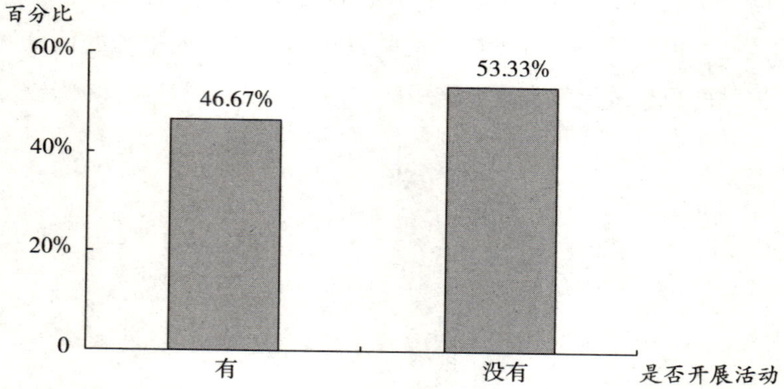

图4-50　学校是否开展过跟舆情或网络舆情相关的教育活动调查

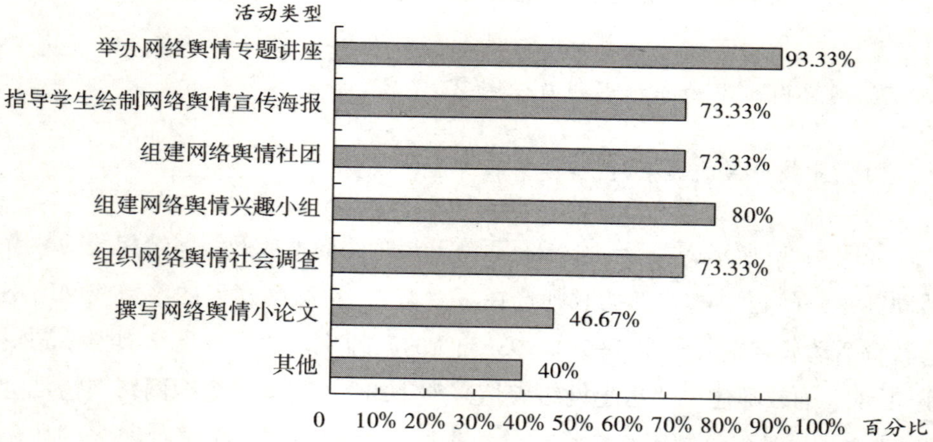

图4-51　建议学校开展的舆情或网络舆情教育活动调查

（2）存在的问题

如图 4-52 所示，在“您是否满意目前的高校思想政治教育现状”的调查问题中，0%的教师选择“满意”；60%的教师选择“基本满意”；选择“不太满意”的教师比例为 40%；选择“无所谓”和“不满意”的教师比例均为 0。从以上数据可以看出，有六成的教师对当前高校的思想政治教育现状是比较满意的，而不满意的教师比例达 40%。这说明，高校的思想政治教育现状还有很大的提升和创新空间。

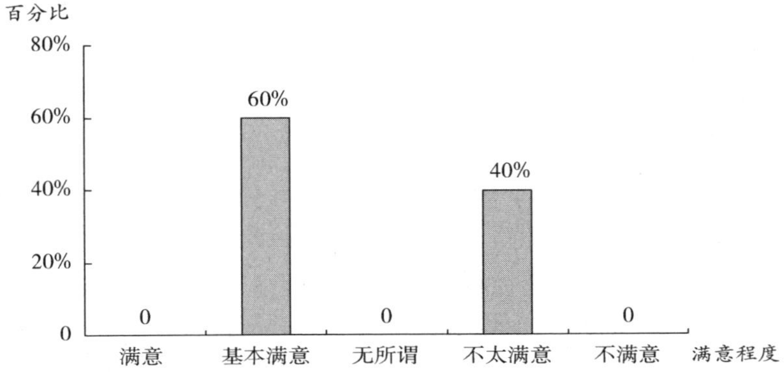

图4-52　教师是否满意思想政治教育现状

相对应地，在“网络时代您是否会致力于利用网络舆情加强思想政治教育的创新”这一题目中，33.33% 的教师会“经常”利用网络舆情加强教育创新；66.67% 的教师表示“偶尔”会利用网络舆情加强思想政治教育工作的教育创新；表示从来“没有”致力于加强教育创新的教师比例为 0。由图 4-52 所示的数据分析可知，有高达四成的教师对思想政治教育现状不太满意，但是愿意经常致力于创新的教师却仅有三成。一边是教师对改善思想政治教育现状的愿望强烈，一边是部分教师止步不前，不愿迈开创新的步伐。

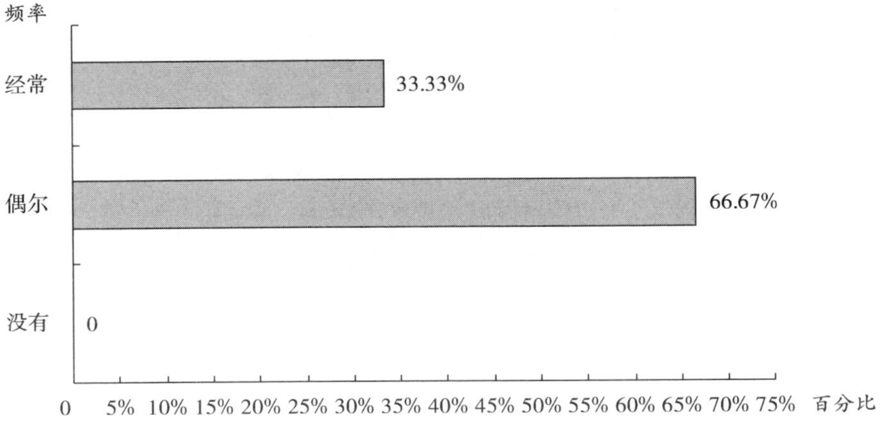

图4-53　教师是否会致力于利用网络舆情加强思想政治教育的创新

自媒体的传播效应也给网络舆情下的高校思想政治教育带来了一定的冲击和新的挑战，如图 4-54 所示，教师认为最大的挑战是“虚假信息、匿名信息容易导致大学生辨别力下降，甚至上当受骗，误入歧途”，所占比例高达 72.23%；然后是“信息鱼龙混杂，观点碰撞激烈，价值观多元化，增加大学生的逆反心理，挑战传统价值观”，所占比例是 71.51%；紧接着的挑战是“学生过于依赖手机，沉迷虚拟世界，逃避现实生活，缺乏集体责任感和归属感”和“纷繁复杂的垃圾信息（如网络谣言、封建迷信、色情信息、网络暴力）大量涌入，使大学生藐视权威，不相信科学”，比例分别为 65.61% 和 61.58%；认为“需要思政工作者加强学习，与时俱进，掌握自媒体新技术和了解学生心理的能力”和“需要建立健全自媒体平台，占领高校网络思想政治教育的新阵地，引导大学生健康成长”的比例分别为 48.63% 和 46.04%。从以上数据可以看出，随着自媒体的发展和全面流行，学生受其影响越来越大，给当前的网络思想政治教育工作带来的挑战也是层出不穷，同时也提醒思想政治教育工作者不能墨守成规，应在主动接触自媒体的过程中认清事物的本质，以更好地应对自媒体的传播效应给网络舆情下的高校思想政治教育带来的系列挑战。

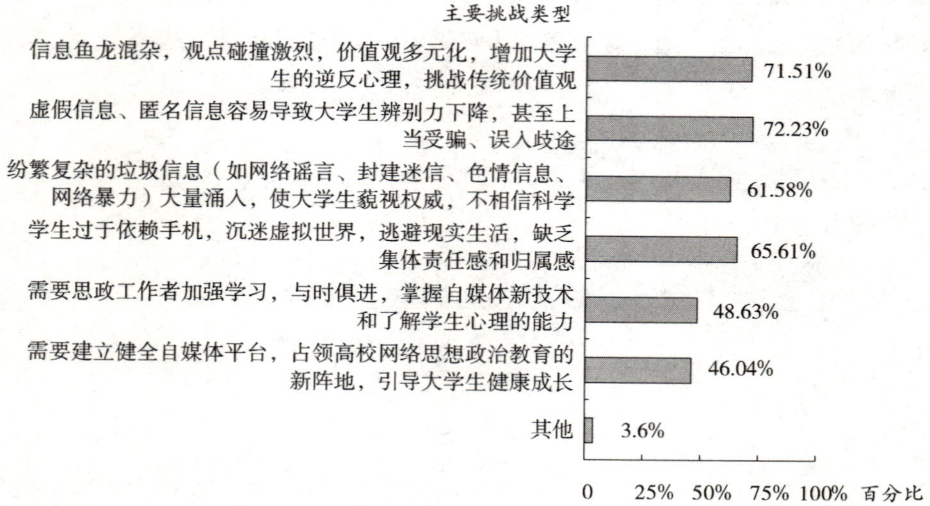

图4-54　自媒体的传播效应给网络舆情下的思政教育带来的主要挑战

面对学校在网络舆情下的高校思想政治教育存在的主要问题调查，如图4-55和图4-56所示，学生和教师认为存在的主要问题是不一样的。学生认为排在前三位的主要问题是“教育方法传统，缺乏网络教育和实践教育”“教育评价形式单一，缺乏线上和线下的结合”和“教育目标片面，缺乏学科核心素养和信息媒介素养的教育”，所占比例分别为60.72%、50.07%和49.64%。教师认为排在前三位的主要问题是“学生道德观念淡化，容易受社会大环境的影响”“教育评价形式单一，缺乏线上和线下的结合”和“教学内容陈旧，缺乏较新网络舆情内容的支持”，所占比例分别为80%、80%和73.33%。还有部分师生认为存在的问题有“教育者网络舆情分析及引导能力不足”和“校园网站和网络文化建设落后”。经过数据的对比可以看出，学生认为学校在网络舆情下的高校思想政治教育存在的问题领域主要是教育方法、教育评价和教育目标需要加强改进和创新；而教师则认为当前的思想政治教育需要教师学会利用较新的网络舆情信息改善教学内容陈旧的现象，同时也希望借助网络舆情开发一种可结合线上和线下的评价方式，全面考评学生，力求通过教师和学生的共同努力实现思想政治教育的创新。

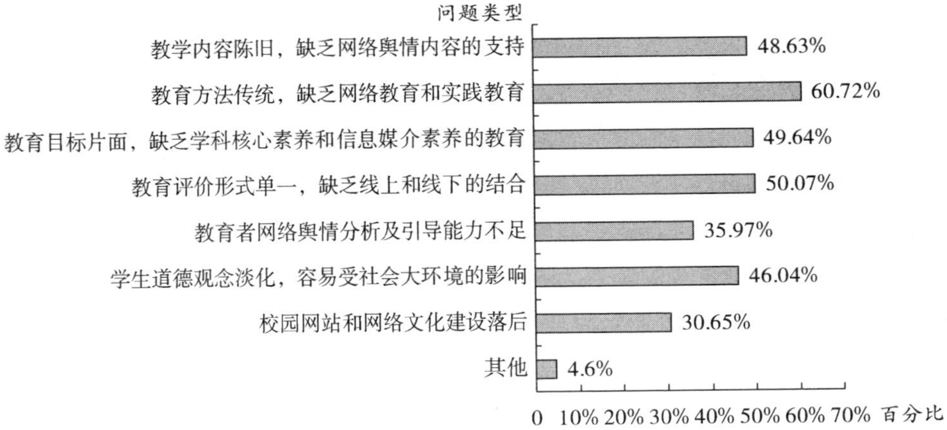

图4-55　学生眼中学校在网络舆情下的高校思想政治教育存在的主要问题调查

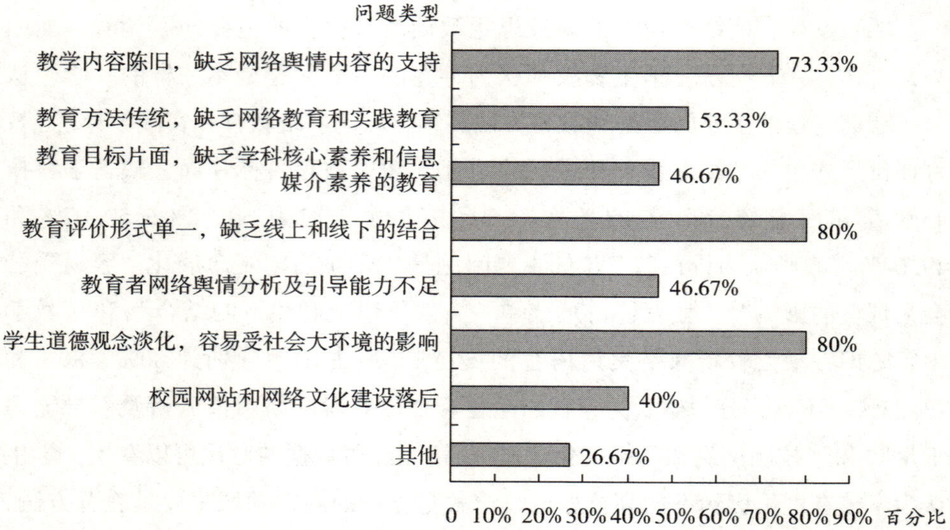

图4-56　教师眼中学校在网络舆情下的高校思想政治教育存在的主要问题调查

通过上面的分析，我们可以发现，不管是教师还是学生，普遍认为当前的教育评价形式单一，缺乏线上和线下的结合。由图 4-57 可知，在网络时代，教师对大学生最主要的评价方式，排在第一的是“卷面分数（成绩）”，教师选择的比例为 100%；然后是“课外实践活动”和“平时作业”，比例分别为 93% 和 90%；选择“课堂表现”的教师占 70%；而选择“课后的线上线下互动”这一评价方式的教师却只占 10%；选择“线上平台分数”的比例为 0。从调查数据可以看出，高校教师对学生的评价方式还有改善空间，教师主要侧重学生线下的评价，如卷面成绩、平时作业、课外实践活动、课堂表现，而线上的评价却几乎处于空白，一方面的原因可能是教师并未注重在课后利用 QQ、微信等学生喜爱的自媒体载体进一步展开和学生的线上交流；另一方面的原因可能是很多学校的思想政治教育线上平台并未开发，所以教师没办法参考线上平台的分数对学生进行评价。

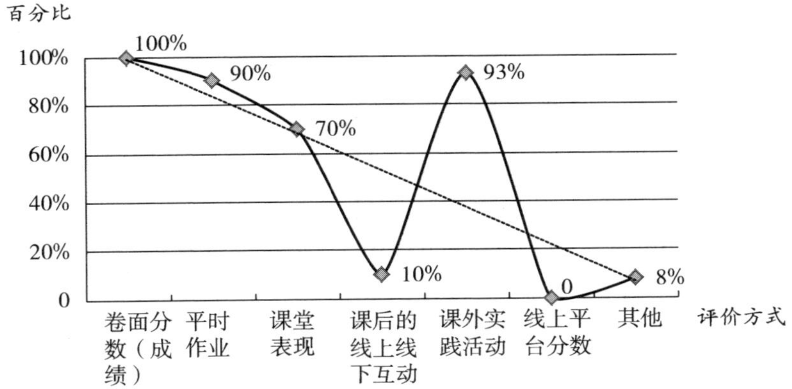

图4-57　高校教师在新媒体时代对大学生的学习评价方式调查

（3）解决途径

由图 4-58 可知，针对“网络舆情下的高校思想政治教育，您认为思政工作者应该努力做到哪些方面”的调查，学生最迫切需要的是“在大学生认同和树立社会主义核心价值观方面给予更多的指引和帮助”，所占比例为 69. 5%；还有学生希望思想政治教育工作者可以“让热点网络舆情走进课堂，充实完善网络思想政治教育”和“借助多样化的新媒体和自媒体工具提供更加宽松自由的师生沟通环境”，所占比例分别为 65. 9% 和 63. 17%；认为需要“组织丰富多彩的网络思政校园活动，创新校园文化的内容和形式，吸引大学生的注意力”和“加强引导，坚持网上教育与网下教育的联动结合”的学生分别占 54. 53% 和 52. 23%；另外，45. 32% 的学生希望高校的思想政治教育工作者可以“建立‘朋辈教育’体系，引领积极和谐的网络氛围”。调查数据说明，大学生非常需要思想政治教育工作者在网络空间、网络话语、网络素材、网络素养等方面加强引导和指引，以进一步学会通过网络正确发声，并让网络为己所用。

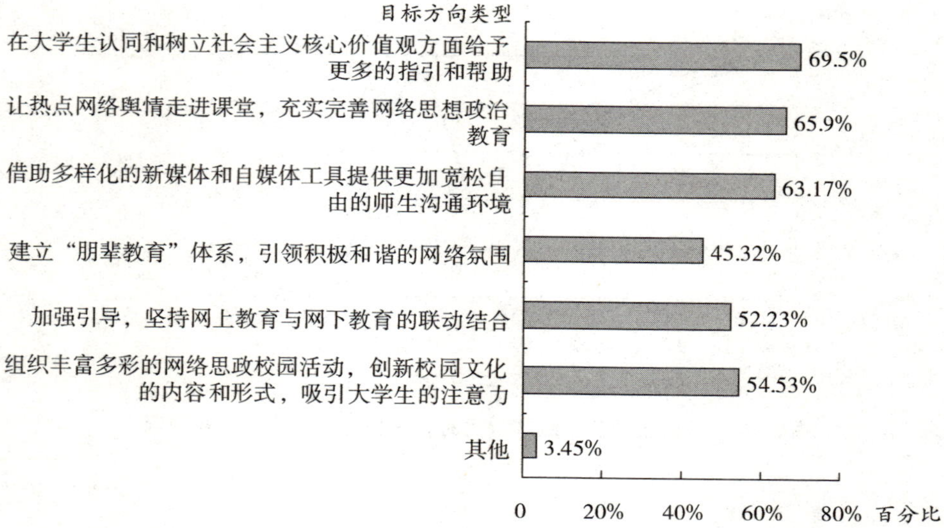

图4-58　为更好地应对网络舆情下的思想政治教育，高校思想政治教育工作者应努力的方向调查

如图 4-59 所示，在教师的调查问卷中，为了更好地保障高校网络舆情的健康发展和利用网络舆情加强思想政治教育工作，100%的教师认为应该“建立完善的监管队伍”；93.33%的教师认为应该“加强网络舆情监管制度”和“培养学生的网络媒介素养，提高学生的责任意识”；另外，有86.67%的教师认为需要“加强学校的网络教育”和“加强教师队伍的素质建设，加大教师媒介素养能力的培训”，还有 80%的教师认为应该“加强学校的网站建设”。所以，要加强网络舆情下高校思想政治教育的创新，应充分调动学校、教师和学生“三位一体”的三角合力，通过三者的共同努力，加强学校的网络教育，提升教师的队伍建设，以更好地培养学生的媒介素养和学科核心素养。

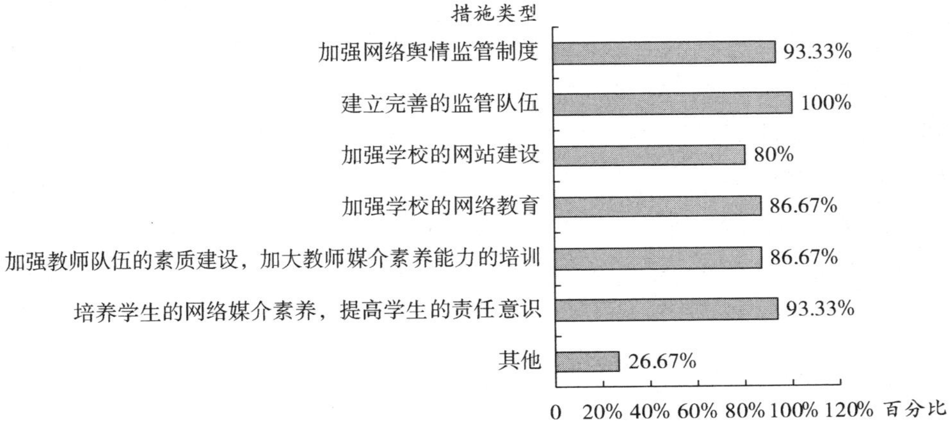

图4-59　保障网络舆情健康发展的措施统计

三、网络舆情下高中和高校思想政治教育现状的对比分析

(一) 师生展开交流沟通的社交软件/社交平台的对比

在师生选择进行交流和沟通的社交软件/社交平台中，高中和高校的师生都比较热衷于使用微信和 QQ。但通过对比分析，我们可以发现，对于微信这一流行的社交工具，高校的师生运用的频率更高。微信通过围绕超级链接和平台开放，在各种新兴媒体的聚集中，形成了一个个与现实世界相融合的、虚拟的、互动的、隐秘的情境化社区，给予师生更多的现实参照去按自己的需求和归属来使用，使其更加精确化地分配社交精力。情感社交、商业推广、平台服务等应用的开放也使得微信逐步从“富媒体”向“超媒体”生态系统演变、发展、进化。因此，微信对高校师生的影响可以说大于高中，对于高校的教师，更应该思考如何充分利用微信借助网络舆情进一步展开对学生的网络思想政治教育，让微信成为教育的一个辅助工具，在日常的微信交流中嵌入社会主义核心价值观。

当然，也有师生在课后是零交流的。在高中，有 36. 33% 的学生与教师课后没有任何交流；在大学，这个比例为 14.53%。可见，相比于高中，大学生会更主动与教师展开线上交流。同时，通过对比分析，我们还可以发现，在高校有部分学生还喜欢通过游戏、博客等社交平台与教师进行交流，而教师则还停留在依赖微信、QQ 这两个传统的社交软件上。究其原因，一方面，学生越来越青睐于用社交软件与教师展开线上交流；另一方面，学生对社交软件的选择也越来越多样化。所以，教师也应该与时俱进，了解学生的爱好，跟上时代步伐，减少与学生之间的交流代沟和教育鸿沟。

（二）高中生和大学生上网时间和上网主要需求的对比

通过对比高中生和大学生上网时间和主要需求的调查数据，可以很明显地看到，大学生每天上网的时间远远高于高中生。但上网的主要需求还是比较一致的，最高的需求是听歌或看视频。但也有不一样的地方，高中生的第二需求是查找学习资料，大学生的第二需求是聊天交友。这也跟高中和大学的校园环境和学习大环境有关，高中生面临的主要挑战是高考，接受高考的残酷检验，所以更多的上网时间用于查找学习资料，帮助自身的学习。而经过高考洗礼的学生步入大学后，对交友有了更多的时间和更大的渴望，自然而然，上网的很多时间会用于聊天交友。因为大学生可利用的闲暇时间更多，所以花在浏览新闻、玩游戏、网购上的时间和需求也比高中生高了不少。在调查中也可以发现，将近七成的大学生每天醒来做的第一件事情一般就是打开手机微信，在微信公众号的关注类型中，新闻资讯排名第二，而热点网络舆情其实就是热点新闻资讯。说明大学生在日常生活中每天都在接触网络舆情事件，只是缺乏对热点网络舆情事件进行正确分析的科学引导。

（三）高中生和大学生网络评论和评论心态的对比

总体来说，高中生和大学生在网络上发表评论的意愿程度和发表评论时候的心态是比较一致的。但通过数据对比可以发现，相比于高中生，大学生更愿意在网络上发表看法或意见，这也跟大学生比高中生能更自由地使用手机、电脑等多媒体设备有关系，大学生能在第一时间接触到热点网络舆情事件，对热点事件可以及时地发表评论和分享看法。对比两者发表评论时候的心态，可以看到，选择“从众心理”和“发泄情绪”的大学生比高中生高了两倍，也就是说，相比于高中生，大学生在网上发表评论的心态有时候显得更不理智，不管是从众的心理还是情绪的发泄，都是不正确的、不科学的评论心态。既然高中生和大学生都愿意在网络上发表自己的看法和评论，那么如何引导他们在网络舆情事件中学会正确发声，并以一种科学的、正确的发声心态为自己的观点/评论保驾护航，值得每一位思想政治教育工作者深入思考。

（四）高中生和大学生感兴趣的网络舆情信息性质和类别对比

从对事件评价的性质角度看，网络舆情可以分为正面网络舆情和负面网络舆情。正面网络舆情以传播正能量、符合社会主流、社会核心价值观为前提，对事件进行一种积极的、正面的、肯定的评价；负面网络舆情则对事件进行一种消极的、否定的、不符合社会主流的负面评价。通过对高中生和大学生感兴趣的网络舆情性质进行对比，我们可以发现，相比于高中生，大学生比高中生对正面网络舆情信息更感兴趣，反之，对负面网络舆情事件的兴趣度没高中生高。关注的网络舆情信息类别也有一定的差别，高中生最感兴趣的网络舆情信息排名前三的分别是国际新闻、娱乐和国内时事，大学生最感兴趣的网络舆情信息排名前三的则是国内时事、娱乐和国际新闻。以上分析给思想政治教育工作者传递了一个信号，作为教师，在教育过程中，不能过多地借助负面网络舆情事件辅佐自己对学生的教学，因为学生对正面网络舆情事件更感兴趣。而选择的网络舆情信息类别，可更多地考虑国际国内时事和娱乐相关的网络舆情事件，用学生更加喜闻乐见的方式带给学生更乐于看到的一种思想政治教育方式和教育内容。

（五）网络舆情对高中生和大学生政治学科核心素养影响的对比

对比高中生和大学生眼中的网络舆情对其学科核心素养的影响的数据图可以发现，相对于高中生而言，更多的大学生认为网络舆情事件增强/增高了自己的政治认同、理性精神、法治意识和公共参与素养；也有部分大学生认为网络舆情事件在一定程度上减弱/减少了自己的政治认同、理性精神、法治意识和公共参与素养；自然而然，认为对自己的学科核心素养无影响的大学生比例就比高中生低很多。之所以出现这种情况，很大原因在于高中生在考入大学后有了更多的时间自主安排学习，不像在高中时“宿舍—教室—饭堂”三点一线的学习生活，大学生在大学有更多的时间去接触和感悟各种新鲜事物，关注网络舆情信息的机会和时间也随之增加，当你对它进行关注时，它对你的影响程度必然也会随之加大。所以，作为大学的思想政治教育工作者，更应该看到网络舆情信息对大学生的影响，不能让其成为高校思想政治教育的空白和盲点。

（六）高中生和大学生对热点网络舆情态度的对比

热点网络舆情事件，其传播和发酵效应都是巨大的。但是对于热点网络舆情的态度，高中生和大学生也有细微的不同。面对热点网络舆情事件，会进行理性分析，形成自己的观点、会顶帖并分享的高中生比例略高于大学生，相反，看完只会感叹或纯属看客心态的大学生比例略高于高中生。通过对“教师让学生对热点网络舆情事件进行评述的概率统计”和“学生对热点网络舆情事件的评述教师能否给予正确的分析和引导”的数据对比，我们还可以发现，大学教师让学生对热点网络舆情事件进行评述的概率更高，也有更多的教师认为自己有能力且能够对学生的评述给予正确的分析及引导。为什么随着年龄的增加和学历的提升，大学生反而不愿意去理性分析网络舆情事件并把自己的观点分享出去，而更愿意去当一名“事不关己，不理不顾”的看客？是大学生道德和责任意识的弱化还是忙于做其他事情，抑或是我们的教育和引导其实还不到位或引导方法不正确？这个值得思想政治教育工作者展开进一步的调查和研究。我们要明确应该怎样唤起大学生的社会良知和道德热情，并让学生通过对热点网络舆情事件的分析，学会以更加理性的科学的态度和语言参与网络的发声，努力成为一名合格的甚至是优秀的社会主义建设者和接班人。

（七）高中和大学教师日常的思想政治教育内容的对比

理想教育、道德教育、法律教育、网络教育、爱国教育、集体意识教育、个性教育、历史教育等教育内容，应更侧重于哪个？相信每位教师的选择都会不一样。对比高中和大学教师日常的思想政治教育内容侧重点，可以发现，两者的教育重点是截然不同的。大学教师选择的前二者分别是集体意识教育和道德教育，高中教师选的前二者是道德教育和理想教育。例如，大学教师100%选择了集体意识教育，而高中教师选择的比例却只有62.5%。而对于理想教育，大学教师选择的比例是86.67%，高中教师选择的比例则是93.75%。再看网络教育，大学教师选择的比例是66.67%，高中教师选择的比例则仅有12.5%。之所以会出现不同的选择，跟高中和高校的教育方式、教育内容的不同有很大关系。高中生面临着高考，考上一所心仪的大学是他们这一人生阶段最重要的目标，所以，高中教师会比较侧重学生的理想教育。那么，当高中生步入大学，实现了理想之后呢？大学教师会发现不少学生的集体意识观念并不强，因为高中时他们习惯了在高考迎战中独自奋战，自然而然，大学教师需要加强对大学生的集体意识教育。而比较欣慰的是，随着最近几年网络诈骗案层出不穷，如大学生网贷、大学生裸贷、微信诈骗、淘宝退款诈骗案等，大学教师也意识到了网络教育的重要性，并有意识地把网络教育纳入自己日常的思想政治教育工作侧重领域。

（八）高中和大学教师日常思想政治教育工作教育方法的对比

高中和大学教师日常思想政治教育工作的教育内容不同，自然也会带来教育方法上的差别。相比于高中教师的更加注重加强班级和学校思想政治环境建设，大学教师还比较重视大学生课外活动的开展、大学生的社会服务和实践教育。这也比较符合国家和社会对大学培养人才的现实需求，我们需要的21世纪人才，不仅成绩要拔尖，更要有一定的社会实践经历和社会实践技能，只有这样，才能在大学毕业后更好地融入社会。如在高校的思政课中，很多学校都会在课程规范中加入社会实践项目，让学生通过爱国教育基地的参观、敬老院等地的义工活动、寒暑假三下乡等活动接受思想政治教育，加强学生的道德修养、社会责任感、个人技能和社会适应能力。另外，高校教师相比于高中教师，更加注重学生的网络教育和心理咨询工作，一方面原因是网络思想政治教育的迫切性让高校教师在教育工作中必须引入网络教育的内容；另一方面原因是部分大学生无法适应大学生活，多多少少存在一定的心理问题，所以需要在高校加强学生的心理辅导工作。

（九）高中和大学教师对思政教育现状满意度的对比

通过高中和大学教师对思想政治教育现状及是否致力于加强思政教育创新的对比发现，高校教师对思想政治教育现状的满意度比高中教师高很多，不满意和不太满意的比例则低很多。相对而言，有更多的高校思政教师愿意致力于加强思想政治教育的创新。究其原因，可能是高中的教育和教学是以“高考”为总指挥棒，所以，留给高中思政教育工作者创新的空间会窄很多，而在“以分数论英雄”的评判标准下，教师更致力于提高学生的卷面分数，这必然会导致高中教师对当前教育现状的满意度比较低，因为仅凭个人之力，比较难改变教育现状。高校加重视学生的素质教育，高校教师不像高中教师面临着升学的压力，上课内容和上课形式更加灵活多样，所以高校教师对思政教育的满意度比较高，且更愿意致力于进行教育创新。

（十）高中和大学在网络舆情下思政教育存在问题的对比

不管是在高中还是在高校，思想政治教育都属于边缘学科。高中教师认为当前网络舆情下的思想政治教育存在的最大问题是教育方法过于传统和教育目标过于片面，而高校教师则认为是教育内容陈旧和教育评价单一。所以，思想政治教育工作者需根据实际情况结合网络舆情，改进教育方法、改善教育目标、丰富教育内容、使评价方式多样化，以实现充分利用网络舆情对思想政治教育进行创新的目的。当然，两者也有相同点，不管是高中还是大学教师，都认为部分学生道德观念会在网络舆情的影响下淡化，容易受社会大环境的影响。学生生活在被网络和网络信息包围的时代，要想不受社会大环境和互联网的影响，是不可能的。也正因为如此，我们要充分利用好教育时机，把握好时代脉搏，通过“望、闻、问、切”的形式及时发现问题，并对学生的网络教育进行设计和引领。

（十一）高中和大学教育评价方式的对比

在对高中和大学教师在网络时代对学生的学习评价方式的调查中发现，两者评价方式的选择差别比较大。高中教师的评价方式主要是卷面分数（成绩），平时作业是辅助的评价方式。而高校教师的评价方式会稍微多样化一点儿，除了平时作业和卷面分数，还注重把学生参加的课外实践活动和课堂表现纳入学生评价体系。相对而言，高校的教育会更重视素质教育，并把实践教育、网络教育等内容纳入课程体系。但是，大学教师很少把课后的线上线下互动和线上平台分数纳入评价体系。这也是我们思想政治工作者需要改进的地方。网络时代，如何让网络为自己所用，为学生的成长成才服务，这是一个需要实际行动的操作。

第五章 网络舆情下思想政治教育的问题分析

一、存在的问题

（一）教育内容陈旧，缺乏网络舆情内容的支持

网络舆情的内容日新月异、层出不穷，与其形成鲜明对比的是教师在教育上的囿于旧材、按部就班。调查显示，教师日常的思想政治教育内容排在前面的有道德教育、理想教育、爱国教育、集体意识教育。相对而言，网络教育、个性教育、历史教育的内容则比较欠缺。当前，思想政治教育内容更多的是传统的道德、理想、爱国、法律、集体意识教育，而在新媒体时代与学生息息相关的网络教育却处于“缺席”或“半缺席”状态。在“网络时代教师是否会致力于利用网络舆情加强思想政治教育创新”的调查中，高达六成的教师表示只会偶尔利用网络舆情加强教育创新，甚至有教师表示“从来没有”致力于这方面的创新工作，而认为当前的思想政治教育“教学内容陈旧，缺乏网络舆情内容的支持”的教师比例却超过六成。可见，很多教师一方面认为当前的教学内容陈旧，另一方面却无心致力于教学创新，虽然当前很多思想政治教育者不太满意现状，却很少有教师愿意加以改善。在与学生的访谈中，学生也反馈当前的教育内容容易与生活脱节，“填鸭式”的教学方式让教育语言枯燥无味，“空洞说教”的政治课更似洗脑课。因此，在日常的思想政治教育工作中，若教师一味地忽视新课程内容与新课标要求、网络教育的密切联系，其教学内容的滞后性必然会让思想政治教育的实效性大打折扣。

（二）教育形式单一，传统教育方法缺乏变革

传统的思想政治教育形式注重“灌输与填鸭”，与其对应的是“照本宣科”的教育方法。其实，通过简单粗暴的方式灌输教材内容和考试重点的沉闷“填鸭式教育”正引发越来越多的高中生和大学生的抗拒和反感。经调查发现，高中生在周末或假期中每天上网时间超过 3 个小时的比例超过五成，而大学生在学校每天上网时间超过 3 个小时的比例高达七成。在上网期间，学生更多的需求集中在听歌或看视频，比例超过八成；其次是查找学习资料、聊天交友、浏览新闻、玩游戏、网购等。数据表明了两点：一是学生上网时间是比较长的；二是学生上网除了娱乐和放松的需求外，还注重学习和浏览新闻。而当前的政治课堂，除了传统课堂教学外，几乎未尝试其他教育形式，对翻转课堂、社会实践、校园实践和微格课堂等创新形式的运用更是少之又少。在对教师日常的思想政治教育方法的调查中，超过八成的教师表示侧重于“注重加强班级和学校思想政治环境建设”，而“注重课外活动的开展”“注重网络建设和网络教育”的教师却比较少。面对网络舆情下思想政治教育存在的问题，高达六成的教师认为“教育方法传统，缺乏网络教育和实践教育”，也有很多教师认为“教育目标片面，缺乏学科核心素养和信息媒介素养教育”。“网络教育”是教师进行教育的薄弱版块，相对应地，在日常工作中，教师也就不太注重网络建设和网络教育，这一现状非常不利于提高学生的媒介素养。网络作为新媒体时代学生接收信息的主要渠道，其思想观念和学习方式日益受到计算机、手机等互动媒体的影响，单一的教学形式和传统的教育方法与在数字环境中洗涤成长的高中生的创新与开放、个性与跳跃的特色思维格格不入。传统的教育形式和教学方法与网络新生代的要求大相径庭，若不加以创新，与新媒体时代下学生形成的学习方式之间的鸿沟必定日益变宽；若不加以重视，不对传统的教育方法进行深层变革，问题将更加凸显。

（三）教育者网络舆情分析及引导能力不足

调查显示，学生在互联网上发表评论或看法的意愿程度比较高，超过六

成的学生愿意且比较喜欢在互联网上针对网络事件发表自己的评论和看法，而“沉默者”为少数。关于学生在网上发表评论或看法时的心态，超过五成的学生表示网络是一个“平等参与”的线上场所，超过六成的学生表示容易受到网友评论或观点的影响。对于热点网络舆情事件，也有较多的学生表示阅读后会顶帖、分享或进行理性分析。而在实际的思想政治教育工作中，教师却忽视了对网络舆情的分析和引导工作。超过五成的教师表示只会偶尔让学生对热点网络舆情事件进行评述，甚至有教师表示从来不会。在“学生对热点网络舆情事件的评述能否给予正确分析及引导”这一问题上，也有部分教师表示不能。再者，学校几乎未开展过抑或很少开展相关的舆情/网络舆情教育活动，学校和教师在“网络舆情”教育方面几乎停留在“空白”或“半空白”状态。网络舆情是影响学生成长和媒介素养形成的重要因素，而学校的不重视直接导致教师在网络舆情分析及引导能力方面的欠缺。数据显示，教师认为“教育者网络舆情分析及引导能力不足”是网络舆情下加强高中和大学思想政治教育创新存在的主要问题之一：一方面是网络新生代的学生越来越关注网络舆情信息并越发愿意在网上发表声音和意见；另一方面是教师工作停滞不前，依旧不审时度势地在日常网络教育工作中加强对学生媒介素养的培养，没有创造更多机会让学生对热点网络舆情事件进行分析并加以引导。这两者的矛盾一则不利于提高教育者对网络舆情的分析及引导能力，二则不利于加强学生的信息辨别能力，使其容易受到负面舆情信息的影响，进而引发生理、心理等社会问题或网络犯罪行为。

（四）学生道德观念淡化，缺乏网络的教育与指导

关于网络舆情下思想政治教育存在的问题，调查数据显示，超过六成的教师认为“学生道德观念淡化，容易受社会大环境的影响”，也有不少教师认为“校园网站和网络文化建设落后”；而在教师采取的日常思想政治教育内容中，“注重网络教育”的高中教师仅占12.5%；在教师采取的日常思想政治教育方法中，“注重网络建设和网络教育引导”的高中教师比例为0。关于“学校是否重视校园网站的思想政治教育建设”这一问题，超过一半的教师认为

学校不重视。目前，学校都有自己的网站，但网站中心位置更多的是宣传学校动态或单纯的信息发布，相对而言，网站的思想政治教育建设这一板块一直不被重视或被长期空置。一方面，是学校和教师对学生网络教育的不重视；另一方面，学生作为网络新生代，在负面网络舆情和西方价值观的渗透和操控下，其思想观念和行为方式都容易受到不良影响，进而导致学生道德观念淡化，甚至产生思想偏差，影响思想政治教育的实效。调查显示，在网络舆情的影响下，有不少教师认为学生的四个学科核心素养——政治认同、理性精神、法治意识和公共参与是减弱的。教师已经充分认识到了网络舆情信息对学生学科核心素养和信息媒介素养的影响，却并未同步加强对学生的网络教育和指导。在信息时代，网络不仅是日新月异的技术，更是现代学生的一种生活方式，教师只有充分利用其鲜活的网络舆情素材开展各式各样的教育活动，才能更好地解决上述问题。

二、原因分析

（一）政治学科地位动荡，学科不受重视

“说起来重要，做起来次要，忙起来不要”是从事高中思想政治教育工作人员的真实感受写照。随着高考制度的不断改革，政治科目经历了“3+X+综合”到“3+文综/理综”的变化，到 2021 年，广东高考科目将只考语、数、英三科。在改革中，政治越来越成为文科中的副科，始终得不到如语文、数学、英语、物理、化学等科目同等的重视。“教师备课教学辛苦，领导同事不认可，学生心中无所谓”的现状更是进一步削弱了政治学科的地位。在对教师的访谈中，教师普遍认为政治科目是“最不重要”的尴尬学科。其尴尬地位具体表现在以下四个方面：①学校和领导层不重视。在培训、进修机会、奖金、竞赛等方面对政治学科的关注都比语文、数学、英语学科少。②政治学科课程设置得不完善。在高考应试教育的指挥棒下，政治除了开设《经济生活》《政治生活》《文化生活》《生活与哲学》四个必修模块外，几乎未开展其他选修课程，课程设置上的“偏心”不利于开拓学生的政治视野和培养

学生的学科核心素养。③社会主义市场经济功利主义的影响。收入差距的过大、贪污腐败的泛滥等社会问题加深了学生对政治的逆反和抵触，“政治过时论”“政治无用论”也在无形中塑造影响着学生，进而降低了学生对政治学科的重视程度，导致其被动参与政治学习。④高校选课科目的设置影响。清华大学在2014年4月曾面向京津地区的22所高校522个本科招生专业进行了一项高校选考科目设置的调研，结果显示：文科类（除不设选考科目的专业）设置“历史”为选考科目的最多，工科类（除不设选考科目的专业）主要设置“历史和地理”为选考科目①，而设置“政治”为选考科目的专业较少，选拔考试科目的设置直接影响了政治的学科地位和教师的课时需求。

在大学课程中思想政治同样存在着不受重视的尴尬。虽然现在国家和学校都越来越重视学生的思想政治教育，但是真正落实到实际时，却面临着思想政治课属于非专业课程和学生认为思想政治课无用的双重困境。再者，思想政治课的理论性比较强，特别是《毛泽东思想和中国特色社会主义理论体系概论》这一课程，强理论性让学生望而生畏。尤其是高职高专的学生，由于抽象思维较弱、理论学习能力较差、主动性自觉性欠缺，更是不太喜欢理论性强的思想政治课程。但是，作为一名思想政治教育工作者，应在工作中结合学生的优势和特长，如抽象思维较弱，但形象思维较强；虽然理论学习较差，但实践能力较强；虽然对思想政治课兴趣不高、主动性自觉性欠缺，但学生活泼好动、好奇心强，只有善于去发现学生身上的闪光点，我们才能更善于发现可以利用网络舆情开展思想政治教育的契机。

（二）教育者认知存在偏差，创新精神不足

网络舆情环境下的思想政治教育在被动适应中存在诸多问题，很大原因在于教育者的认知存在偏差，进而导致创新精神不足。主要表现在以下四个方面。

---

① 于世洁，徐宁汉，杨帆，等. 新高考改革下高校选考科目的制定［J］. 清华大学教育研究，2015（2）：32-36+63.

一是部分教师特别是老教师面对日趋复杂的互联网和新媒体，出现自身信息素养和媒介素养的不足，上网经验比学生少，缺乏对网络知识和网络技术的认知了解，甚至连最简单的 PPT 多媒体课件都不会制作，更谈不上在第一时间上网关注最新最热的网络舆情信息，以至于在教育过程中出现所讲述的理论内容学生早已了解，而学生热衷讨论的热点网络舆情问题，教育者却不清楚不了解，致使教师在宣传、教育、讲解等方面的话语权缺失，影响思想政治教育的权威性，进而影响思想政治教育的实效性。

二是教育者传统的思想政治教育内容和教育方法已不适应现时的网络环境，面对各种网络舆情对学生的影响和冲击，教师依旧选择传统的教育内容和一成不变的教育方式，忽视对学生的网络教育和指导，在认知偏差中忽视对学生网络行为和思想行为特点的了解和引导，放任负面网络舆情给学生带来的道德弱化、行为失范、人情淡漠等影响。

三是学校对电子设备的管理模式缺乏灵活性和人性关怀。特别是在高中校园，学校和教师极其回避或否认手机等电子设备对高中生学习的渗透。信奉“网络危害论”的教育者不允许学生在校使用手机，在手机的收缴中“追求”单纯平静的学习环境。然而学生私带手机的概率表明，这已经发展成为“野火烧不尽，春风吹又生”屡禁不止的潮流。再者，学生大量校外时间并不在学校控制范围内，在校园里受到抑制的情绪会在课外时间爆发，反而更不利于学生的自我督促。堵不如疏，与其单纯地禁止，不如更好地引导学生正确地使用和利用网络。学生可以利用手机等电子设备在学习之余了解热点网络舆情信息。通过研究近五年的各省市高考试题可以发现，高考的命题指挥棒越来越紧扣时事热点，利用网络舆情素材出的典型题目也越来越多。

四是教学评价机制的单一和落后，单一的分数评价机制不仅不能激发学生内在的学习兴趣，也难以激发教育者的创新精神。调查表明，教育者更多地以学生的卷面分数作为评价一个学生的指标。其实，教师和学生现在都非常喜爱使用微信、QQ 等社交软件在课后进行交流和沟通，教育者何不利用这一契机，完善对学生的评价方式，通过“线上互动和线下交流、卷面成绩和课堂表现”多维度地对学生进行考核。这样的考核方式既创新了教育形式，又可以更好地培养网络新生代，加强学生对真假网络舆情信息的辩证分析能力，减弱负面网络舆情对学生的不良影响。

（三）教育者队伍媒介素养不高，能力培训空缺

沉重的教学压力、繁杂的教学制度和严格的升学体制使高中思想政治教育者的方法变得极为审慎，不敢轻易做出变革，故步自封地停留在应试教育上，使得教育者队伍的媒介素养难以提升。在大学校园同样如此，同一份课件，从网上下载下来后多年不更新，教学素材面临着陈旧抑或如出一辙的问题。一方面是学生不断地汲取网络舆情信息并受其影响，另一方面是教育者不能与时俱进，脱离了时代和网络发展。调查发现，学生对正面和负面网络舆情信息都感兴趣，且比较喜欢在互联网上针对网络舆情事件发表自己的评论和看法，但是很多时候却不能正确地分辨网络上的不良信息和虚假信息，超过七成的学生表示网络舆情对其思想和行为具有一定的影响。而在实际工作中，教育者却很少提供机会让学生对热点网络舆情事件进行评述，对其评述也有不少教师表示没办法给予正确的分析及引导。一是因为教师本身媒介素养不高，在繁忙的教学中极少有时间关注网络舆情事件，对热点网络舆情事件的真假性自己也难以辨别，如 2016 年 11 月 30 日发生的罗一笑捐赠事件、北京八达岭老虎咬人事件，很多教育者在真相未知的情况下也带头在微信朋友圈随意进行转发分享。二是学校在网络舆情方面的教师培训处于空缺状态。例如，如何利用网络舆情加强思想政治教育；如何在网络舆情事件中提升自身的媒介素养；如何加强学生的网络教育；如何利用网络舆情事件加强学生的四个学科核心素养等。这类培训在高中学校几乎是没有机会开展的。其实，只有通过加强对教育者的专题理论培训和实践培训，才能让教育者更好地引导学生正确地使用手中的“麦克风”发声，争当有责任、有担当、有素养的“公民记者”。

(四) 社会大环境的冲击，消极网络文化腐蚀

作为21世纪的网络新生代，学生能够熟练地借用各种电子设备接触网络，直击网络信息，手机、微信、微博等新兴的媒体和文化传播载体更是加大了社会大环境对学生的冲击。尤其是当网络舆情信息的思想意识形态和主流媒体的意识形态有所出入时，更能引发学生猎奇探新和叛逆动荡的心理，使其社会意识形态和人生价值观都受到前所未有的冲击。一方面，互联网打开了中国国门的同时，也为西方价值观的渗透和操控打开了大门。西方的网络文化有可能会加深西方意识形态对学生的影响，导致学生偏离或转变政治价值观念。另一方面，腐朽消极的网络文化对学生造成的不良影响不容忽视，如失范的道德行为、弱化的社会责任意识、冷漠的道德情感、淡漠的人际关系、多元化或模糊化的价值观。缺乏足够社会阅历和实践经验的学生在学校的"象牙塔"里，如果教育者不及时地给予正确的网络教育和引导，将会进一步加深消极网络文化对学生的腐蚀作用。如学生在各种"贪污腐败""贫富分化""社会不公"等负面网络舆情信息的影响下，心理容易在不满和困惑的波动情绪下失衡，产生"仇官""仇富""仇警"等仇视心理。若不能较好地掌控自身情绪，学生有可能在"伸张正义""仗义相帮"的心理下做出与法律法规和道德规范相违背的行为。这也从侧面反映出当代思想政治教育者在"网络舆情"领域的教育新使命和教育新任务。

第六章　充分利用网络舆情，创新思想政治教育

由于社会转型期社会矛盾的日益凸显和信息技术时代学生群体对网络的越发依赖，图文并茂、声像结合的新兴媒体俨然成了社会舆论和网络舆情的放大器。在网络舆情风靡传播的新形势下，网络舆情对学生的影响不应该也不可能继续成为高中和高校思想政治教育的空白地带和教育盲区。既然网络舆情是思想政治教育不可回避的时代课题，教育者就应责无旁贷地承担起时代的教育使命和教育任务，充分利用网络舆情，在教育理念、教育内容、教育形式、教育连续性等层面逐步对传统的思想政治教育进行改革和创新。

一、教育理念层面的创新

（一）主体观念的创新

在“互联网+教育”的智能时代，教育者更要与时俱进，在实践中构建以学生为中心的教育理念。首先，在教育品质上，教育主体应加强自身观念的创新，努力成为一个兼备高积极主动性、高行动能力、高合作能力、强创新能力、强反思能力、强进步空间的终身学习能者。同时，教育者要敢于接受新事物和新挑战，以“活到老，学到老”的态度迎接互联网时代下网络舆情成为高中和高校思想政治教育的新任务、新内容，每天养成关注热点网络舆情信息的好习惯，如在微信中关注网络舆情相关公众账号——“人民舆情监测室”“人民舆情数据中心”“新华网舆情在线”“大数据传播实验室”“网信中国”等，同时还可以关注微信中致力于宣传国内国际时事和传播正能量的公众账号——“人民日报”“占豪”“全球局势”“观察者网”等，通过每天阅读公众账号推送的热门网络舆情信息第一时间了解和收集相关热点素材，

并在教育实践中培养自身的网络舆情敏感性，及时发现并善用容易对学生产生影响的网络舆情事件，努力做到不与时代脱节，缩小与新生代学生之间的代沟。

其次，在手机使用上，教育者应避免陷入“网络危害论”和禁止学生使用手机，而应耐心地引导学生正确合理地使用手机，让学生不浏览非法色情信息，多关注网络舆情信息，并学会正确甄别舆情信息的真假，学会文明地在网上表达自己相对自由且受一定法律约束的话语权，提高自身的媒介素养和网络文化素养。毋庸置疑的是，学校应该培养的人不是有所缺陷的专家，而应当是一个具备全面的智慧、宽泛的同情心、懂得自主研判的人才。教育者若一味地让学生远离教科书和练习册之外的一切，让网络知识和网络教育边缘化，不仅不利于提高学生的升学质量和教育质量，反而有可能培养出更多网瘾少年或高分低能的问题学生。

再次，在教育方式上，教育者应树立平等对话的观念。与互联网的迅猛发展趋势相互契合的是“开放、平等、共享、协作”的互联网精神和以学生为本的教育理念。教育者在教育中不该再以“权威者”和“管理者”自居，在网络舆情下的思想政治教育，学生对“平等对话”和“分享协作”的需求变得更加强烈。教育者只有实现了身份的转换，才能在网络舆情教育中更好地充当学生“引路人”的角色，进而加强思想政治的教育实效。

最后，在教育更新上，教育者要及时更新自己的理论知识和实践技能，避免陷入“本领恐慌”的困境。在互联网时代，教育资源从封闭走向了开放，教育机构从单一走向了多元，学生学习从被动走向了主动。若教育者不及时更新自己的网络知识储备，必然难以实现与新生代学生的良性互动。教育者在这一大环境下更应该重视网络舆情对学生思想政治教育的影响，及时更新和完善自身在这方面知识和技术的不足，加强网络舆情的分析及引导能力，利用网络舆情素材及时更新教育素材和教学课件，创新教育形式和内容。

（二）教育目标的创新

1. 加强学生媒介素养的培养

网络舆情在青少年群体中掀起空前巨浪的当下，一些谣言、低俗、暴力、色情、反社会、反主流等负面网络舆情信息的广泛传播给学生带来了很大的负面影响。为适应社会和网络教育的需要，国家教育部在2011年义务教育《思想品德课程标准》中新添了“学习搜集、处理、运用信息的方法，提高媒介素养，能够积极适应信息化社会”这一课程目标①。美国媒介素养研究中心在1992年定义的媒介素养，是指人们面对媒介各种信息时的选择能力、理解能力、质疑能力、评估能力、创造和生产能力以及思辨的反应能力②。对于学生来讲，媒介素养应该包括媒介使用素养、信息生产素养、信息消费素养、社会交往素养、社会协作素养、社会参与素养等③，其中媒介信息消费素养的提高包括提高学生选择信息的能力、分析信息的能力和批判信息的能力。学生生活在一个日益媒介化的新世界，网络舆情是希腊神话中的甜美仙女还是邪恶的潘多拉魔盒，这很大程度上取决于教育者的教育方式。学生的发展和网络舆情的关系正如鱼和水的关系，而媒介素养的教育正如对学生游泳技能和技巧的训练，显然，学生在如鱼得水的情况下才能实现更好的发展。

学生面对各种网络舆情事件之时，互联网的平等开放和共享协作性决定了学生可在相对无边界的虚拟网络社区自由地表达自己的看法和态度，在网络表达中展示和实现自己的独特个性。但是目前，我们的学生大多数仍处于接收各种媒介信息的表层阶段，即缺乏辨别真假、判断是非、区别利害的真功夫，容易在网络舆情的枪林弹雨中负伤中弹而倒，可见，网络舆情对学生的影响绝不亚于飞机和枪炮的影响。在这样的时代背景下，学校和教师应把

---

① 中华人民共和国教育部. 义务教育思想品德课程标准［M］. 北京：北京师范大学出版社，2011.

② David Considine. An Introduction to Media Literacy：The What，Why and How To's［J］. The Journal of Media Literacy，Volume 41.

③ 彭兰. 社会化媒体时代的三种媒介素养及其关系［J］. 上海师范大学学报（哲学社会科学版），2013（3）：52-60.

培养学生的媒介素养当作不可再被忽视的教育目标。通过对网络舆情的利用，加强对学生媒介素养的培养，促进学生的成长和发展，让学生既懂得利用网络强化学习，也懂得利用互联网媒介，形成积极主动的媒介批判能力，在信息的选择与筛选中，学会理性利用各种新兴媒体加强社会参与。

2. 加强学科核心素养的培养

核心素养是信息时代教育领域的热词之一。教育部《关于全面深化课程改革　落实立德树人根本任务的意见》（基二〔2014〕4 号）文件进一步提出，课改的基点和依据是学生发展核心素养。其中，政治学科的核心素养为“政治认同、理性精神、法治意识和公共参与”①。政治认同决定学生成长方向，理性精神是主观性要求，法治意识是公共参与的必要前提，公共参与是法治意识的必然表现②，四者相辅相成、密不可分。调查数据显示，不少教师认为，在网络舆情环境影响下，学生的四个学科核心素养存在减弱/减少的现象。同时，近五年的全国卷和各省市高考卷中也充分体现了这四个学科核心素养。由此得知，在网络舆情环境下，学生学科核心素养的培养更显得迫在眉睫。

学科核心素养是学生学习一门学科后或特定学习领域中所形成的、具有学科本质特征的关键素养，是学科育人价值的集中体现。素养其实就是一种能力与素质，学科核心素养的培养首先是学生掌握基础知识基础上的能力培养，更加强调的是能灵活地创造性地运用知识，并且运用这一知识解决问题，是实际解决问题的能力的表现。所以，培养核心素养的课堂应该是能力培养放在首位的课堂。那么，培养核心素养的课堂应该具备哪些特征呢？我们认为，培养学生学科核心素养的课堂应该满足以下八个条件。

---

① 教育部. 关于全面深化课程改革　落实立德树人根本任务的意见［R］. 2014.

② 朱志平. 基于核心素养的思想政治活动型学科课程［J］. 思想政治课教学，2016（5）：4-8.

(1) 知识性、科学性是优秀课堂永恒的主题

有知识有内涵，这是一堂课最基本的要求，学生具备扎实的基础知识也是核心素养的前提。知识不是讲得越多就越好，少则得，多则惑。要讲得精准、精练、精彩、逻辑清晰、知识结构完整。同时，教师在教学中，不论是课件、板书，还是教学语言，都力求知识准确、全面，无知识性和常识性错误。这也说明，教师需要通过知识性、科学性课堂的长期积淀，才能打下素养与能力基础，不能一谈能力、立意，就不注重基础知识的系统传授。

(2) 具有综合性、开放性特征的课堂

核心素养重在能力培养，综合性教学的目的就是发展学生的综合能力，提高学生的综合素质。综合能力是指在系统掌握基本知识和技能的基础上，学生能够把学科内或学科间有关知识整合在一起，把握知识之间的联系，能够触类旁通、举一反三，并能够运用这些知识去综合分析和解决实际问题的能力。高中和大学思想政治学科课程，具体来说，就是整合经济、政治、文化、哲学、法律等学科的基本概念、原理、方法等知识，围绕有关主题进行多角度、多层面的分析和判断，并提出解决问题办法的课程。

开放性的教学，是指视野广阔，旁征博引，不拘泥于课堂教学，不局限于教材内容，并且能够大胆拓展教材内容的教学，能够关注学科前沿热点，关注网络舆情和社会现实热点，引导学生理论联系实际，把生动活泼的现实材料引进课堂，拓展学生的知识面；同时，要引导学生综合运用学过的理论知识进行分析和判断，并找到解决问题的办法，以提高学生的综合运用能力。

(3) 学生有参与、有合作、有收获、有成长的课堂

有知识不是核心素养课堂的唯一指标，能不断激发学生的兴趣、热情和创造力才是核心素养课堂的重要特征。教师不缺少教学生得高分的绝招，让学生通过参与合作，使其自己悟出知识、方法和思想是教育者更高超的技艺。方法是解决具体问题的“术”，思想是可以移植应用到其他领域、触类旁通的

“道”，是认识和解决问题的普遍的理论。

有合作与参与的课堂，不仅可以培养学生的能力，更能培养学生合作与创新的意识与思想，而有思想的课堂才是育人的课堂，才是让学生真正成长的课堂。

(4) 教师与学生角色定位准确的课堂

在对教师和学生的角色定位中，教师应该是学生学习活动的组织者、引导者、合作者、闪光点的发现者，在发挥教师主导作用的同时，更要突出学生的主体定位。学生是学习活动的积极参与者，不仅是知识参与，还要有思维参与、情感参与、行为参与，既要让学生在课内参与，还要让学生课后参与。所以，我们的教师要创设一个民主、平等、愉悦、相互接纳的学习氛围，对全体学生怀有热切的期待，激发学生的学习兴趣、自信心、进取心及学业成就感。

(5) 有思想、有境界、有正确价值观的课堂

立德树人，情感、态度、价值观仍然是思想政治课程教学永恒的主题！

价值引领而非考试导向的知识教育，会使学生获得主动发展的不竭动力和热情。教师要注重培养学生的社会责任感，引导学生关注知识在生活中的用途，了解知识在改变人类生活中的作用，激发学生运用知识来创造和改变世界的欲望和冲动，培养学生的家国情怀和社会责任意识。这种价值引导的教学是潜移默化、润物无声的教育，胜过空洞的说教。

(6) 贴近生活、贴近时代、贴近学生实际的课堂

鲜明的时代特征应该是核心素养课堂的活力与生命力所在！所以课堂的材料与所运用的教学事例应该是学生所熟悉和喜闻乐见的，既符合学生的认知特点，又贴近学生的生活，教师应该充分挖掘当前的时政热点和生活中的

社会现象，与时俱进！而网络舆情，给教师打开了一个很好的切入口。

（7）充满正能量的课堂

课堂展现的不仅是教师的口才和处理教材、传授知识的技巧，还有教师的思想、情感、精神追求和人格魅力。课堂也反映了教育者对待生活、社会和世界的态度，反映了教育者的职业操守与职业精神，体现了教育者对理想崇高的追求。我们认为，优质的课堂应该是充满了热情、激动、憧憬、情感激荡和心灵互动的课堂，是将精神和人格引向高尚的课堂，应该是积极向上的充满正能量的课堂。而教师作为未成年人的引导者和知识文化价值观的传承者，在课堂上绝不能把个人的负面情绪和对社会的个人消极感悟传递给学生，我们不能替代学生先入为主地形成对社会的负面消极印象与感悟。

（8）有阳光、有笑声、有欢乐的课堂

学习是辛苦的，甚至是枯燥的，能够让孩子们快乐地学习仍然是我们追求的梦想。教师应该和学生一起共同创造出充满活力的课堂，充满笑声的课堂！学生也希望教师尽量用轻松幽默的语言来诠释知识。“让学生热爱你的课堂，乐于接受你的知识，愿意和你一起去探索，去发现，去创造”是教师永恒追求的目标。因为，幽默风趣的教学语言既能够充分展示教师的风采，又能够充分挖掘学生的潜能，课堂成为教师和学生共同构建知识的殿堂。

显然，学科核心素养的培养俨然已成为当前教育的最新目标，教师应努力在这一目标下打造一种充满底气、对接地气、蕴含灵气、弘扬正气的“四气”智慧教育：第一，在全球文化相互激荡下，负面网络舆情容易使学生的政治认同降低。教师应通过日常政治教育强化学生的政治认同，通过认真研读热点网络舆情信息，特别是要关注政策、时事、社会和生活热点问题，多角度进行解析，树立学生的政治认同信仰。第二，在各种网络舆情的价值观冲击下，教师应通过对社会、经济、政治、生活等热点舆情培养学生的理性精神，在超越表层的深度教育中加强学生独立思考的能力，避免人云亦云。

第三，由于青少年自我控制能力较差、道德责任感易弱化，成绩优异的背后容易出现道德失范和践踏法律行为，教师可以通过将法律相关的网络舆情事件作为背景材料，在情境教育中设置相关法律问题，培养学生遵法守法且懂得运用法律维护自身权益的能力，在“润物细无声”中加强学生的法治意识。第四，教育的功利性和社会的急功近利让学生变成了麻木的考试机器，这种应试教育不利于培养学生的公共参与素养。教师应在教育中巧妙使用各种网络舆情素材，开展形式多样的活动性和实践性教育，在理论联系实际中加强学生的亲身体验，在实践活动中提升理性认识，在公共参与中升华内在素养。

3. 加强学生的生活教育

伟大的教育家杜威指出，教育是一系列的生活过程，而不是为将来生活所做的准备①，学校教育必须反映学生当下现实又充满活力的生活②。反思我们当下的高中思想政治教育：在“轻能重知、轻德重智”的应试教育中逐渐偏离轨道和航向；教育重点放在“单向灌输”的知识传授上；在教学进度的追赶中忽视学生生活实践能力的培养；脱离了生活教育的本质目标，必然难以实现教育的真正实效。教育者应树立“生活教育”的目标，在注重学生的生活体验中构建理解性课堂。同时，在教育中结合政治学科的特点和学生的心理特点开展体验式的实践活动，以提升学生的政治素养和学科核心素养。

网络舆情的丰富性和多元性源于其内容是社会现实的反映和写照，教育者需要在情境的创造和设置中灵活地对网络舆情素材进行加工，在情境创设中增加教育目标和学生生活的黏合度，在学生情感共鸣点的触碰中回归教育的生活本质。否则，在各种负面网络舆情的影响下，学生的价值观和道德观容易在优异的成绩和迷茫的生活中走向畸形而产生过激行为。选择、决定、成为个人所期望成为的自己生活的主宰和自己“身份”的创造者的个体，是我们这个时代的核心特征③。应试教育的“努力学习—重点学校—优秀成绩—

① 王承绪，赵祥麟. 杜威教育论著选［M］. 上海：华东师范大学出版社，1981：4.

② 杜威. 道德教育原理［M］. 杭州：浙江教育出版社，2003：357.

③ 乌尔里希·贝克. 世界风险社会［M］. 南京：南京大学出版社，2000：147.

优质大学—更好就业—美好前途”的实践体系模型不但不利于培养学生成为自己生活的主宰和自己“身份”的创造者，反而会在过度的未来风险想象力中产生成绩至上的学习焦虑。勒庞指出，公众因风险而产生的想象力才是引起焦虑的关键。影响民众想象力的并不是事实本身，而是它们发生和引起注意的方式①。因此，为了让学生能更好地适应生活，教师必须在基础教育中就树立“生活教育”的教育目标，在生活情境中通过生活的体验和教育内容的实践内化，在生活教育目标的统领下同步加强学生媒介素养和学科核心素养的培养（见图 6-1），为学生日后步入社会保驾护航。

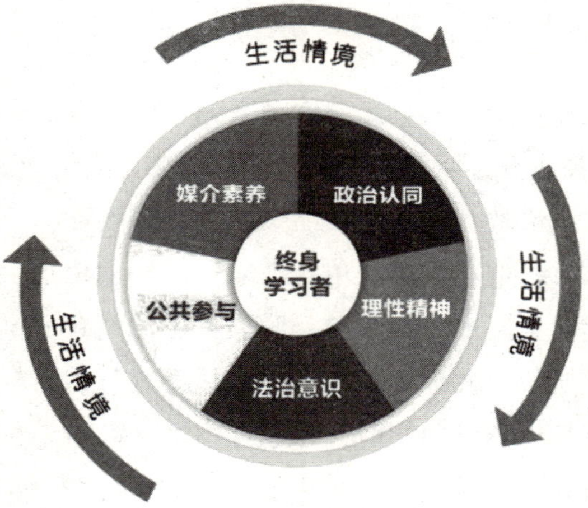

图 6-1　“网络舆情下的教育目标”滚动圆轮意象图

（三）教育评价的创新

要实现教育者“教育观念”和“媒介素养、学科核心素养、生活教育”三大教育目标的创新，前提在于改革教育评价机制，实现教育评价的创新。当前的高中教育在高考的指挥棒下出现了“分数决定一切”的畸形演化和高校的教育在功利性的指引棒下出现了“思政无用论”的流行基调，故存在诸

① 古斯塔夫·勒庞. 乌合之众——大众心理研究［M］. 冯克利，译. 北京：中央编译出版社，2004：153.

多问题，如评价内容、评价标准、评价方式、评价主体、评价功能的片面和单一。教师过于注重教材知识和卷面成绩的评价、分数的排名而忽略了学生核心素养的培养，这无疑给学生标榜了“以分数论英雄”的价值理念，以成绩和排名给学生分三六九等，学生步入社会工作后，也必然会在社会功利中继续分三六九等，长此以往，不利于学生的身心健康和持续发展。因而，网络舆情下的教育评价，也应化单一为多样，化片面为全面，实现“课堂与课后、线上与线下”的综合教学评价。

首先，要创新教师对学生的评价方式。实践表明，单纯用卷面分数（成绩）去评价一个学生优劣并不科学，教师应结合学生的平时作业、课堂表现、课后互动、社会实践、线上互动等对学生进行全方位的评价和考核。调查数据显示，教师和学生在课后都喜欢使用微信、QQ 展开沟通和交流，因此，教师在全面评价一个学生的时候可借助微信、QQ 等新媒体平台结合学生线上和线下的表现，多维度、多角度地进行评价。为了使多样化的评价方式更具有可行性，学校还需要提供相应的政策和措施。如针对高中生，高中的科任老师可在教学过程中同步对学生的平时作业、课堂表现和课后互动情况给出“A”“B”“C”三个不同等级的评价，教师的这一综合素质评价作为学生申请学年奖学金、优秀学生、优秀学生干部等奖项的其中一个参考标准，各科平时的综合素质评价达到一定标准才能申请评优，如 A 等级以上的同学才有资格申报竞选一等奖奖学金，从而更好地激发学生的日常挑战斗志，“活”化评分机制，促进学生创新型思维的发展，使学生在注重自身全面发展的基础上不再单一追求卷面成绩。教师也可以在评价方式的多元化中化单一教学为学科素养浸润、化单一课堂为课堂内外兼修、化单一考核为多元评价①。

其次，要为学生提供评价教师的创新机制。“互联网+教育”的创新使师生之间的双向评价成为可行。学校可利用新媒体开发建立一个双向的“教与学评价平台”，教师和学生都可以通过自己的账号对教师的教或学生的学进行评价。让学生通过打分的方式去评价教师的教育质量，既让学生增加了对教师教育的认知，也可进一步提高教师的教育要求和水平，进而实现教师的教

① 刘海．基于学生发展核心素养的高中政治课堂转向［J］．教育科学论坛，2016（20）：78-80.

育创新。

二、教育内容层面的创新

（一）教学内容的创新

传统的“填鸭式”“灌输式”偏理论性的教育内容枯燥乏味，所以，教师在关注热点网络舆情的同时还应增强网络舆情的敏感性，充分利用生动、具体且贴近学生生活、具有时代鲜明特色的网络舆情素材创新教学内容。调查显示，查找学习资料和浏览新闻是学生上网的主要目的之一。随着智能手机的普及，学生也越来越喜欢在互联网上针对网络舆情事件发表自己的评论或看法，但由于高中和大学阶段的学生生理和心理都处于尚不成熟的阶段，媒介素养的培养也几乎处于缺位真空状态，因此难以分辨形形色色的网络舆情信息的真假。学生可能会在不知不觉中形成不正确的观点和认知，极易导致偏激网络观点或网络舆情的发生，甚至形成错误的“舆论场”①。在这种形势下，网络舆情信息必然会影响学生的思想、行为和政治认同、理性精神、法治意识、公共参与四个学科核心素养的培养。所以，政治教师应该在“网络舆情+政治教学”中创新政治的教学内容。

1. 善于选用网络舆情素材丰富教学内容

网络舆情作为“真实和虚假并存、自由和难控相生、及时和广泛相伴、复杂和偏差相随、交互和传播共存”的综合体②，不仅挑战着教师的主体地位、教学方法、教学环境，也给教学内容带来了严峻挑战③。同时，网络舆情作为社会民意和情绪的反映，背后代表着不同的利益群体，隐藏着不同的三

---

① 任永梅，刘秀伦. 思想政治教育在高校网络舆情中的导向功能［J］. 重庆邮电大学学报（社会科学版），2010（1）：135-138.

② 顾习龙. 网络舆情对大学生网络伦理道德的影响与疏解［J］. 现代教育科学，2012（1）：154-157.

③ 丁旭峰，毛加明. 网络舆情视阈下高校思想政治理论课教学改革与探索［J］. 文教资料，2015（23）：163-165.

观，既有落后的封建主义价值观，又有腐朽的西方主义价值观，共同挑战着主流的社会主义核心价值观。因此，教师在教学工作中应该对网络舆情信息不回避、不退让。调查显示，大部分学生对正面网络舆情和负面网络舆情都感兴趣，因此，教师在正面网络舆情和负面网络舆情的素材选择中也应有所侧重，在网络舆情的敏感性中结合教学知识点选择恰当素材完善教学内容，解决当前教学脱离社会实践和学生生活的教学困境，同时也可进一步提高学生的网络舆情分析能力和网络行为规范。

2. 善于活用网络舆情素材引入教学资源

调查显示，在正面网络舆情信息和负面网络舆情信息中，教师和学生都更钟爱正面网络舆情信息，再者，在学生关注的五花八门的网络舆情信息类别中，学生对国内时事政治、国际新闻、娱乐和文化这四种舆情更是情有独钟。因此，教师在引入网络舆情素材充当教学资源时，可以更多地主动引入学生感兴趣的正面网络舆情信息，在课堂的讨论和互动中发挥它的正面影响，建立正能量的源泉和发射塔。同时，更要谨慎、科学、辩证地看待负面网络舆情信息产生的负面影响，引导学生独立思考、辩证分析、理性解剖，一则可以更好地激励学生参与课堂，使其成为学习的主人；二则可以在教学中及时清除负面网络舆情这个“定时炸弹”，实现教学实效。

如在讲高中政治必修三《文化生活》第四单元“发展中国特色社会主义文化”时，教师可选用正面和负面的“网红”网络舆情事件作为素材——网红 1.0 时代的芙蓉姐姐、凤姐；网红 2.0 时代的奶茶妹妹、Papi 酱、犀利哥、王尼玛、王思聪、郭美美；网红 3.0 时代的“文艺网红”武亦姝（第一届《中国诗词大会》冠军）、每晚在直播平台上开班教学的网名为“数学老师不上课难受”的北大毕业生，让学生结合图 6-2 所示的“网红”热搜分析其背后的文化现象和本质。教师在将正负面网络舆情素材引入教学资源的同时，还要进一步结合教学内容灵活设置相关问题让学生展开思考、讨论和分享，例如：①“网红”现象形成的原因分析；②“网红”现象带来的社会影响；③应该如何面对良莠不齐的“网红”现象；④运用文化生活相关知识说明

"网红"们怎样才能长久地赢得未来；⑤运用经济生活知识分析网红经济所带来的积极意义；⑥对"网红"现象的哲学思考。通过对以上问题的讨论，学生一定可以更好地辩证地看待网络新时代下新生的"网红"现象，增强辨别不同性质文化的能力，提高抵制落后文化、腐朽文化的水平，加强自身思想文化建设的同时大力弘扬主旋律、净化网络环境，共建健康网络生态系统。

2016年可谓"网红元年"，关于"网红"的热点新闻从年头一直红到了年尾。2016年，也是"网红"大浪淘沙的整治之年。

清华北大女学霸当游戏主播走红，吸粉超百万；网络红人这10年，揭秘网红炒作背后的一些真相、猫腻和规律；银川13岁女孩为让主播开心，偷拿父母4 000多元，全部打赏给了自己心爱的主播；上海一位13岁女孩为讨好男主播，两个月败光了外来打工父母多年的积蓄25万元。

喜见古诗词成文化"网红"：不是歌手选秀，也不是明星综艺，2017年春节到元宵节，一档以古诗词为主题的电视节目《中国诗词大会》"意外"走红；网名为"数学老师不上课难受"的北大毕业生每晚在平台上开班讲数学，直播考研培训和高数教学，被网友们称作"直播界的一股清流"。

图 6-2 "网红"热搜

3. 善于利用网络舆情素材保障教学效果

网络舆情作为影响思想政治教育的环境变量，以网络舆论、网络论坛、网络新闻、人际传播、名人微博、网络意见领袖等形式在潜移默化中影响学生三观和核心素养的培养①。因此，在教学中，教师应该充分利用选择引入的网络舆情教学资源，把学生的"三观"和"核心素养"培养和网络舆情的分析引导进行紧密结合，通过网络舆情的分析引导纠正学生错误的三观，塑造正确的马克思主义价值观。显然，利用网络舆情加强教学效果的前提在于提升教师的媒介素养。在"打铁还需自身硬""给学生一滴水，首先你要有一桶水"的基础上，教师应该与时俱进，主动利用各种培训和学习机会提高自身

---

① 魏芳，张广森. 网络舆情影响思想政治理论课的方式及内容［J］. 思想政治教育研究，2013（2）：115-119.

对网络舆情信息的获取、分析和引导能力，才能更好地利用网络舆情创新教学内容，并在教学中更好地培养学生分辨是非、独立思考、不人云亦云的媒介素养。

（二）教材处理的创新

众多周知，政治教材的更新速度是比较慢的，理论内容显得陈旧，特别是书本上的一些案例，具有明显的滞后性。这就对新时代的教师提出了新的要求，即在教材处理的创新中补充新的元素，做到不墨守成规，在教材整合中融入自身智慧，形成知识教育、潜能开发、能力培养“三位一体”的科学教学模式。

1. 与时俱进，利用热点网络舆情科学拓展教材

热点网络舆情相比于政治教材内的案例，具有更高的现实反映性和时代教育性。这就要求教师在日常工作中养成关注各种网络舆情信息的好习惯，并在教材理论知识和网络舆情信息的敏感性中找到两者之间的关联点。同时，教师还要善于将学生感兴趣的网络舆情素材与教材理论知识的讲授相结合，让学生在对网络舆情事件的剖析中理清教材知识点，这样至少可以实现三个目标：一是实现教材的拓展，二是开拓学生视野，三是在生活情境中培养学生的媒介素养和学科核心素养。但在网络舆情选用时，教师要努力做到三点——网络舆情的选择要精当、网络舆情的分析要透彻、网络舆情的落实要实在①。如何选择、分析、落实教师所选择的网络舆情素材，是考验一个教师真功夫的试金石。在利用网络舆情拓展教材时，教师不能只停留在网络舆情案例的表层分享上，而是要深入网络舆情的背后结合教材的理论知识挖掘其隐藏的意义和价值，真正做到教材的科学拓展和网络舆情的灵活运用。如教师在讲高中政治必修一《经济生活》第三课“树立正确的消费观”时，可借助“中国家长抢购5 000元日本书包”的网络舆情事件，灵活巧妙设置四个妈妈的对话判别她们的消费心理分别是哪一种——A 妈妈：“大家都给小孩买

---

① 张文燕. 思想政治课选用传媒舆情的策略分析［J］. 中学政治教学参考，2015（Z1）：27-28.

了，我也给小孩买一个。”（从众心理）；B妈妈：“日本书包的‘颜值高’，功能又独特，可防震可定位，显得与众不同。”（求异心理）；C妈妈：“价钱比普通书包贵，又是日本洋牌子，孩子背上它，高人一等，有优越感。”（攀比心理）；D妈妈（日本妈妈）：“日本经常发生地震、孩子落水事件，这书包具有防溺水、防地震、防走失的功能，简直太适合我家小孩用了，是购买的最佳选择。”（求实心理）。通过一例到底的教学方式把四种消费心理结合同一网络舆情事件进行对比剖析，不仅能丰富教材内容，还能更好地激发学生的兴趣，让学生在课堂中主动积极思考，进而树立正确的消费观。

案例：中国家长抢购5 000元日本书包

一个价值5 000元人民币的日本小学生书包近日在网上受到追捧。据称，兼带扫货目的的赴日游客甚至将目标由马桶盖转向了书包。为什么一个如此高价的日本书包会得到这么多中国家长的青睐呢？

首先，日本小学生书包制作精良，每个书包都有保质期，至少用6年，并且都是纯手工制作。书包品质出现任何问题都可以和厂家联系进而做修补。做一个书包要用150种材料，约300道程序。与之相对，我们中国花样颇多的书包，却时常爆出质量问题，对比明显。

其次，日本小学生书包，使用的都是特制的皮革，既能保证书包不过重，也能保证书包的透气性，让学生出汗时不难受。而其形状的设计采用的是人体工学理念，使书包对身体的负担最为合理。

最后，那就是日本小学生书包是急救神器。它超强的硬度可以在小学生受到车辆撞击时起到缓冲作用。地震时，可以用书包护住头部。落水时，书包会浮在水面，起到保护落水儿童的作用。

有家长想找日本代购

据了解，这款日本小学生书包既漂亮又结实，方方正正，因为很耐用，所以一个小学生的书包通常都是从一年级一直用到小学毕业。

记者在一些育儿论坛上搜索发现，有不少家长都在讨论这款书包，有家长还表示愿意加钱找代购，就是为了让孩子开学能背上这款书包。

暑假去日本旅游的市民王小姐表示，自己在日本商场的书包专柜上，看到很多中国游客在抢购这款书包，“有的人一买就是两三个”。

书包自重大约有3斤

记者昨天连线采访了身在日本的中国妈妈梁女士，梁女士两年前和女儿一起随丈夫从上海移居日本，女儿今年正好上一年级，背的就是这款书包。梁女士表示，这款书包从外观上来说的确比较挺括，但并没有大家想象中那么好。

首先，这个书包自重不轻。梁女士将女儿的书包清空，称下来约有3斤。“再加上几本书和铅笔盒，就有六七斤重了。”梁女士表示，因为书包是真皮做的，非常厚实，同时还有一些金属配件，因此无形中增加了书包的重量。

其次，日本小学生书包的容量也不够大，梁女士用自己的手在书包开口上做了比对，记者发现，书包方形开口的长度不到两个手掌长，宽度则不到一个手掌长，同时又是硬皮的，即便想硬塞东西也合不上。

“因为容量实在太小，中国的孩子平时背这个书包只能放几本教科书和铅笔盒，其他的东西还得用手拎着去上学。”梁女士说。

在日本没有其他款书包

梁女士无奈地表示，在日本商场里，只有这种款式的书包可供挑选。“我没看到过其他款式的书包，也没看到有学生背不同款式的。”梁女士不建议国内的家长为孩子选择这款书包。“如果有挑选余地，为什么不挑一个又便宜又实用的呢？”

一名刚从日本回沪的游客说：“据日本导游介绍，这款书包不适合中国学生，因为书包自带钢板，地震时可以护头，上海的学生没必要天天背钢板上学。”

在上海某重点小学任教的李老师同样不推荐小学生用这款书包：“最大问题是，这款书包是硬皮的，形状是固定的，没法按压。我们的课桌椅没有那么厚的高度，也没有一个专门的箱子来放，而且书包是翻盖的，打开的时候，幅度很大，孩子拿书放书非常不方便。”

表6-1是以高中政治必修一《经济生活》第一单元的教材内容为例，来说明由于教材的修订速度非常慢，所以教材中案例的滞后性比较大。因此，教师可充分利用实时更新的网络舆情素材展开对政治教材的拓展，选择跟教材理论知识点相适宜的网络舆情事件让学生展开思考和探讨，并在课上和课后的探讨中，让学生掌握书本知识点的同时，进一步提升他们的政治学科核心素养。

表 6-1 利用网络舆情拓展教材实现理论知识和舆情素材的结合

课	框	知识点	网络舆情素材	学科核心素养
第一课 神奇的货币	揭开货币的神秘面纱	纸币	90后女孩擅长绘画和制图软件，制造假币35万多元	理性精神 法律意识
	信用卡、支票和外汇	信用卡	校园网贷，网出背后什么惊人内幕	理性精神 法律意识
第二课 多变的价格	影响价格的因素	供求影响价格	青岛一大排档兜售天价大虾	理性精神 法律意识
	价格变动的影响	对生产经营的影响	关注“双十一”：1 207亿元！天猫“双十一”再创新纪录	理性精神 公共参与
第三课 多彩的消费	消费及其类型	影响消费水平的因素	打工小伙年终账本遗落公交车看哭“漂”一族	理性精神
	树立正确的消费观	消费心理面面观	中国家长抢购5 000元日本书包	理性精神

2. 灵活多样，结合本地实况和本地文化的网络舆情丰富传统政治教材

教师结合跟本地实况或本地文化有关的网络舆情丰富传统政治教材，可实现一举两得的功效。一方面，可以在网络舆情素材的分析中加强学生对教材内容的理解和吸收；另一方面，可以加强学生对本地实况和本地文化的了解和认同，加强城市归属感和荣誉感。如在高中政治必修一《经济生活》第五课“企业与劳动者”讲到企业的经营和发展需要通过诚信经营树立企业良好形象这一知识点时，教师可选用学校所在城市的一些企业为例，收集与该企业有关的网络舆情素材，然后找到与课本知识点的切合点，想方设法实现两者的融会贯通。如广东省佛山市的教师可选用本地一家全球最大的专业调味品生产和营销企业——佛山市海天调味食品股份有限公司的网络舆情事件为例。2015 年，海天发布了一份公开声明。当时网上沸沸扬扬宣传海天牌味极鲜酱油生产不合格，一度造成了民众对百年老牌的恐慌和不信任，针对此事，海天在调查的基础上做出“海天牌味极鲜酱油安全合格，请放心食用”的公开声明（见图 6-3）。为了更深层地拓展教材理论知识，加强学生理解，

教师可在这个本土网络舆情事件的基础上进一步设置问题让学生展开讨论和分享，例如：①小小的一瓶酱油何以能卖出一个年产值几十亿元的调味王国，何以能进入亿万家庭的品质生活，何以能走出国门成为中国饮食文化的传播使者？②海天为什么如此注重自己的信誉和形象？③海天成功吗？④企业成功的通俗标准是什么？⑤海天味业为什么可以成长为全球最大的专业调味品生产和营销企业？在学生代表分享结束后，教师再次把网络舆情事件和课本知识点结合起来做一个“画龙点睛”的小结：“企业经营最直接的目的是取得利润。拥有着300年历史积淀的以‘传扬美味事业，酿造美满生活’为己任的海天味业之所以可以成功，在于它稳健创新数十年，一直致力于对传统酿造工艺的传承和提升，通过科研进步、产品创新、世界领先的质量保障体系以及健全缜密的渠道网络形成的‘价格、质量、品牌、人才、技术、服务水平、多元化发展’的竞争优势，打造从中国味到世界品牌的美味健康调味品，茁然而成全球最大的调味品生产和营销企业。小小的一瓶酱油何以能卖出一个年产值几十亿元的调味王国，何以能进入亿万家庭的品质生活，何以能走出国门成为中国饮食文化的传播使者？这是值得我们认真思考的问题。不仅如此，海天味业还非常重视自己的信誉和形象，对于会影响到自身信誉的事情，会第一时间发布公告进行澄清。因为诚信如罗马，不是一天两天就能建成的，是一份建成后还需要长期努力维护的无形资产。”

实践证明，在教材的拓展中结合本土文化和本土实况相关的网络舆情进行教材素材的补充，既丰富了多年不变的传统教材，又增加了内容的实用性和教育的现实性。只是在选择本土网络舆情补充教材的时候，教师要有所筛选，要选择贴近学生生活的、内容较新的、选材较精的、形式较活的舆情信息，这样一来，就可以很好地调动学生的各种学习感官，让政治课永驻青春、常葆活力、与时俱进。

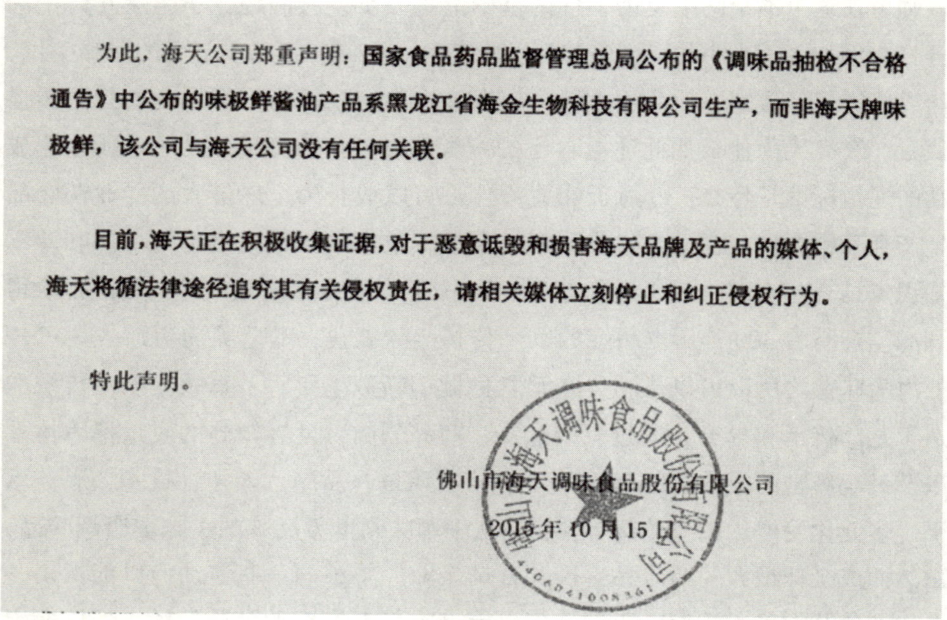

为此，海天公司郑重声明：**国家食品药品监督管理总局公布的《调味品抽检不合格通告》中公布的味极鲜酱油产品系黑龙江省海金生物科技有限公司生产，而非海天牌味极鲜，该公司与海天公司没有任何关联。**

目前，海天正在积极收集证据，对于恶意诋毁和损害海天品牌及产品的媒体、个人，海天将循法律途径追究其有关侵权责任，请相关媒体立刻停止和纠正侵权行为。

特此声明。

佛山市海天调味食品股份有限公司

2015 年 10 月 15 日

图 6-3 佛山市海天调味食品股份有限公司的公开声明

3. 结合近几年高考试题，利用网络舆情开发模拟试题延伸教材

通过分析全国卷和海南、北京、上海、江苏、广东、浙江、天津各省市近几年（2012—2018 年）的政治高考卷可以发现，越来越多的省市热衷于利用热点网络舆情事件对高考试题进行命题，尤其是材料分析题。如 2016 年全国卷 1 第 38 题以“一带一路”的网络舆情事件和第 39 题以“有的人打着‘还原历史真相’的旗号颠覆英雄、歪曲历史、消解崇高”的网络舆情事件进行命题（详见案例）；2016 年江苏高考卷第 37 题以“阿尔法围棋战胜韩国围棋名将”的热点网络舆情事件进行命题。这些高考阅读材料更多的是国际国内时事时政，其实也是当下的热点网络舆情事件，更是我们每一位学子都应该了解和清楚的信息点。如果在平时的授课和平时的模拟试题中，学生就经常接触这些热点网络舆情信息，自然会对相关的内容产生耳熟能详的亲切感。认真研究近几年的高考命题趋势，我们可以看出，新课标下的政治考核越来越注重学生关注社会、解读现实的辩证分析能力，教师可通过汇总和分析全

国卷和部分代表性省市的高考卷，充分利用近两年的热点网络舆情事件或网络舆情热词开发模拟试题，使高中思想政治教育的“素质教育和创新教育”真正走进操作层面。如教师在备考 2017 年高考的时候，可以结合 2016 年的年度网络舆情热词和关注话题（见表 6-2）开发适合学生备考的模拟试题，进一步实现对教材的延伸和活学活用。

案例：2016 年全国卷 1 第 38 题和第 39 题

38. 阅读材料，完成下列要求。

2013 年，习近平提出共建“丝绸之路经济带”和“21 世纪海上丝绸之路”（以下简称“一带一路”）的重大倡议，得到国际社会积极响应。

材料一

共建“一带一路”致力于建立和加强沿线各国互联互通伙伴关系，实现沿线各国多元、自主、平衡、可持续发展。“一带一路”建设推动了沿线各国发展战略的对接与耦合，增进了沿线各国人民的人文交流与文明互鉴，让各国人民相逢相知、互信互敬。截至 2015 年，已有 70 多个国家和国际组织表达了与中国合作建设“一带一路”的意愿，30 多个国家同中国签署了合作协议，中国与相关国家合作建设了 50 多个境外经贸合作区。

材料二

国际产能合作是指两个经济体之间进行产能供求跨国或者跨地区配置的联合行动。2015 年年底，中国已与“一带一路”沿线 20 余个国家签订了产能合作协议。开展跨国产能合作的中国产业，既有以轻工、家电为主的传统优势产业，以钢铁、平板玻璃为主的富余产能优势产业，又有以通信设备、轨道交通为主的装备制造优势产业，同时还带动了通信等优势行业的相关技术和标准“走出去”。

埃及是“一带一路”沿线的重要国家，中埃国际产能合作取得了积极成果。截至 2015 年年底，中埃苏伊士经贸合作区第一期吸引了 68 家企业入驻，初步形成了石油装备、高低压电器、纺织服装、新型建材、机械制造等产业园区。合作区吸引投资近 10 亿美元，年销售额约 1.5 亿美元，年纳税约 2 亿埃镑，为当地创造了2 000多个工作岗位。

（1）运用“当代国际社会”知识，分析“一带一路”建设为什么能为世界和平发展增添新的正能量。

（2）运用经济生活知识并结合材料，说明推动“一带一路”国际产能合作对沿线国家和中国是双赢的选择。

39. 阅读材料，完成下列要求。

一个有希望的民族不能没有英雄，一个有前途的国家不能没有先锋。中华民族英雄是中华民族的脊梁。

近年来，有的人打着“还原历史真相”的旗号颠覆英雄、歪曲历史、消解崇高。如胡诌“黄继光堵枪眼不合情理”“‘火烧邱少云’违背生理学”“董存瑞炸碉堡为虚构”等。凡此种种混淆是非的谣言借助网络等传媒随意传播，一些网民盲目跟风、随手转发。这种抹黑英雄形象的谣传引起了一些人历史认知混乱和价值观迷失。

还原历史、守护英雄、捍卫崇高，就是守护良知、正义和精神家园。战场上多次负伤的志愿军老战士李继德动情地说：“黄继光堵枪眼时，我在现场！”当年的老排长郭安民挺身直言，燃烧弹点燃伪装草，“大火整整烧了二十多分钟，邱少云始终一动不动”。董存瑞的生前战友郅顺义多次口述力证，董存瑞舍身炸碉堡，就在他的掩护之下……

（1）结合材料，运用价值观的知识，对否认英雄的错误言论加以批驳。

（2）结合材料和文化生活知识，探究如何守护英雄、弘扬中华民族精神。

（3）班级召开“我为英雄点个赞”主题班会，请就如何学习英雄列出发言要点。（两条，每条10~30个字）

表6-2　2016年年度网络舆情热词汇总

序号	热词领域	网络舆情热词	关注话题	可考查知识点（高考热点）
1	财政经济	G20峰会	主题、意义、影响等	文化与经济、政治的关系；国际社会相关知识
		“一带一路”	供给侧改革、和平与发展	生产与消费的关系，供给与需求的关系；国际社会相关知识
		熔断机制	大众投资的重大利益问题	经济监管，宏观调控
		“e租宝”	非法集资、投资与理财	经济监管，宏观调控

续表

序号	热词领域	网络舆情热词	关注话题	可考查知识点（高考热点）
2	时事政治	美国大选	特朗普、国际政治	经济与政治的关系，国际社会
		脱欧公投	国际政治	国家利益，综合国力
		台湾大选、旺角暴乱	港台问题	一国两制，国家的构成要素，国家主权
		两学一做	学习教育	党的建设
		长征胜利80周年	长征精神、革命追忆	民族精神、先进文化
3	社会民生	“十三五”规划	国民经济、社会发展	宏观调控
		《网络预约出租汽车经营服务管理暂行办法》	网约车	市场监管，市场经济
		魏则西事件	医疗监管体制	公共服务、政府职能
4	文体娱乐	里约热内卢奥运会	中国女排	意识的能动作用
		禁韩令	文化管理	文化与政治的关系，弘扬主旋律
5	环境健康	乔任梁	抑郁症	以人为本，关爱生命
		雾霾	环境保护、自然灾害	科学发展观，规律的客观性
6	科学技术	引力波	科技发展	实践与认识的关系
		天宫二号、神舟十一号	航天技术发展	意识的能动作用，可知论
		Alpha Go	人机大战	意识的能动作用
7	特殊热词	蓝瘦香菇、洪荒之力、小目标、北京瘫、友谊的小船说翻就翻等		文化发展的多样性

4. 结合学校实际情况，开发“校本教材”，设置“校本课程”

思想政治教育学科小组可根据学校的实际情况编写适合本校学生的“校本教材”，设置“校本课程”。借用网络舆情开发校本教材和校本课程，一则可以保障素材和课程不与时代脱离，二则可以结合学生的心理特征和发展特点更好地发挥本校学生的个性和特长，三则可以更好地在生活情境中培养学生的媒介素养和学科核心素养，在真正素质教育的落实中提高学生的综合素质。此外，“校本教材”和“校本课程”的开发还应注重以下几点，一是要选用短小精悍、可读性强且围绕主题、抓住主线的网络舆情事件作为校本资源①；二是要对网络舆情事件进行情境化处理、生活化处理、问题化处理、操作化处理和结构化处理，使其满足教育的需求②；三是要定期和不定期地更新和完善，使其与时俱进，真正符合学生所需。如高职院校的教师在讲《毛泽东思想和中国特色社会主义理论体系概论》第九章“坚持和发展中国特色社会主义的总任务”第一节“实现中华民族伟大复兴的中国梦”第三部分“奋力实现中国梦”的时候，可借助近期的热点网络舆情素材抑或是跟学校所在城市相关的网络舆情素材作为校本资源进行教学设计。具体的教学设计如下。

《奋力实现中国梦》课堂教学设计

一、学情及内容分析

1. 学情分析

作为高职高专的大学生，其抽象思维较弱，但形象思维较强；理论学习能力较差，但实践能力较强；对思想政治课兴趣不高、主动性自觉性欠缺，但学生活泼好动、好奇心强。因此在设计“奋力实现中国梦，必须走中国道路、弘扬中国精神、凝聚中国力量”的时候，在前面学习了何为中国梦的教学内容基础上把教学的重点放在了：

① 赵秋立. 谈高中政治教材的“二次开发”——如何让你的课有“高”度［J］. 西藏教育，2016（10）：33-35.

② 刘海. 高中思想政治教材处理策略探究［J］. 教学与管理，2016（25）：61-64.

①用新中国成立后和印度（走不同道路的国家）建国后的成就对比论证我国走社会主义制度的必要性和优越性；②用“精准扶贫”的案例论证实现中国梦必须凝聚中国力量；③用“精准扶贫”中的扶贫干部和“知识青年——习近平”的案例展示中国精神的含义和力量；④结合最近的“中国精神，在哪里?”的文章和热议，本节课的重心放在了“我们大学生应该怎么做”这个问题的探讨上，特别是近期发生的一系列正反时事新闻正好可以成为我们上课的最新教案内容，如19岁中国留学生在韩维护“一个中国”，竟遭韩国机构直白威胁事件；洁洁良事件；网民公然侮辱救火牺牲消防战士事件；颠覆英雄、歪曲历史事件等。为了让学生在学习后能更懂得用理论指导实践和学以致用，教师在课堂上结合了学生的特点和优势所在，通过设置“红歌嘹亮、知识竞答、情景剧表演、小组讨论、句子诵读”等形式的活动，让学生带着问题展开探索，思考我们应该如何弘扬中国精神，为中国梦的实现助力奔跑。同时，让十九大精神在活动中实现“进教材、进课堂、进头脑”的三进工作。

2. 教材和内容分析

本节课是教材《毛泽东思想和中国特色社会主义理论体系概论》第九章“坚持和发展中国特色社会主义的总任务”第一节“实现中华民族伟大复兴的中国梦”第三部分“奋力实现中国梦”里面的内容。习近平总书记指出：“实现中国梦必须走中国道路、弘扬中国精神、凝聚中国力量。”再者，本书后面的第十章至第十四章的内容，如“五位一体”总体布局、“四个全面”战略布局、国防和军队现代化建设、中国特色大国外交、坚持和加强党的领导等，这些都是围绕中国梦的实现而展开学习的，所以这部分的内容特别重要，地位也不可忽略。

3. 教学重点和难点

教学重点：①实现中国梦，必须走中国道路；②实现中国梦，必须凝聚中国力量；③实现中国梦，必须弘扬中国精神；④作为一名新时代的大学生，应如何弘扬中国精神?

教学难点：中国精神/爱国的正确打开方式应该是怎样的?

二、教学目标

1. 知识目标：让学生明白，实现中国梦，为什么要坚持走中国道路、凝聚中国力量和弘扬中国精神；并了解什么是中国精神，中国精神和中国梦的关系，以及大学生应该弘扬中国精神。

2. 能力目标：通过课堂上的活动和探索，让学生明白我们在日常学习、生活和工作中，应该如何凝聚中国力量、弘扬中国精神，如何热爱自己的祖国，为中国梦的实现做出自己的努力和贡献。

3. 情感目标：注重培养学生的民族精神、时代精神和爱国情怀，让学生坚定在中国共产党的领导下走中国特色社会主义道路的理想信念。

4. 职业素养目标：在三维目标实现的基础上，通过对课堂内容的互动和学习，进一步培养学生的政治认同、理性精神、法治意识和公共参与四个政治学科核心素养，学会用辩证的、客观的、历史的、发展的眼光看待问题和分析问题。

其中，学习成果和对应的课程设计内容是课前的红歌嘹亮和以“中国梦”为主题展示我们青年的使命感和责任感。

三、教学方法与手段

1. 教学方法：案例教学法、视频赏析法、头脑风暴法、角色扮演法、知识竞赛法、经典诵读法等。

2. 教学手段：利用多媒体工具和近期发生的新闻事件辅助教学，同时，在红歌嘹亮、情景剧表演、经典诵读等方面加强学生的活动参与面和课堂交互性，突出学生的主体地位，以更好地体现成果导向的教育理念。

四、教学过程

（一）课前一曲，引出主题

教学内容：思政课教学实践课前展示——红歌嘹亮，让学习小组唱响红歌《厉害了，我的国》。

教师活动：教师顺势进行课堂提问：“同学们觉得我们国家现在厉害不厉害?”

学生活动：学生参与红歌嘹亮的表演并对课堂提问进行回答。

设计说明：一方面是在实践活动中展示学生的精神面貌；另一方面是为了引出主题——祖国越来越厉害的过程，也是我们离中国梦越来越近的历程。那么，我们应该如何奋力实现中国梦呢?

（二）中国道路，振兴中华

教学内容：这部分内容是向学生讲述“奋力实现中国梦，我们必须坚持走中国道路”。教师通过播放《中国竟有这么多成就领先世界》让学生感受我们国家坚持走中国特色社会主义道路的必要性和优越性，然后通过跟起点相近但完全走不同道路的国家——印度进行对比，再次论证要实现中国梦，我们中国为什么要坚持走中国道路。（本部分内容结合网络舆情“印度总理莫迪访华”事件引出中国印度两国的对比）

教师活动：通过一系列的提问引发同学们深入思考。

学生活动：学生思考如果我们中国在苏联解体后没有坚持走社会主义道路，会不会有今天的成就，为什么？

设计说明：通过视频赏析和案例教学法，让学生明白“找到一条好的道路不容易，走好这条道路更不容易”，明白走中国特色社会主义道路是历史的结论、人民的选择，我们大学生应在学习中加强“四个自信”，坚定不移沿着正确的中国道路奋勇前进。

（三）中国力量，辉煌中国

教学内容：这部分内容是向学生讲述“奋力实现中国梦，我们必须凝聚中国力量”。首先让学生思考，我们用凝聚起来的中国力量办成了哪些事情？然后以学生就读所在城市的“对口帮扶和精准扶贫”看中国道路的优越性和中国力量的凝聚，紧接着再通过一则短视频让学生了解中国精准扶贫的成绩，并从中体会中国力量对实现中国梦的重要性。

教师活动：对比中国和其他国家面对大灾难前，国人的态度和行为有什么不同，从中看中国力量的凝聚。同时，通过中国的“精准扶贫”，让学生感受到这一股强大的中国力量。

学生活动：学生回答问题并分享自己所在家乡的精准扶贫方式。

设计说明：通过国际对比，感受中国梦的实现离不开中国力量的凝聚，并通过“精准扶贫”案例增强学生的政治认同感。让学生明白，我们每一个中国人紧密团结、万众一心，为实现共同梦想而奋斗，实现梦想的力量就无比强大，我们每个人为实现自己梦想的努力就拥有广阔的空间。

（四）中国精神，助梦中国

此部分是本节课的教学重点，所以分以下 4 个环节进行。

1. 精准扶贫，弘扬精神

教学内容：接着上部分的精准扶贫，通过案例教学法让学生总结和感受驻村干部所体现的和习近平总书记做知青时所体现的中国精神。

教师活动：通过系列提问引导学生思考。

学生活动：思考习近平总书记在做知青时为梁家河做了哪些事情，体现了什么中国精神。

教学设计：实现中国梦必须弘扬中国精神，很多时候，学生都觉得中国精神离自己太遥远，跟自己没有什么关系。所以这一环节首先从精准扶贫的驻村干部开始感受身边人对中国精神的传承和弘扬。

2. 知识竞赛，理顺关系

教学内容：通过知识竞赛，理顺中国梦和中国精神的关系。习主席说，实现中国梦，必须弘扬中国精神。那么，中国梦和中国精神之间有什么关系，为什么说中国精神可以牵引中国梦的实现？

教师活动：教师提前把知识竞赛参考文章制作成一份二维码，供学生进行扫描阅读。阅读时间为 2 分钟，阅读完后进行知识竞赛。竞赛题目如下：

①中国梦的核心内涵是什么？

②什么是凝心聚力的兴国之魂、强国之魄？

③民族精神的核心是什么？

④什么是中国精神？

在学生参加完以上四个问题的竞答后，教师进行引导：同学们，我们通过刚才对这一材料的阅读，可以发现，要实现中华民族伟大复兴的中国梦，没有中国精神做支撑，有没有可能实现？这是不可能实现的，就好像航天事业的发展，没有航天精神做支撑，就不可能实现。然后再问学生，为了实现我们共同的梦想，我们在前行的道路上是不是需要弘扬伟大的中国精神？而这一精神就是以爱国主义为核心的民族精神和以改革创新为核心的时代精神。

学生活动：拿出手机扫描二维码进行阅读，然后参加知识竞赛。

设计说明：根据前面的学情分析，学生理论基础较弱，所以需要创新课堂形式来提升学生学习这些理论知识的兴趣和积极性，并让学生在知识竞赛中同步掌握“为什么实现中国梦需要我们每个人去弘扬中国精神”这一知识点。然后在这个基础上，进一步引出下一环节的内容——作为一名大学生，我们在学习和生活工作中，应该如何弘扬中国精神？

3. 导出重点，探索方式

教学内容：接下来进入本节课的重点——奋力实现中国梦，应该如何弘扬中国精神，也就是说我们应该怎么做。这个环节通过设置课堂提问、情景剧表演、小组讨论等形式，得出问题的答案：①首先要落实到我们的青春行动上；②不做伤害祖国的事情（坚守的底线）；③努力学习，争做改革创新生力军。（这部分是教材上没有的内容，学校可根据自身实际开发“校本教材”和“校本课程”）

教师活动：通过设置问题“同学们觉得自己爱国吗，但我们的爱国是否只停留在口头表达之上呢?”，引发学生深思。在这个问题的基础上，引出第一点：弘扬中国精神，首先要落实到我们具体的行动上。如何落实到行动上呢？接下来把近期发生的“19岁中国女生在韩维护‘一个中国’，竟遭韩国机构直白威胁”的新闻事件，通过情景剧再现的形式搬到讲台上，让同学们思考：“如果你是一位留学生，在学校发现有人把香港、台湾用国家一词去形容，你会怎么做?”（情景剧角色扮演：19岁中国女生、海报制作方K-PAL、记者、旁白。详见情景剧剧本）

在这个基础上，再通过对“洁洁良事件”这一反面素材的分析得出第二点：不要做伤害祖国的事情。“洁洁良事件”的起因并不复杂，漫威十周年中国庆典现场结束后，观众留下大量垃圾。媒体将画面发至网上，资深漫威粉丝“洁洁良”骂了4个字——恶臭你支！而我们都知道，“支那”是历史上日本等国对我们中国的蔑称，是伤害同胞感情揭露民族伤疤的侮辱性词语。关键是别人指出她的错误后，她不但不接受，还骂自己同胞为粉红豚，还继续叫嚣：“为什么傻逼国人干出来的傻逼事粉红豚不敢承认，开除得一手好国籍，国家支意盎然正是恶臭国人的缘故。”然而，更令人感到震惊的是，说出这种话的人，竟然是一名中共党员，还是大连市三好学生，优秀学生干部，研究生党支部书记，更是一路拿奖学金拿到手软，本已被保送读博士的厦大研究生。这该是一种怎样的品行，才能让一个人在“爱国”和“辱华”两个完全不同的价值标签中自由切换？背后的原因值得同学们深思。

接下来是让同学们针对“洁洁良事件”进行小组讨论，讨论题目（三选一）为：①洁洁良事件，你们小组怎么看？②19岁在韩留学的女大学生维护“一个中国”原则事件，你们小组怎么看？③作为大学生，为实现中国梦，我们应该怎么做?

最后，在小组代表的精彩发言中总结出第三点：弘扬中国精神，我们要努力学习，争做改革创新生力军，做有理想有本领有担当之人，以更好地报效祖国，如习主席所说，希望我们青年能扣好人生当中的第一粒扣子。

学生活动：回答互动问题、观看情景剧表演、参与小组讨论和小组分享。

设计说明：这部分内容是这节课的重点也是难点，为了让学生有更深刻的感悟，所以在设置教学活动的时候充分结合岭南学生的特色和优点，充分发挥学生的主观能动性，通过情景剧再现、小组讨论等形式提升学生的活动参与面、提高课堂的交互性、突出学生的主体地位，并在这一过程中进一步体现成果导向的教育理念。

4. 朗读名句，总结升华

教学内容：朗读梁启超在《少年中国说》里面的这段话：“今日之责任，不在他人，而全在我少年。少年智则国智，少年富则国富，少年强则国强，少年独立则国独立，少年自由则国自由，少年进步则国进步，少年胜于欧洲则国胜于欧洲，少年雄于地球则国雄于地球。”朗读后，老师分享“教师寄语”并做总结。

教师活动：分享教师寄语：“老师希望同学们不要只是停留在分享社会的进步和发展上，更应该懂得我们肩膀上的责任，为国家和社会的进步与发展做出我们的努力和贡献。少年强则国强，而国强，我们少年应当更强。只有这样，我们才能骄傲地回应100多年前梁启超先生的期盼，告诉他，少年强则国强，国强，我们少年定当会更强，而国强，就是因为我们少年强。在此，老师也希望我们在座的每一位同学都能好好地弘扬中国精神，因为，中国精神的弘扬，中国梦的实现，有你、有我的共同努力，定会更加精彩。”然后在课堂总结后进行课后作业的布置。

学生活动：朗读名句、完成课后作业。

设计说明：这部分内容是本环节的最后一部分，学生在前面正反案例的学习中，对“如何弘扬中国精神”“爱国的正确打开方式”“为实现中国梦，我们新时代青年应该怎么做”这些问题都有了自己的答案、想法和感受，所以教师希望借助梁启超的名句可以让课堂主题实现升华。

五、教学考核

教学考核方法包括：

1. 学生他评。小组红歌嘹亮的表演共10分，其中，4分由其他小组进行打分，6分由教师进行打分。小组的红歌表演要通过同学和教师的双重考验。

2. 学生自评。同学们根据“19岁在韩中国留学生在韩国维护‘一个中国’原则遭韩国机构威胁”新闻事件编排的情景剧，由学生对自己创作的满意程度自行打分。

3. 教师点评。针对课堂活动“小组讨论”“知识竞赛”“课堂发言”“经典诵读”“课后作业”等环节由老师登记课堂表现分。

六、教学反思

本节课通过设置“红歌嘹亮、知识竞赛、情景剧表演、小组讨论、课堂互动、案例分析、经典诵读”等形式的活动，突出学生的主体地位，提高学生的积极性，力求在饱满的学习热情和激情中共同探讨“奋力实现中国梦，必须走中国道路、弘扬中国精神、凝聚中国力量”这一主题。

但在教学过程中也存在着一些问题：1. 学生对中国走中国道路的必然性和必要性的认识还不够深入，所以在这部分的教学中参与互动的学生不够多；2. 讲中国力量这部分内容时，学生对自己家乡的精准扶贫方式了解不够多，甚至不清楚；3. 讲中国精神这部分内容时，学生热情度和参与度都比较高，但由于时间有限，学生参与覆盖面还不够。

改进措施：1. 让学生观看老师介绍的纪录片，多看书，多关注国家最近发生的时事时政，学会用课堂理论知识去分析各种问题；2. 应在上课前提前至少一周让学生去调查了解自己家乡的精准扶贫方式；3. 可以尝试以“中国精神助力中国梦”为专题开展学习活动。

附：情景剧剧本

旁白：大家好。这是我的好朋友大黎，她现在非常生气。因为刚才我们在电梯的按键旁看到了这样一张招募海报，在招募学生对象中，将台湾人、香港人与中国人放在并列位置，等于把台湾和香港说成是一个独立的国家。这还得了！于是，她不管三七二十一，回到宿舍屁股还没坐下就拿起一支笔冲到海报边进行纠正：“台湾人和香港人都是中国人。”可是，更让她气愤的是，第二天，她看到了别人的回复，上面写着“致无知的人：香港不只有‘中国人’，还有其他种族的人，比如菲律宾人。”于是，她再次回复：“亲，香港不是一个国家。”她觉得宿舍里住的都是各个国家的留学生，这种语言会给学生造成混乱。于是，她找到了海报制作方 K-PAL，希望他们能更正海报上的错误。

海报制作方 K-PAL：你好。

十九岁中国留学生：① 您好，我是在韩国留学的学生。我认为你们在这个海报上犯了一个错误。

海报制作方 K-PAL：我们没有错啊！

十九岁中国留学生：台湾和香港属于中国，这是众所周知的事情。你们不能把香港人、台湾人、中国人三个放在同一位置。我想请你们改正下校园里的海报。

海报制作方 K-PAL：小姑娘，我再重申一遍我们并没有错，香港人、台湾人这样的称呼，在我们韩国，是最自然的表达方式。

① 留学生进来的时候拿着一张海报，然后把海报给制作方。

十九岁中国留学生：如果你们不改，我会揭下这些海报，然后向大使馆反映，同时也会到新闻社和电视台投诉你们。

海报制作方 K-PAL：哟，你一个小姑娘还开始对我叫嚣了。我再重申一遍，如果你肆意破坏海报，发现一个海报被清除，我将会在国际教育学院和学校层面对你进行制裁，然后将你的私信公开。同时，请你对我们说出的无礼的语言以及威胁进行道歉。

十九岁中国留学生：大哥，需要道歉的是不认错的你们，而不是指出了问题的我。

海报制作方 K-PAL：我都跟你说了我们的海报没有错误，香港人、台湾人是我们最自然的表达。

十九岁中国留学生：你们竟然这样执迷不悟，我就只能去找相关部门解决这个问题了。

海报制作方 K-PAL：请便。（然后留学生生气地离开了）

旁白：大黎发现海报制作方公司执迷不悟，蛮横不讲理。于是，回到学校后，她把相关情况反映给中韩相关部门，最终海报得到了修正。作为她的好朋友，我必须给她的不畏强权和不怕威胁点 32 个赞。事后，也有新闻记者采访了她，我们接下来把镜头转移到采访现场。

记者采访

记者：你好。你当时受到海报制作方的威胁，你害怕吗？

十九岁中国留学生：其实当时有一点儿害怕的。

记者：别怕，你的背后是强大的祖国。那之后遇到类似的事情，是不是还会继续这么做？

十九岁中国留学生：如果一直容忍的话，这种事情只会越来越放大，错误也会越来越多。我相信，以后看到这种不符合一个中国事实的言论，会有更多的人站出来据理力争的。

记者：大黎你真的很棒。我想中国有你这样的学生，明天一定会越发强大的。

十九岁中国留学生：谢谢。

记者：好的，同学们，最后，让我们对祖国说句祝福吧。

合：亲爱的祖国，感谢您今天的日益富强。伟大中国梦，既是国家梦，也是我们每一位学子的梦想。我们今后一定会更加努力学习，加强修炼，以更好地报效祖国。今天，请允许我们骄傲地对您说声："我爱您！"

（三）德育内容的创新

网络舆情下的学校德育同样面临着新的挑战，在多元文化的冲击下，身心并未成熟的学生面临不同价值观念和意识形态的时候容易在无从选择中不知所措，且容易受到不良网络舆情信息的影响，影响身心健康。因此，学校和教师都应该加强德育内容的创新，构建“学校重视德育，教师关注德育，舆情引导德育”的德育模式。

1. 利用网络舆情的交互多元，丰富单一德育内容

调查显示，教育者日常思想政治教育的内容是比较传统的，主要集中在学生的道德教育、理想教育、爱国教育上，而道德教育的内容也主要局限在国家的法律和法规、学校的校规和政策、教科书的正面理论教育。枯燥、单一和滞后的教育内容决定了教育者的强力德育灌输是难以取得教育实效的，而网络舆情的运用，其交互多元性恰恰可以改变这一现状。网络舆情内容丰富、形式新颖，但这海量的舆情信息中往往掺杂着网络谣言、虚假信息、暴力信息、色情信息等，学生容易在泥沙俱下的负面网络舆情信息中出现是非不分、真假难辨、观念冲突、道德认同等现象。因此，学校和教师不能一味地限制或控制学生使用网络，而是要在德育教育中引导学生正确使用网络。同时，及时借助热点网络舆情，在德育过程中对学生加以解惑和引导，从而使学生在矛盾斗争中构建正确的道德认知和道德观念，促进学生优良品德和良好个性的形成。德育工作者也要在学生的德育工作中对自己提出更高的要求，不再照本宣科，不再老生常谈，而是要探索网络舆情的德育教育新渠道，利用网络舆情的丰富多元和自由交互，加强德育的时代感、使命感，使德育的教育功效事半功倍。

2. 发挥第二课堂的网络舆情引导作用，拓宽传统德育空间

高中班主任/高校辅导员作为学生德育的重要教育者，应学会利用网络舆情，充分发挥第二课堂的德育教育功能，尤其是学生不定期的班会课。而当前的班会课主要停留在发布学校通知、总结强调纪律表现、鼓励学生刻苦学

习等低级阶段，班会课的形式和内容都亟须升级。譬如，班主任可利用每周、每月或每季最热的网络舆情事件，确定班会主题，把网络舆情事件和学生的道德教育紧密联系起来引起学生的共鸣。在网络舆情的讨论中，教育者要有一份宽阔的胸怀，善于倾听和接纳学生的观点，不要以过来人的身份排斥学生的观念，不以自己的道德观念为单一标准，在对学生的宽容和尊重中开展网络道德教育，并在网络舆情的引导下加强学生的网络文明教育和网络法治教育，培养学生的媒介素养。除了班会课，还可通过第二课堂的其他形式，如辩论赛、网络舆情讲座、网络舆情文化节、社团活动、社会实践等，开展学生的德育教育。在德育教育中重点加强学生的网络教育和法律教育，培养学生在互联网上的政治意识、自律意识、责任意识以及信息鉴别能力，建立人性化的学生网络管理制度和网络道德评价体系，引导学生树立科学合理的网络道德观念体系，构建校园和谐网络道德文化。

3. 构建学校德育的网站平台，开拓网络舆情全新阵地

网络舆情的切入为学校德育开拓了一个全新的教育阵地，为实施与新时代同步的德育理念构建了行之有效的用武之地。当前，每一所高中或大学都有自己的网站，但网站的德育效果却没有真正发挥好。调查显示，教师认为学校并不重视校园网站的思想政治教育建设工作，网站中心位置更多的是停留在学校动态、信息通知的单纯发布，相对而言，学校网站的德育板块一直不被重视甚至空置。学校可为德育专门设置板块，同时利用网络舆情素材作为切入点，开展相关德育教育活动，如演讲比赛、德育讲座、辩论赛、德育论坛、科研活动等，并让学生主动参与，活动成果以专题的形式在德育板块进行公布和分享。“互联网+德育”平台的构建，一方面可以丰富传统学校网站的内容，另一方面可以在网络舆情的利用中加强学校的德育工作，创新德育工作形式的同时提高学生的道德批判能力。再者，可利用网站平台创建学生道德教育的“防火墙”，使德育工作真正落地生根。因此，充分利用网络舆情的丰富多元性变革传统德育教育的内容和德育教育的形式，可恰到好处地在德育网站平台的建设中把德育理念和网络教育结合起来，优化德育效果，推进德育创新。

三、教育形式层面的创新

(一) 多管齐下培养学生的媒介素养和学科核心素养

1. 设置嵌入式媒介课程

网络舆情对学生的影响日益加深，学校不能再忽视学生媒介素养的培养。很多国家和地区也逐渐认识到学生媒介素养培养的重要性，并独立设置了信息素养这样一门课程。譬如，英国通过开设进阶式媒介研究课程，让其成为国定课程的核心之一，并让学生自愿参加媒介研究学科中的证书考试，媒介素养培育涵盖小学至大学的全过程；加拿大通过完善媒介素养教育课程体系和规定媒介素养为必修课，针对不同年级学生开设不同的媒介素养课程；我国台湾通过把学校的媒介素养教育课程与社会教育相结合的方式，从小学开始一直贯穿媒介素养教育的始终；美国通过成立专门的媒介素养教育机构，定期针对学生的媒介素养教育开展工作会议，为学生的媒介素养教育设置专项课程或正规课程，充分发挥教师的推广作用；得克萨斯州通过根据学生的心理特点和年龄特征设置科学课程，逐步加强学生媒介素养能力的培养，并为课程设置完善的评价体系等。考虑到我国高中的实际情况和课程设置的有限性，单独设置一门信息素养课或媒介常识课不太实际，在这种课时有限的情况下，政治科目应力所能及地承担起学生媒介素养培养的教育任务，把网络舆情的分析和引导嵌入思政教育课中。而针对大学生，高校就应该义无反顾地通过公共基础课或公共选修课的形式设置一门信息素养课或媒介常识课，针对我国学生在管理网络媒介、评估网络媒介和分辨网络媒介三个方面的弱势，改善当前教学系统封闭、网络系统不完善、忽视青少年需求等问题，让学生在嵌入式媒介课程中加强网络文化教育和网络媒介素养教育，消除教育盲点，使高中和高校思想政治教育随着网络舆情的引入与时俱进、与世俱进、与实俱进，并让学生在网络舆情事件的剖析中不断提升学科核心素养。

2. 与报业等社会团体开展合作，建设实践基地

要创新网络舆情下的思想政治教育新形式，学校可加强与报业、传媒业等社会团体的合作，开发网络校本课程，建设实践课程基地。如美国的 NIE 工程（Newspaper In Education），通过报纸紧密结合学校教育，举办讲座，创办刊物，专门报道学生感兴趣的内容，提供图文并茂的知识，并鼓励教师在课堂上引入报纸教学，培养学生的学习兴趣①。学校可借鉴美国 NIE 工程的成功经验，与报业取得合作，共同开发配套的网络舆情课程，并实现现实课堂和网络课堂的有机结合。同时，报业可以以热点网络舆情等社会新闻发布话题讨论、设置专栏，供学生阅览，教师选用报纸的网络舆情新闻事件作为教育素材，在学校、报业和教师的通力合作中为学生打造一本鲜活的教科书。另外，学校和教师每学期可定点组织学生参观报社，开展讲座、论坛等交流会，在报业和学校的共同努力下渗透媒介素养教育。此外，学校还可与当地宣传部、公安局等单位基于网络舆情下的思想政治教育建立社会实践基地，不定期地组织学生到现场进行参观，寒暑假还可选派优秀且对网络舆情事件处理有兴趣的学生到实践基地进行为期一周或一个月的实习，通过学校的理论学习和社会实践体验，引导学生深入思考热点网络舆情反射出的社会问题，寻找问题背后的实质，学会在辩证的分析和判断中形成符合社会主流的正确观点，而不被迷惑在网络舆情信息的表面现象中，做到不盲从、不轻信、不偏激，努力培养自身的媒介素养以及政治认同、理性精神、法治意识和公共参与素养。

什么是 NIE 工程？

NIE 是 Newspaper In Education（报纸与教育工程）的缩写，指报纸与学校、社区及家庭协作并共同参与，将报纸作为教学材料和工具，参加各类科学及社会学习，用以提高读者综合素质及各学科水平的一项活动。NIE 的目标是，帮助读者通过阅读来

① 叶冲. 网络时代下的美国 NIE 工程——以《迈阿密先驱报》网络版为例［J］. 传媒，2007（2）：70-71.

培养阅读习惯，提高判断思考能力；为教师、学生和家庭提供经济、高效、丰富、有趣的课内外教学材料，用以提高学生在社会和自然科学及日常生活方面的知识与技能。世界 NIE 专家将其称为“鲜活的教科书”“架起学生课堂教育与现实世界的桥梁”。这一做法不仅可以引导青少年阅读报纸，促进学校教育，提高整个社会的文化水平，而且可以为报纸培养未来潜在读者，也扩大了报纸的现实发行量，所以是个双赢策略。

3. 组建网络舆情兴趣小组，成立网络舆情工作室

网络舆情的问题既然已无法回避，就应面对现实。网络舆情下的学生思想政治教育是否成功，在于学生是否能对各种网络舆情信息形成正确认识和价值选择。学校应主动在网络舆情教育板块为学生建立网络舆情教育的“前哨阵地”，发挥其价值指引、意识教育、人格塑造、传道解惑等作用。为了更好地发挥“前哨阵地”的作用，学校可带头组建网络舆情兴趣小组，成立教师网络舆情工作室。网络舆情工作室要第一时间收集汇总各类热点网络舆情，并定期开展网络舆情和网络文化的研讨，为学生设置教育专题，开展网络舆情专题教育活动，申报网络舆情相关课题，撰写网络舆情相关论文，并为学校网站的网络思想政治教育提供素材和研究成果文章。同时，在学校发生网络舆情事件时，应主动做好舆情上报、舆情分析、舆情应对、舆情研判等工作，发挥工作室的作用。网络舆情工作室的成立可以更好地利用网络舆情去思考当前思想政治教育工作的创新路径，在网络舆情事件的研析中和学生构建和谐对话环境，让学生在网络舆情事件中正确发声，培养学生的批判性思维和主体意识，加强学生媒介意识的正确引导①，从而让学生懂得在网络时代的各种媒介中有所取舍地选择和接收媒介信息。为了保障网络舆情工作室真正发挥实效，学校还应加大成本对教师进行培训。通过培训强化教师的舆情敏感性、舆情辨别力，同时增强舆情意识，提高应对网络舆情的技能。而培训这一领域的工作，正是我国高中和高校比较欠乏的模块。

① Madeleine Sorapure, Pamela Inglesby, George Yatchisin. Web Literacy: Challenges and Opportunities for Research in a New Medium [J]. Computers and Composition, 1998, 15 (3): 409-424.

（二）融会贯通网络舆情教育，塑造活动型学科课堂

1. 成立学生网络舆情兴趣小组，每周一次网络舆情 TOP10 播报

在学校组建网络舆情工作室的带动下，教师应顺势在班级成立学生网络舆情兴趣小组，并对网络舆情小组的组长进行培训和引导，以更好地保障教育效果。因此，在信息时代，为了更好地在生活情境中培养学生的媒介素养和学科核心素养，思想政治教育者应充分认识到学生对网络舆情的兴趣和认知，在教育中主动引入网络舆情，在突出学生主体地位中开展和谐的平等对话，通过每周一次的网络舆情 TOP10 播报等活动，培养他们对网络舆情的敏感性和客观性，塑造他们辩证思考现象的能力，激励他们参与课堂的兴趣和愿望。

每周一次的网络舆情 TOP10 播报可以以这样的形式展开（见图 6-4）：第一步，做好网络舆情教育工作的动员，带领学生成立班级网络舆情兴趣小组，并选好小组组长，教师在学期初始安排好每个小组的播报顺序，每周安排其中一节课的前五分钟交给学生做播报记者。第二步，轮值的小组提前一周精选好最近一周或一月的热点网络舆情事件，结合已学知识点在课前做好多媒体展示载体，如 PPT、Flash 动画、视频、图片等，并在播报的前一天把展示资料交给教师审核，同时，教师也应提前熟悉学生播报的网络舆情事件，以在课堂中更好地加以分析和引导。第三步，轮值的小组选派代表充当播报记者（每次播报记者不能是同一人），播报记者利用五分钟的时间对最近一周或一月的排行在 TOP10 的热点网络舆情事件进行课堂播报，并在播报中设置问题，介绍自己小组对事件的看法、观点，解读事件背后的实质。第四步，教师组织其他学生对该播报小组进行发问，在这个环节，其他学生充当记者的角色，目的在于让学生学会如何在公共场合正确提问和正确发声。在学生发问的过程中，提倡学生各抒己见，允许各种意见的发声，让学生在头脑风暴和观点碰撞中得出自己的结论。第五步，在学生记者发问后，教师对小组播报的 TOP10 网络舆情事件进行引导，并对学生的发问进行点评，引导学生在

问题导向中对小组精选的网络舆情素材进行辩证分析，结合社会主义核心价值观和社会主义主流观点培养学生的媒介素养和核心素养，增加思想政治教育的趣味性和生活性。除此之外，教师可在每周网络舆情 TOP10 播报的基础上定期组织学生编写网络舆情手抄报和黑板报、撰写网络舆情小论文等。

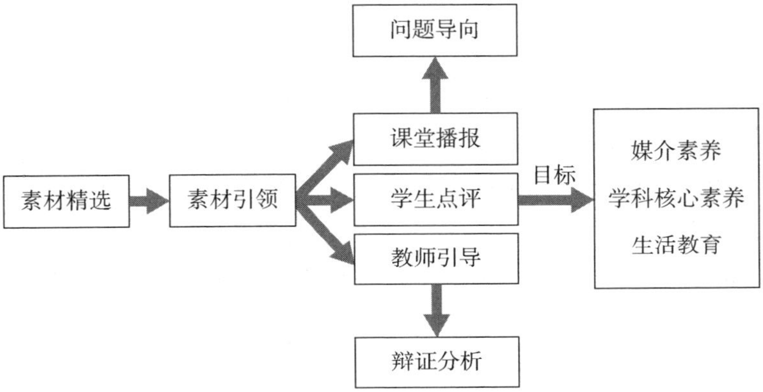

图 6-4　网络舆情 TOP10 播报系统图

著名未来学家阿尔温·托夫勒曾说，谁掌握了信息，谁控制了网络，谁就拥有了整个世界①，这是让学生在课前五分钟进行网络舆情 TOP10 播报的意义所在。在学生的播报中，教师应提升网络舆情的分析及引导能力，不回避不逃避负面网络舆情，不封杀不限制学生的自由发声，在网络舆情的开放性讨论中，尊重每一位学生的观点和分享，在师生间的真诚平等对话中教会学生正确发声，形成思想政治教育和学生网民之间的良性互动。

2. 利用热点网络舆情设置情境，改革传统型教学形式

在学生网络舆情兴趣小组每周一次网络舆情 TOP10 的播报基础上，教师也同样积累了大量热点网络舆情教育素材，下一步的关键在于教师是否善于利用这些热点网络舆情素材对每一节课的政治教学进行科学的情境设置，在情境设置的基础上改革和创新传统型教学形式。显然，以培养学生的媒介素

① 阿尔温·托夫勒，海蒂·托夫勒. 创造一个新的文明［M］. 陈峰，译. 上海：上海三联书店，1996：31.

养和学科核心素养为目标的情境设置要求比传统教学高，并不是教师信手拈来一则网络舆情素材让学生进行分析就是情境，这最多称为材料分析，这种简单的情境设置很多时候是无意义的、浪费时间的、得不出期望结论的。目前，不少教师在情境设置能力方面有所欠缺，这个瓶颈每个教师都需要克服，能否较好地为教学设置情境是每位教师必备的教学素养和专业素养。何为好的情境？好的情境应该是真实性与机构性并存、具有典型性和普遍性、富有思考性和启发性、问题及其解决条件是内生于情境的①。如高中教师在讲高中政治必修二《政治生活》第四单元当代国际社会的“世界多极化：不可逆转”框题时，教师可选用 2016 年热门的英国脱欧公投网络舆情事件进行情境的设置，引导学生思考英国为什么要脱欧、英国脱欧的影响是什么、英国应不应该脱欧等问题，让学生在问题中探索世界多极化的发展趋势和挑战机遇。再如，高校教师在讲《毛泽东思想和中国特色社会主义理论体系概论》“构建人类命运共同体”这一章节时，可结合“中美贸易战”这一网络舆情事件论述美国的“斗”和中国的“和”，哪个更有力量。

教师具备设置情境的专业素养后，应继续借助网络舆情开发新的教学形式，改革传统的满堂灌课堂，如翻转课堂。翻转课堂的实施需要得到学校软件和硬件相关的支持，在上课前，教师应收集好需要用到的网络舆情素材为教学设置情境，然后结合教材制作并发布视频。在翻转课堂应用平台，教师应设置好学生需要去查阅的资料以及需要探索的问题。若学生对网络舆情事件不了解，应在上课前进行了解、熟知和分析，以保障在课堂中每个人都可以畅所欲言；在课堂中，教师引导网络舆情兴趣学习小组交流、探讨根据热点网络舆情事件设置的相关问题。教师甚至可以尝试进行角色互换，选派学生充当教师，对大家的讨论进行分析、讲解和引导；在上课后，学生可以针对这节课的网络舆情事件，把自己的感想和看法写成一篇不限字数的小论文分享在翻转课堂的教学平台上（图 6-5、图 6-6、图 6-7 是学生针对近期的供给侧改革和英国脱欧热门网络舆情事件撰写并分享的小论文片断），在分享成功后其他同学可对其观点和看法进行评论。也就是说，针对教师设置的情

---

① 陈友芳. 情境设计能力与学科核心素养的养成［J］. 思想政治课教学，2016（9）：4-6.

境，学生可以在课后对网络舆情事件进行二次的思想碰撞。如此下来，学生接收的信息将不再纯粹是每节课有限 40 分钟的教师授课内容，学生经过课前、课堂和课后的学习和探讨，对知识点的掌握和理解自然不在话下，还可进一步增强学生学习的主动性、积极性、灵活性、趣味性和参与性。借助恰当的网络舆情素材开发翻转课堂，不仅可以加强教师的教学素养和专业素养，还可以更好地提升学生的媒介素养和学科核心素养，让学生在主动探寻中真正成为学习的主人。除了翻转课堂，教师还可使用在教改的浪潮中应运而生的交互式电子书包课堂，通过电子书包终端控制平台及时看到每位学生的课上掌握情况，在上课内容和上课进度的灵活调整中加强师生之间的互动和提升学生学习的成效。

学生撰写的小论文

供给侧结构性改革的意义

众所周知，消费、出口、投资是推动经济发展的三驾马车，但这只是站在需求侧的角度说的。与之相对的，便是供求侧，而供给侧的四大要素是劳动力、土地、资本和创新。那么，何为供求侧呢?简单来讲，就是生产要素的供给和有效利用。北京大学国民经济核算研究中心研究员蔡志洲是这样区分需求侧和供给侧的：“大家熟悉的通过扩大投资、鼓励消费等方式扩大需求，从而拉动经济增长，这在经济学上属于需求侧管理。而供给侧管理重在通过鼓励企业创新、促进淘汰落后、降低税费负担等方式，推动经济发展。”事实上，早在20世纪30年代经济大萧条的时候，英国经济学家凯恩斯就提出政府应干预市场的主张，他是站在需求侧的角度。而与凯恩斯意见相左的诸多经济学流派中，有一派则是从“供给侧”入手，主张政府少干预市场，支持私有化、减税等自由主义思想，这一派便是供给学派。

然而，今天中国所要主张的供给侧结构性改革却与供给学派大大不同，我们不能把供给侧结构性改革看成是西方供给学派的翻版，更要防止有些人用他们的解释来宣扬“新自由主义”，借机制造负面舆论。西方供给学派主张“四减四促”——减税、减管制，减垄断、减货币发行；促进私有化、促进竞争市场发展、促进企业家精神发挥、促进技术创新。因为中国现在所面临的处境要比当时的供给学派复杂得多，所以我们在借鉴供给学派的观点时，更多的是考虑制度改革，着力于结构变化，加强要素的升级，尊重市场规律并淘汰落后产能以及“僵尸企业”等等。

接下来，我们就要探讨中国供给侧结构性改革的提出背景。中国自改革开放以来，经济便处于高速发展的状态，国民收入和生活水平都得到大幅度的提高。而在1978—1998年，中国主要处于短缺经济状态，人们需求旺盛，通货膨胀，为了抑制经济过热，政府主要

图 6-5　学生撰写的关于供给侧改革的小论文

共工怒触不周山!女娲补天?

——英国脱欧的影响及待续

引言:

据英国广播公司（BBC）当地时间6月24日报道，英国脱欧公投最终结果已经出炉，脱欧派获得最终胜利。英国成为首个投票脱离欧盟的国家。英国于1973年加入欧盟。此次投票结果意味着欧盟和英国长达43年的“婚姻”宣告结束。那么，这段婚姻的结束将给英国、欧洲乃至世界造成什么影响呢?我们现处在历史的洪流当中，见证着这一可能是重大转折点的历史事件，我们有必要认识、分析和应对这场将来可能写入教科书的“英国脱欧”。

摘要:

一、英国脱欧梦魇成真，欧洲一体化进程遭受重大挫折。

二、法国经济部长马克隆说，退出欧盟，英国的重要性就相当于根西岛，英国将成为“大世界里将自己孤立在欧洲边境的一个小国”。

三、“脱欧”已成定局，英国内部或分崩离析。

四、有迹象显示，英国“脱欧”决定已经开始对经济活动产生严重负面影响，英国经济可能正面临上次金融危机以来的最大冲击。

五、后续：留欧派“铁娘子”走马上任，开启“脱欧”模式

关键词：欧洲一体化　英国外交　爱尔兰等脱英　经济冲击　特蕾莎·梅

正文:

一、欧洲一体化遇重挫

对欧盟来说，英国作为欧盟内第二大经济体，退出欧盟不仅同样冲击欧盟贸易，还将降低欧盟在全球经济、政治事务中的地位和影响力。当

图 6-6　学生撰写的关于英国脱欧事件的小论文

英国脱离欧盟的政治经济影响

从对英国、世界的影响和对我国的影响论述

一、事件经过

2013年1月23日，英国首相卡梅伦首次提及脱欧公投。2015年1月4日，英国首相卡梅伦表示，如果有可能，将原计划天2017年进行公投提前举行。2015年5月28日，英国政府向下议院提交并公布了有关“脱欧公投”的议案，包括公投问题的语句，并承诺将在2017年底之前举行投票。

最终公投时间为2016年6月23日。公投数据：同意脱欧51.9%，共1570万人;同意留欧48.1%，共1458万人。英国因此将脱离欧盟。

不久，英国首相卡梅伦在讲话中宣布辞职，脱离欧盟的程序将交由下一位首相带领的政府开启。

英国广播公司26日称，由于不满英国脱欧公投结果，当地民众发起联署签名请愿，要求英国议会重新考虑这次公投的有效性，呼吁二次公投。

图 6-7　学生撰写的关于英国脱欧事件的小论文

3. 开展社会实践性活动，塑造活动型学科课堂

在高中的课程改革方案中，首次把“社会活动”列入高中政治必修课，占学时的三分之一，这为理论知识的“讲授性”教学塑造成“活动性”教学提供了前所未有的契机和动力①，同时也为思想政治教育者的活动实践性教学拉开了序幕。而高校也同样注重思想政治课的课程改革，并把“实践教学”纳入课程体系，主要是为了深入学习贯彻落实党的十九大精神和习近平新时代中国特色社会主义思想，指导学生运用马克思主义的基本立场、观点和方法正确地分析问题、解决问题，充分发挥实践育人的功效，实现大学生在思想政治上“知”与“行”的统一，使学生坚定信念并积极投身于中国特色社会主义建设的伟大实践中，为中国特色社会主义建设事业培养合格的建设者和接班人。调查结果显示，不少学生的四个学科核心素养在网络舆情的影响下不增反减。为了全方位地提高学生的学科核心素养，教师还应在教育实践中利用网络舆情开展社会实践性教育活动，在校内和校外活动型学科课堂中进一步提升学生的实践能力和社会认知能力。

在校内，教师可以针对所选的网络舆情议题开展活动的选择还是比较多的，例如：①辩论赛。如根据“黄晓明的两亿婚礼”和“屠呦呦获诺贝尔生理学或医学奖的奖金不够在北京买个客厅”两则网络舆情事件设置辩论议题——“读书有没有用?”或“当科学家有没有前途?”，让学生在辩论赛的活动型教学中探索人生的真正价值。②模拟法庭。如根据 2016 年 10 月首播的八集中央反腐纪录片《永远在路上》，教师让学生课后观看后选择其中一则大老虎贪腐事件（如广东省委原常委、广州市委原书记万庆良的贪污事件）开展模拟法庭，选派学生任法官、审判员、书记员、被告、律师、观察团等，力求在法庭的开审和审判中加强学生的政治认同、理性精神、法治意识和公共参与四个学科核心素养。除了辩论赛和模拟法庭，教师还可以针对网络舆情议题进行小品节目编排、微电影观看、师生访谈等活动，在活动中

① 牛学文．基于学科核心素养的高中思想政治教学策略［J］．教学月刊·中学版（政治教学），2016（Z1）：3-6．

寓教于乐，实现教育实效。

在校外，教师可以针对所选的网络舆情议题开展各式活动，例如：①社会调查。如每年的中秋节，民众都钟爱集体放孔明灯。教师可让学生针对“每年中秋夜发生火灾和中秋夜放孔明灯后公园的一片狼藉”网络舆情事件展开社会调查，并在设置的议题中让学生自己去找寻“为什么中国人喜欢在中秋节放孔明灯，中秋节应不应该放孔明灯”等问题的答案，并在规定时间内提交调查报告相关资料。再如，2018 年是改革开放 40 周年，教师可让学生针对自己的家乡改革开放前后 30～40 年的变化展开调研，并进行调研报告的撰写和 PPT 汇报。通过社会调查，可以较好地提高学生的交际能力、思考能力、组织能力、团队协作等社会实践技能，也可以让学生在辩证的思考和独立的判断中加强分析网络舆情事件的能力，学会做一名懂得如何正确发声的“公民记者”。②专题访谈。如学生在学习高中必修二《政治生活》第二单元第四课“我国政府受人民的监督”的时候，教师在中央反腐纪录片《永远在路上》热播期间，可让学生网络舆情兴趣小组组织专题访谈，如访谈本市的市委书记、市长或学校的书记、校长等领导人物，访谈后撰写访谈报告并及时在学校网站、校园和班级进行访谈成果展示，让学生在访谈中进一步提高自身的媒介素养和学科核心素养。③实习参观。每个学期，教师可组织学生参观企事业单位或参与寒暑假的实习。如教师可组织学生参观和了解本市宣传部、公安局等部门的工作，让学生在参观中知道宣传部和公安局是如何在大数据时代第一时间过滤网络舆情信息的，发现网络谣言事件的处理方式是怎样的，对不同的网络舆情的应对方式有何不同，在网络舆情事件中学生应该怎样正确发声等，有兴趣且有能力的学生甚至可以申请在企事业单位实习，通过自身的实践，拓展自己的视野，提高综合素养。除此之外，教师可在合适的契机下带领学生旁听本市或本区的人民代表大会、政协会议、刑事审判等会议，在社会实践性的活动型课堂中去有效培养学生的政治认同、理性精神、法治意识和公共参与素养。

（三）组建“网络舆情社团”，多方合作提升素养

在学校成立了“教师网络舆情工作室”和“学生网络舆情兴趣小组”的基础上，全校已经形成了浓厚的关注网络舆情的校园氛围。其实，除了立足课堂教学的主阵地，学校还应该充分发挥学生社团的自我教育和自我管理功能，并将学生的媒介素养教育嵌入其中，加强学生获取、分析和分享信息的能力，在网络教育中提升学生的道德观念和核心素养。因此，为了进一步保障“利用网络舆情，创新思想政治教育”的步伐，教师可指导学生向学校申请并成立“网络舆情社团”，发挥学生社团“自我教育、自我服务、自我学习、自我提升”的功能。

网络舆情社团成立后，应组织举办各种活动发挥社团的作用，例如：①和学生电视台、广播台合作，共同精心打造一档“网络舆情面对面”节目。“网络舆情社团”提前精心选好当天报道的网络舆情事件，并撰写出一份含有网络舆情事件剖析的新闻稿供电视台、广播台报道，在电视台和广播台报道后，可设置 1~2 个问题和师生听众展开在线互动。面对特殊的网络舆情事件，可邀请学校的领导及“网络舆情工作室”的老师或学生代表做嘉宾，在节目中一起和师生展开交流和互动。②和学校的校报校刊合作，合力编排“网络舆情教育”专栏。在这一专栏，师生可自由进行投稿，针对每天此起彼伏的网络舆情事件发表和分享自己的看法。“网络舆情社团”还可借助校报校刊的专栏宣传社团开展的各项活动，动员和激励全校师生共同关注网络舆情，共同关注学生在网络时代下的健康成长成才。③和学校的“模拟联合国社团”合作，针对网络舆情事件开展模拟的国际交流和探讨。模拟联合国的范围囊括了各个领域的内容，如国内国际自然、政治、社会、经济、教育等，而网络舆情事件也同样囊括了国际国内自然、经济、政治、文化、教育等各个领域的信息。“网络舆情社团”和“模拟联合国社团”可针对各个领域的网络舆情事件开展专题活动，让学生在活动中体会不同国家之间是如何解决国际冲突和引导网络舆情事件健康发展的，从而拓宽学生的国际视野，让学生在不同的角色中学会用政治认同、理性精神、法治意识、公共参与四个学科核

心素养去解决分析问题。④针对热门网络舆情事件，社团可开展微电影、DV制作大赛等专题活动。开展此类活动，一方面在大赛中可让学生学会采写新闻稿、编排专题节目、撰写电影剧本等，另一方面可让学生在参赛中辩证分析网络舆情事件，并引导身边的同学、朋友共同成为维护网络文化和创建网络文明的生力军。除此之外，“网络舆情社团”还可开展专题讲座、专题研讨、专题辩论、专题晚会、专题社会调查等活动，让学生这一批网络评论意愿和网络信任程度较高的生力军网民在各种网络舆情事件中学会识别谣言信息、暴力信息、色情信息等负面垃圾信息，理性地在网络舆情事件中发声，坚决地与网络失范行为和网络犯罪行为绝缘，努力地提高自己的媒介批评能力，在媒介素养和学科核心素养的培养中让自己成为一个致力于净化网络环境、传播正能量的21世纪网络新生代，真正做到“力除网络之弊，大兴网络之力”。

如此一来，学校就完美组建了以学校、教师和学生为代表的“教师网络舆情工作室、班级网络舆情兴趣小组、学生网络舆情社团”三位一体的以教师网络舆情工作室为核心的学校网络舆情应对系统，三者围绕着“网络舆情下的高中思想政治教育”相互作用、相互联系，共同填补网络舆情在教育领域的空白地带，在课改的创新中有机融入网络舆情教育（见图6-8）。同时，在提升教师的网络舆情分析引导能力的基础上动员各方面的积极力量营造网络舆情思想政治教育的浓厚氛围，通过开展形式多样的网络舆情相关活动提高学生的政治素养，促进学生学科核心素养的全面提升。

四、教育连续性的创新，加强高中和大学之间的衔接

一直以来，高中教育和大学教育存在着衔接的彼此割裂。对于高中来说，高中的领导和教师更关心的是如何提升学生的大学升学率，以分数论英雄；而对于大学来说，大学的领导和老师更关心的是如何招收更多成绩优异或有显著特长的尖子生，而对于学生的其他问题则选择漠不关心。追根溯源，一方面在于我国当前“以分数论英雄”的高考指挥棒，使得高中在升学压力下加大力度狠抓学生的成绩提升，容易导致学生的高分低能；另一方面在于大

学“严进宽出”的高校体制，对学生入学后的问题漠视，造就学生步入社会的不适应。因为在教育连续性上的链条欠缺，目前，我国高中和大学思想政治教育在教育目标、教育方法、教育内容、学业评价标准等方面都存在着严重的脱节问题，亟须改善。

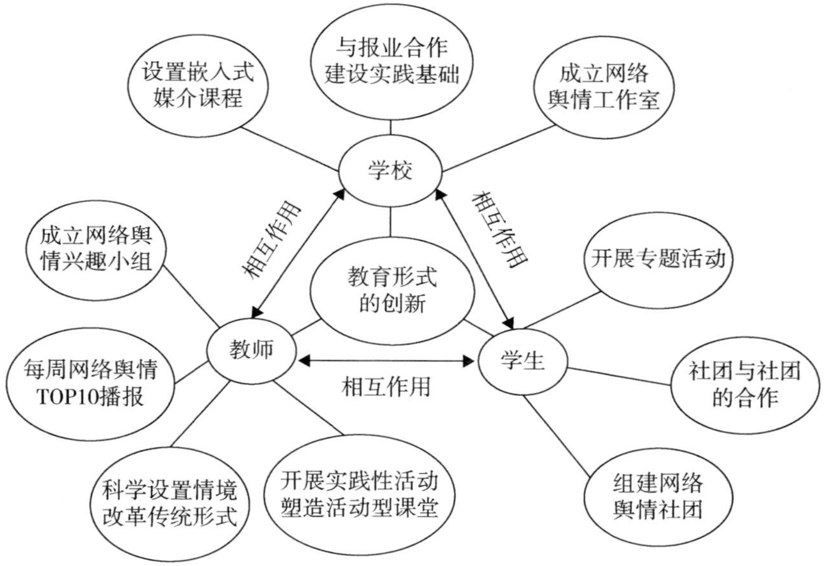

图 6-8　网络舆情下教育形式创新的应对系统图

教育和学习在 21 世纪的经济价值相当于石油，就如同蒸汽和原材料在 19 世纪和 20 世纪的价值一样①。在重视人才的 21 世纪，教育和学习显得尤其重要。因此，我们应该以实现学生的教育和学习的价值为教育目标。很多人认为，高中的教育目标和大学的教育目标是一种转折关系，是人生的不同转折点。而我们认为，高中和大学的教育目标应该是一种递进关系，在高中应该为大学打好基础。高中和大学应致力于在教育连续性上实现两者之间的无缝衔接，加强两者在思想政治教育上的整体性、系统性和时代性，增强学生的

① Woodrow Wilson National Followship Foundation. Rai—sing Our Sights: No High School Senior Left Behind: Final Report [R]. National Commission on the High School Senior Year, 2001.

学习兴趣，丰富学生的学习内容，改善学生的教育形式，只有这样，高中和大学才能在合力下为社会输送一批又一批的高素质人才。

（一）利用网络舆情，加强课程上的衔接

高中和大学思想政治教育存在着课程衔接上的割裂问题，我们可借鉴美国的“无缝教育系统”，设置高中毕业前的课堂衔接。如学校可为学生提供网络舆情相关的思想政治教育选修课程，让有能力的学生自由提前选修，并取得相应的学分和选修证书，也可借鉴美国的“双赢计划”(Win-win Program)，学生进入大学后，可以用高中选修的课程合格证书向大学申请相关课程的免修。同时，美国为了加强高中和大学教育的衔接，特推行“进阶先修课程”(Advanced Placement Program，简称 AP 课程)，在高中阶段为学生提前开设大学水平的课程，学生通过选修和考试提前获得大学学分。当然，AP 课程不是每一位学生都有能力通过的，它以高挑战性和高严谨性而闻名。在课堂上，学生应该学会文本的查阅、数据的收集、资料的调查考证、原始资料的分析、假设的提出和验证以及学会开展一场有效且紧密的辩论，让学生在挑战中实现知识和能力的快速提升。纵观我国网络舆情下的高中思想政治教育，也可与合作大学在高中开设网络舆情相关课程，由大学和高中老师共同完成教学任务，这样可以更好地加强高中和大学的课程衔接，不仅可以加强高中和大学的合作，还可以增加学生进入心仪高等学府的能力筹码，同时也可以为大学输送更加优秀的人才。

（二）利用网络舆情，加强兴趣上的衔接

很多教师在高中和大学做过类似的调查，问学生对政治是否感兴趣，调查结果让人叹息和惋惜，因为对政治真正感兴趣的学生寥寥无几。从初中开始，政治给学生的印象大都是枯燥无味、远离生活、空洞说教，甚至有学生称其为名副其实的“洗脑课”。如果不加以改进，这一印象将会延续至高中，到大学的时候，学生已经提不起学习政治的任何热情和兴趣了。因此，高中思想政治教育工作者应在网络舆情的教育契机下，培养学生学习政治的兴趣，

在兴趣中加强学生媒介素养和政治认同、理性精神、法治意识、公共参与核心素养的培养。如前文所述，学生在参加网络舆情相关的校园活动和校外实践中，已经初步激发了学科的兴趣，尤其是政治、媒体、法律等方面的知识，步入大学后，相信这部分学生会在学科兴趣的引领下继续在这一知识领域深造、遨游。

（三）利用网络舆情，加强能力上的衔接

越来越多的大学生受不善交际、社交恐惧、网络成瘾、考试焦虑、情感困惑、就业迷茫等问题困扰，这些问题很大根源在于高中的应试教育，在把学生当作考试机器的“磨砺”下，越来越多的学生除了读书、考试，其他方面显得低能或弱势。日本是比较重视加强学生和大学生能力衔接的国家，它通过“出路指导”和“高大连携”在高中和大学建立了良性的“给”与“拿”教育制度，目的在于通过高中和大学的共同合作改善学生的教育质量，共享双方教育资源，加强学生的能力培训，为社会输送优质人才。因此，我国的高中思想政治教育者应充分利用网络舆情加强学生的素质教育和提升学生的综合能力，高中为大学输送素质优良的大学生，大学为社会输送优质人才。如学生网络舆情兴趣小组每周网络舆情 TOP10 的播报可以更好地锻炼学生的信息收集能力和口头表达能力，而不致考进大学后不敢举手回答问题、不敢在讲台进行演讲或因为紧张而台风表现差；学生也可通过在高中参加学校和网络舆情社团组织举办的辩论赛、模拟法庭、模拟联合国、社会调查、专题访谈、实习参观等实践性活动，加强自己的社交能力、媒介批判能力和辩证思考能力，进而提升自己的政治认同、理性精神、法治意识和公共参与核心素养。

概念解析：出路指导和高大连携

出路指导

出路指导是指教师为了使学生的基础学力、适应性得到提高并树立远大理想，在就职和升学等方面所进行的帮助和指导。出路指导贯穿于学生的整个求学生涯，在初中阶段由“特别活动课”承担其教育任务，在高中阶段则在“年级教室”活动中进行。从目的、实践、组织运营三个方面来看，出路指导主要根据以下三点原则实施：

1. 目的方面。第一，出路指导强调对于出路的认识、理解，人生观、职业观、实际体验等“识”“观”“验”的统一，强调作为职业人的协调发展与人格形成。第二，帮助学生完善每个人生阶段的发展目标，为成长所需提供帮助和支持。第三，辅助学生提升其能够适应未来生活和工作的能力。

2. 实践方面。第一，出路指导倡导推行可以扩展学生个人能力的实践活动。第二，组织有利于学生劳动观、价值观形成的活动。第三，开展可以培养学生拥有对于出路的自觉、探索、个性化以及具体化的活动。第四，通过出路指导活动提升学生在生活和学习中的决断力。第五，帮助学生养成毕业后适应社会生活的能力和态度。

3. 组织运营方面。第一，以校内教师的共识为基础，建立全校共同遵守的指导机制。第二，自学生入学开始，以每学年为时间点，有计划、有目标、有组织地进行指导活动。第三，在实际的指导过程中，要以学生的自主活动为主，教师的帮助为辅。第四，家庭、兄弟学校、社区等相关单位要开展多方面、多层次的联合，以此推进出路指导的进行。第五，在出路指导的执行过程中，评价必不可少，以评价为依据可以确认指导成果，同时为指导的改进提供信息。

高大连携

首先，“高大连携”计划是高中与大学以完成良好的衔接为目的，同心协力，通过活用参与到合作活动之中的各方教育资源所进行的教育活动的总称。其次，从狭义的角度来讲，“高大连携”计划是指各高中阶段学校以本校学生为对象的，通过合作活用大学的教育资源所进行的教育活动。最后，从广义的角度来讲，“高大连携”计划是指通过高中与大学的合作，改善高中与大学的教育质量的活动。

——以上概念解释来自吉林警察学院姚舜的文章《日本高中与大学衔接的新途径：出路指导与高大连携》

（四）利用网络舆情，加强教育方法上的衔接

通过对比高中和大学的教育方法，可以发现，前者属于“圈养”，后者偏向“放养”。高中的思想政治教育在高考指挥棒下把教材和教学内容当成现成的结论和标准答案，把教学过程更多地当成解释概念，进行空洞说教的灌输式课堂讲授，教师照本宣科，学生死记硬背。而大学教师的教育方法则截然不同，教师不再详细地讲解教科书上的内容，甚至更多时间是让学生上讲台讲课，让学生自己充当授课教师。不再拘泥于高中“教师讲学生听”的教育模式，很多学生步入大学后表示不适应大学的教育方法，有的学生甚至在不适应中放弃了学业。因此，从高中开始，思想政治教育者可利用网络舆情改善目前单一的应试教育方法，丰富创新教育形式，借助网络舆情的丰富多元的特点，通过启发式、案例式、研讨式、对话式等方法，增强教育的吸引力和感染力，培养学生的“思想政治行为德行”，进而在思想政治教育的实践活动中把学生的思想道德观念进行内化，内化成功后再想方设法把已身心融合的道德观念再次“外化”，通过“外化”再一次转化为科学的实际行动和社会实践。这样，可以更好地指引学生全方位提升自己的学习能力和适应能力。当学生步入大学进行深造时，也就可以更快地适应大学的教育模式和教育方法。

（五）利用网络舆情，加强教师人才上的衔接

目前，我国高中和大学教师的沟通合作机制是比较欠缺的。高中思想政治教育者更多的时间忙于教学任务，而大学的思想政治教育者更多的时间忙于课题和科研，由此可见，两者擅长的领域是不一样的，这样更显现了教师人才上衔接的必要性，网络舆情也为教师人才上的衔接提供了切入口。很多高校都开设了网络舆情相关的学科课程，如《媒介素养》《媒体道德》《网络思想政治教育》《舆论学》《公共关系学》《传播学》等，甚至有不少高校专门为研究网络舆情成立了“网络舆情研究中心”“网络舆情研究学院”或“网络舆情研究室”等，在这一基础上大学可以提供更多的专职人才到高中进

行交流和指导。高中为了更好地在网络舆情契机下加强学生的思想政治教育实效，可主动创造机会和条件邀请大学的专家、学者到高中同高中教师开展研讨会、座谈会、专题讲座，有网络舆情研究经验的大学学者甚至可以指导高中教师和学生共同申报研究课题，展开调研，在课题实践中进一步探寻教育新路径。除此之外，因为两者的研究领域和擅长技能不一样，高中和大学可互派教师，高中可邀请大学教师担任学校的科研顾问，大学也可邀请高中教师担任高校的教学顾问，在条件允许的情况下，甚至可以相互轮岗一个学期或一年。为了保证高中和大学教师的质量，学校还可每年提供培训深造机会，为两者的沟通进一步创造良性合作机制。通过高中和大学之间的“走出去，请进来”，一则可以更好地加强高中教师利用网络舆情加强学生思想政治教育的能力，二则也可以为高校推送更多的优质人才，在双方的对话、交流、合作和经验分享中，进一步提高学生思想政治教育的实效。

参考文献

[1] 刘毅. 网络舆情研究概论 [M]. 天津：天津人民出版社，2007：1.

[2] 王来华. 舆情研究概论——理论、方法和现实热点 [M]. 天津：天津社会科学院出版社，2013：4.

[3] 张克生. 国家决策：机制与舆情 [M]. 天津：天津社会科学院出版社，2004：17.

[4] 周蔚华，徐发波. 网络舆情概论 [M]. 北京：中国人民大学出版社，2016：9.

[5] 马振飞，秦玉海. 网络舆情导控教程 [M]. 北京：清华大学出版社，2014：8.

[6] 薛大龙，马军. 网络舆情分析师教程 [M]. 北京：电子工业出版社，2014：2.

[7] 孟威. 网络互动意义诠释与规则探讨 [M]. 北京：经济管理出版社，2004：4.

[8] 胡钰. 新闻与舆论 [M]. 北京：中国广播电视出版社，2001：165.

[9] 凯斯·桑斯坦. 极端的人群：群体行为的心理学 [M]. 北京：新华出版社，2010.

[10] 李一. 网络行为失范 [M]. 北京：社会科学文献出版社，2007.

[11] 范玉芳. 科学双刃剑：令人忧虑的科学暗影 [M]. 广州：广东省地图出版社，1999：前言，4.

[12] 中国思想政治教育工作研究会. 思想政治教育工作概论 [M]. 北京：北京大学出版社，2007：58.

[13] 中华人民共和国教育部. 义务教育思想品德课程标准 [M]. 北京：北京师范大学出版社，2011.

[14] 陈万柏，张耀灿. 思想政治教育学原理 [M]. 2 版. 北京：高等教育出版社，2007.
[15] 王承绪，赵祥麟. 杜威教育论著选 [M]. 上海：华东师范大学出版社，1981：4.
[16] 杜威. 道德教育原理 [M]. 杭州：浙江教育出版社，2003：357.
[17] 乌尔里希·贝克. 世界风险社会 [M]. 南京：南京大学出版社，2000：147.
[18] 古斯塔夫·勒庞. 乌合之众——大众心理研究 [M]. 冯克利，译. 北京：中央编译出版社，2004：153.
[19] 阿尔温·托夫勒，海蒂·托夫勒. 创造一个新的文明 [M]. 陈峰，译. 上海：上海三联书店，1996：31.
[20] 官文江. 大学与高中教育衔接的问题与对策 [J]. 科技视界，2018 (2)：98.
[21] 柳欣，郭慧，胡艳慧. 基于群体极化现象的青少年网络舆情引导对策研究 [J]. 办公自动化，2015 (22)：33-36.
[22] 吴自强. 微博中的群体极化现象分析 [J]. 群文天地，2012 (7)：280+282.
[23] 王根生. 面向群体极化的网络舆情演化研究 [D]. 江西财经大学，2011.
[24] 余秀才. 网络舆论传播的行为与动因 [J]. 编辑之友，2012 (4)：40.
[25] 张维. 从众与“眼里揉不得沙子” [J]. 劳动保护，2014 (10)：59.
[26] 迟学芝. 网络舆情下大学生心理特征分析 [J]. 青年记者，2014 (30)：96-97.
[27] 张延芳. 网络社会背景下当代青年思想政治教育研究 [D]. 浙江师范大学，2012.
[28] 牛文元，叶文虎. 全面构建中国社会稳定预警系统 [J]. 中国发展，2003 (4)：5-8.
[29] 杨孟. 高中思想政治课案例教学存在的问题及对策研究 [D]. 华中师范大学，2015.
[30] 荣燕. 论网络舆情与高校思想政治教育的耦合 [J]. 教育探索，2014 (6)：128-129.
[31] 李德才，李凡. 网络环境下思想政治教育理论和方法创新 [J]. 思想理论教育导刊，2011 (8)：90-93.

[32] 李岚. 平稳过渡　稳中有变　变中求新——新课程背景下政治高考试题分析及教学启示 [J]. 河北教育（综合版），2012（9）：36-37.
[33] 明义敬. 论高校网络舆情视阈下的大学生思想政治教育 [D]. 苏州大学，2010.
[34] 陈思源. 网络环境对高中思想政治课教学的影响及应对研究 [D]. 河南师范大学，2015.
[35] 龙宝新. 我国公立中学德育工作面临的新危机——基于对陕西省 16 所公立中学德育工作的实地调查 [J]. 中国教育学刊，2011（4）：76-79.
[36] 于艳波. 网络德育：有特色，更有魅力 [J]. 人民教育，2010（Z3）：61-62.
[37] 宣海宁. 学校德育工作管理中存在的问题及对策分析——以河南省信阳市某中学为例 [J]. 企业导报，2016（7）：1-2.
[38] 冯文全，陈晓霞. 中学德育存在的问题及对策分析 [J]. 教育与教学研究，2016（6）：117-120.
[39] 张博. 网络舆情对大学生思想政治教育的影响研究 [D]. 喀什大学，2015.
[40] 彭兰. 社会化媒体时代的三种媒介素养及其关系 [J]. 上海师范大学学报（哲学社会科学版），2013（3）：52-60.
[41] 荣燕. 论网络舆情与高校思想政治教育的关联 [J]. 武警学院学报，2014（1）：59-61.
[42] 刘娜. 大学生对网络思想政治教育环境中主流观点的认同研究 [J]. 思想理论教育导刊，2015（4）：121-125.
[43] 于世洁，徐宁汉，杨帆，尹佳. 新高考改革下高校选考科目的制定 [J]. 清华大学教育研究，2015（2）：32-36+63.
[44] 朱志平. 基于核心素养的思想政治活动型学科课程 [J]. 思想政治课教学，2016（5）：4-8.
[45] 刘海. 基于学生发展核心素养的高中政治课堂转向 [J]. 教育科学论坛，2016（20）：78-80.
[46] 任永梅，刘秀伦. 思想政治教育在高校网络舆情中的导向功能 [J]. 重庆邮电大学学报（社会科学版），2010（1）：135-138.
[47] 顾习龙. 网络舆情对大学生网络伦理道德的影响与疏解 [J]. 现代教育科

学，2012（1）：154-157.
[48] 丁旭峰，毛加明. 网络舆情视阈下高校思想政治理论课教学改革与探索［J］. 文教资料，2015（23）：163-165.
[49] 魏芳，张广森. 网络舆情影响思想政治理论课的方式及内容［J］. 思想政治教育研究，2013（2）：115-119.
[50] 张文燕. 思想政治课选用传媒舆情的策略分析［J］. 中学政治教学参考，2015（Z1）：27-28.
[51] 赵秋立. 谈高中政治教材的“二次开发”——如何让你的课有“高”度［J］. 西藏教育，2016（10）：33-35.
[52] 刘海. 高中思想政治教材处理策略探究［J］. 教学与管理，2016（25）：61-64.
[53] 叶冲. 网络时代下的美国 NIE 工程——以《迈阿密先驱报》网络版为例［J］. 传媒，2007（2）：70-71.
[54] 陈友芳. 情境设计能力与学科核心素养的养成［J］. 思想政治课教学，2016（9）：4-6.
[55] 牛学文. 基于学科核心素养的高中思想政治教学策略［J］. 教学月刊·中学版（政治教学），2016（Z1）：3-6.
[56] 中央综治委预防青少年违法犯罪工作领导小组办公室，共青团中央维护青少年权益部，中国青少年研究中心. 青少年网络伤害问题研究［R］. 2009.
[57] 国务院. 关于积极推进“互联网+”行动的指导意见［R］. 2015.
[58] 中共中央政治局. 十八届五中全会报告［R］. 2015.
[59] 中共中央政治局. 中共中央关于制定国民经济和社会发展第十三个五年规划的建议［R］. 2015.
[60] 习近平. 网络安全和信息化工作座谈会上的讲话［R］. 2015.
[61] 教育部. 关于全面深化课程改革　落实立德树人根本任务的意见［R］. 2014.
[62] 路长全. 黄晓明 PK 屠呦呦：一生努力不敌一场作秀［EB/OL］.（2019-06-15）［2015-10-12］. http://mt.sohu.com/20151012/n423002324.shtml.
[63] 盛晓白. 网上群体极化倾向应及时疏导［N］. 光明日报，2010-10-10（5）.
[64] David Considine：An Introduction to Media Literacy：The What，Why and How To's，The Journal of Media Literacy，Volume 41.

[65] Madeleine Sorapure, Pamela Inglesby, George Yatchisin. Web Literacy: Challenges and Opportunities for Research in a New Medium [J]. Computers and Composition, 1998, 15 (3): 409-424.

[66] Woodrow Wilson National Followship Foundation. Rai—sing Our Sights: No High School Senior Left Behind: Final Report [R]. National Commission on the High School Senior Year, 2001.

[67] 陈万柏，张耀灿. 思想政治教育学原理 [M]. 2 版. 北京：高等教育出版社，2007：4.

[68] 习近平. 在中国共产党第十九次全国代表大会上的报告 [N]. 人民日报，2017-10-19.

[69] 习近平主持召开学校思想政治理论课教师座谈会：强调用新时代中国特色社会主义思想铸魂育人贯彻党的教育方针落实立德树人根本任务. 人民日报，2019-03-19.

[70] 玛克辛·格林. 释放想象：教育、艺术与社会变革 [M]. 郭芳，译. 北京：北京师范大学出版社，2017：12.

附录一　调查问卷

关于网络舆情下高中思想政治教育的调查问卷（学生版）

亲爱的同学：

您好！为了更好地研究高中思想政治教育利用网络舆情的教育情况，以及在网络舆情下高中思想政治教育存在的困难和问题，我们特开展此次问卷调查。本调查采用完全匿名方式，调查结果仅用于学术研究，没有好坏对错之分。请根据实际情况和真实感受回答，答案直接在对应选项画“√”即可。如果遇到难以回答的问题，凭直觉选择即可。谢谢配合并祝您学习进步！

备注：网络舆情是指在各种事件的刺激下，人们通过互联网对社会各种现象、问题所表达的信念、态度、意见、情感、观点，同时在网络上传播与互动，以及形成后续影响力的集合。如2016年全国文综高考卷1第39题就是以“有的人打着‘还原历史真相’的旗号颠覆黄继光、邱少云、董存瑞等英雄形象”的网络舆情事件为材料进行高考命题的。再如，北京八达岭野生动物园发生的老虎咬人事件；大学生校园网贷事件；大学生欠款裸条陷网上黄色利益链，64张裸照仅售20元事件等。

一、基本信息

1. 您的性别是（　）A. 男　　B. 女

2. 您的年级是（　）A. 高一　B. 高二　C. 高三

二、选择题

1. 周末或放假，您每天上网的时间一般是多少小时？（　）

A. 1　B. 1~3　C. 3~6　D. 6个小时以上

2.（可多选）您上网的主要需求是（　）

A. 查找学习资料　B. 浏览新闻　C. 聊天交友　D. 收发邮件

E. 听歌或看视频　F. 玩游戏　G. 网购　H. 团购　I. 其他____

3.（可多选）课后，您会使用什么社交软件/平台与老师进行交流沟通？（　）

A. QQ　B. 微信　C. 微博　D. 博客　E. 课后没有交流　F. 其他____

4. 您喜欢在互联网上发表评论或看法吗？（　）

A. 非常喜欢　B. 比较喜欢　C. 不太喜欢　D. 非常不喜欢　E. 说不清

5.（可多选）您上网发表评论或看法的心态是（　）

A. 正能量爆满　B. 从众心理　C. 表达跟网友相似的观点，以表支持

D. 表达跟网友不同的观点，进行反驳　E. 发泄情绪　F. 平等参与

G. 其他____

6. 网友的评论或观点对您造成的影响是（　）

A. 影响较大，容易认同别人的观点

B. 具有一定影响，会主动看网友的评论

C. 没有多大影响，不太关注网友的评论

7. 您是否能够分辨网上的不良信息和虚假信息？（　）

A. 不能分辨真伪　B. 大部分时候可以分辨

C. 有时可以分辨，有疑问的信息会主动去求实

D. 有时可以分辨，有疑问的信息懒得去求实

8. 您对网上的哪类网络舆情信息最感兴趣？（　）

A. 正面网络舆情信息　B. 负面网络舆情信息　C. 都感兴趣　D. 都不感兴趣

9. 网络舆情对您的思想和行为的影响程度是（　）

A. 影响非常大　B. 具有一定的影响　C. 没有影响

10.（可多选）对于网络舆情信息，您更关注（　）

A. 国际新闻　B. 国内时事政治　C. 经济　D. 文化　E. 娱乐

F. 军事　G. 体育　H. 教育　I. 其他

11.（可多选）对于热点网络舆情事件，你看完会（　）

A. 只会“感叹”　B. 理性分析事件，形成自己的观点

C. 会顶帖并分享　D. 纯属看客

12. 在网络舆情的影响下，下列哪项符合您的实际情况？

政治认同　A. 增强/增高　B. 减弱/减少　C. 无影响　（　）

理性精神　A. 增强/增高　B. 减弱/减少　C. 无影响　（　）

法律意识　A. 增强/增高　B. 减弱/减少　C. 无影响　（　）

公共参与　A. 增强/增高　B. 减弱/减少　C. 无影响　（　）

13.（可多选）您认为要保障网络舆情的健康发展，需要哪些措施（　）

A. 加强网络舆情监管制度　B. 建立完善的监管队伍

C. 加强学校的网站建设　D. 加强学校的网络教育

E. 加强老师队伍的素质建设，加大提升教师媒介素养能力的培训

F. 培养学生的网络媒介素养，提高学生的责任意识　G. 其他________

关于网络舆情下高中思想政治教育的调查问卷（教师版）

尊敬的老师：

您好！为了更好地研究高中思想政治教育利用网络舆情的教育情况以及存在的困难和问题，我们特开展此次问卷调查。本调查采用匿名形式，调查结果仅用于学术研究，没有好坏对错之分，辛苦您根据实际情况和真实感受回答。感谢您的支持并祝您工作顺利！

备注：网络舆情是指在各种事件的刺激下，人们通过互联网对社会各种现象、问题所表达的信念、态度、意见、情感、观点，同时在网络上传播与互动，以及形成后续影响力的集合。如2016年全国文综高考卷1第39题就是以“有的人打着‘还原历史真相’的旗号颠覆黄继光、邱少云、董存瑞等英雄的历史形象”的网络舆情事件为材料进行高考命题的。再如，北京八达岭野生动物园发生的老虎咬人事件；大学生校园网贷事件；大学生欠款裸条陷网上黄色利益链，64张裸照仅售20元事件等。

1. 您的性别是（　）　A. 男　B. 女

2. 您所教的年级是（　）A. 高一　B. 高二　C. 高三

3.（可多选）一般情况下，您会使用什么社交软件/平台与学生进行交流沟通？（　）

A. QQ　B. 微信　C. 微博　D. 博客　E. 课后没有交流　F. 其他____

4. 您是否满意高中思想政治教育现状？（　）

A. 满意　B. 基本满意　C. 无所谓　D. 不太满意　E. 不满意

5. 在网络时代，您是否会致力于利用网络舆情加强思想政治教育的创新？（　）

A. 经常　B. 偶尔　C. 没有

6.（可多选）在日常的思想政治教育工作中，您对学生的教育内容主要包括（　）

A. 理想教育　B. 道德教育　C. 法律教育　D. 网络教育　E. 爱国教育

F. 集体意识教育　G. 个性教育　H. 历史教育　I. 其他

7.（可多选）在日常的学生思想政治教育工作中，您对学生的教育方法侧重

于（　）

A. 注重加强班级和学校思想政治环境建设　B. 注重课外活动的开展

C. 注重社会服务和实践教育　D. 注重思想政治教育课程设置的全面化

E. 注重网络建设和网络教育　F. 注重心理咨询工作　G. 其他

8. 您平时是否会经常关注网络舆情信息？（　）

A. 经常　B. 偶尔　C. 不关注

9. 您对网上的哪类网络舆情信息最感兴趣？（　）

A. 正面网络舆情信息　B. 负面网络舆情信息　C. 都感兴趣　D. 都不感兴趣

10. 您是否会让学生对热点网络舆情进行评述？（　）

A. 经常　B. 偶尔，一般不会　C. 从来不会

11. 关于学生对热点网络舆情事件的评述您能否给予正确的分析及引导？（　）

A. 能　　B. 不能

12. 您认为学校是否重视校园网站的思想政治教育建设？（　）

A. 重视　B. 不重视

13. 在网络舆情的影响下，您认为下列哪项符合学生的实际情况？

政治认同　A. 增强/增高　B. 减弱/减少　C. 无影响　（　）

理性精神　A. 增强/增高　B. 减弱/减少　C. 无影响　（　）

法律意识　A. 增强/增高　B. 减弱/减少　C. 无影响　（　）

公共参与　A. 增强/增高　B. 减弱/减少　C. 无影响　（　）

14.（可多选）在网络时代，您对学生的学习评价方式包括（　）

A. 卷面分数（成绩）　B. 平时作业　C. 课堂表现　D. 课后互动　E. 其他

15. 学校是否有开展过舆情或网络舆情的相关教育活动？（选 A 跳至 16 题，选 B 跳至 17 题）（　）

A. 有　B. 没有

16.（可多选）如果有，学校开展的舆情或网络舆情教育活动，主要包括（　）

A. 举办网络舆情专题讲座　B. 指导学生绘制网络舆情黑板报

C. 组建网络舆情社团　D. 组建网络舆情兴趣小组

E. 组织网络舆情社会调查　F. 撰写网络舆情小论文　G. 其他

17.（可多选）如果没有，您建议学校开展以下哪些舆情或网络舆情教育活动？（　）

A. 举办网络舆情专题讲座　　B. 指导学生绘制网络舆情黑板报

C. 组建网络舆情社团　　D. 组建网络舆情兴趣小组

E. 组织网络舆情社会调查　　F. 撰写网络舆情小论文　　G. 其他

18. (可多选) 您认为在网络舆情下高中思想政治教育存在的问题主要有（　）

A. 教学内容陈旧，缺乏网络舆情内容的支持

B. 教育方法传统，缺乏网络教育和实践教育

C. 教育目标片面，缺乏学科核心素养和信息媒介素养的教育

D. 教育评价形式单一，缺乏线上和线下的结合

E. 教育者网络舆情分析及引导能力的不足

F. 学生道德观念淡化，容易受社会大环境的影响

G. 校园网站和网络文化建设落后

H. 其他

关于网络舆情下高校思想政治教育的调查问卷（学生版）

亲爱的同学：

您好！为了更好地研究高校思想政治教育利用网络舆情的教育情况，以及在网络舆情下高校思想政治教育存在的困难和问题，我们特开展此次问卷调查。本调查采用完全匿名方式，调查结果仅用于学术研究，没有好坏对错之分。请根据实际情况和真实感受回答，答案直接在对应选项画“√”即可。如果遇到难以回答的问题，凭直觉选择即可。谢谢配合并祝您学习进步！

备注：网络舆情是指在各种事件的刺激下，人们通过互联网对社会各种现象、问题所表达的信念、态度、意见、情感、观点，同时在网络上传播与互动，以及形成后续影响力的集合。如崔永元曝光明星阴阳合同事件、大学生校园网贷事件、网络诈骗事件、魏则西事件等。

一、基本信息

1. 您的性别是（　）A. 男　　B. 女

2. 您的年级是（　）A. 大一　B. 大二　C. 大三

二、选择题

1. 您每天上网的时间一般是多少小时？（　）

A. 1 小时　　B. 1~3 小时　　C. 3~5 小时　　D. 5 小时个小时以上

2. （可多选）您上网的主要需求是（　）

A. 查找学习资料　B. 浏览新闻　C. 聊天交友　D. 收发邮件

E. 听歌或看视频　F. 玩游戏　G. 网购　H. 其他

3. （可多选）课后，您会使用什么社交软件/平台与老师进行交流沟通？（　）

A. QQ　B. 微信　C. 微博　D. 博客

E. 游戏　F. 课后没有交流　G. 其他

4. 一般来说，每天早上醒来第一件事情是不是打开手机微信？（　）

A. 是　B. 大部分情况是　C. 很少　D. 不是

5. 您关注了多少个微信公众号？（ ）

A. 不关注 B. 少于 10 个 C. 多于 10 个，少于 15 个 D. 太多了

6.（可多选）您关注的微信公众号种类是（ ）

A. 新闻资讯 B. 旅游攻略 C. 杂志散文 D. 学校各大组织、社团

E. 明星名人 F. 网站商铺 G. 健康养生 H. 其他

7.（可多选）您刷朋友圈是为了（ ）

A. 关注圈友生活动态 B. 了解最新新闻信息

C. 浏览好玩的有趣分享 D. 无聊、打发时间

E. 不看朋友圈 F. 其他

8. 您喜欢在互联网上发表评论或看法吗？（ ）

A. 非常喜欢 B. 比较喜欢 C. 不太喜欢 D. 非常不喜欢 E. 说不清

9.（可多选）您上网发表评论或看法的心态是（ ）

A. 正能量爆满 B. 从众心理 C. 表达跟网友相似的观点，以表支持

D. 表达跟网友不同的观点，进行反驳 E. 发泄情绪 F. 平等参与

G. 其他

10. 网友的评论或观点对您造成的影响是（ ）

A. 影响较大，容易认同别人的观点

B. 具有一定影响，会主动拉看网友的评论

C. 没有多大影响，不太关注网友的评论

11. 您是否能够分辨网上的不良信息和虚假信息？（ ）

A. 不能分辨真伪 B. 大部分时候可以分辨

C. 有时可以分辨，有疑问的信息会主动去求实

D. 有时可以分辨，但有疑问的信息懒得去求实

12. 您对网上的哪类网络舆情信息最感兴趣？（ ）

A. 正面网络舆情信息 B. 负面网络舆情信息

C. 都感兴趣 D. 都不感兴趣

13. 网络舆情对您的思想和行为的影响程度是（ ）

A. 影响非常大 B. 具有一定的影响 C. 没有影响

14.（可多选）对于网络舆情信息，您更关注（ ）

A. 国际新闻 B. 国内时事 C. 经济

D. 文化　　　　E. 娱乐　　　　F. 军事

G. 体育　　　　H. 教育　　　　I. 其他

15.（可多选）对于热点网络舆情事件，你看完会（　）

A. 只会“感叹”　B. 理性分析事件，形成自己的观点

C. 会顶帖并分享　D. 纯属看客　E. 没兴趣了解

16. 在网络舆情的影响下，下列哪项符合您的实际情况？

政治认同　A. 增强/增高　B. 减弱/减少　C. 无影响　（　）

理性精神　A. 增强/增高　B. 减弱/减少　C. 无影响　（　）

法律意识　A. 增强/增高　B. 减弱/减少　C. 无影响　（　）

公共参与　A. 增强/增高　B. 减弱/减少　C. 无影响　（　）

17.（可多选）您认为高校可利用网络舆情开展哪些活动创新思想政治教育？（　）

A. 举办网络舆情专题讲座　B. 最新网络舆情事件进课堂

C. 组建网络舆情社团　D. 组建网络舆情兴趣小组

E. 组织网络舆情社会调查　F. 撰写网络舆情小论文

G. 举办辩论赛/演讲比赛　H. 其他

18. 自媒体的传播效应也给网络舆情下的高校思想政治教育带来一定冲击，您认为存在哪些主要挑战？（　）

A. 信息鱼龙混杂，观点碰撞激烈，价值观多元化，增长大学生的逆反心理，挑战传统价值观

B. 虚假信息、匿名信息容易导致大学生辨别力下降，甚至上当受骗、误入歧途

C. 纷繁复杂的垃圾信息（如网络谣言、封建迷信、色情信息、网络暴力）大量涌入，使大学生藐视权威，不相信科学

D. 学生过于依赖手机，沉迷虚拟世界，逃避现实生活，缺乏集体责任感和归属感

E. 需要思想政治工作者加强学习，与时俱进，掌握自媒体新技术和了解学生心理的能力

F. 需要建立健全自媒体平台，占领高校网络思想政治教育的新阵地，引导大学生健康成长

G. 其他

19.（可多选）您认为在网络舆情下学校的思想政治教育存在的问题主要有（　）

A. 教学内容陈旧，缺乏网络舆情内容的支持

B. 教育方法传统，缺乏网络教育和实践教育

C. 教育目标片面，缺乏培养学科核心素养和信息媒介素养的教育

D. 教育评价形式单一，缺乏培养线上和线下的结合

E. 教育者网络舆情分析及引导能力的不足

F. 学生道德观念淡化，容易受社会大环境的影响

G. 校园网站和网络文化建设落后

H. 其他

20. 网络舆情下的高校思想政治教育，您认为思政工作者应该努力做到（　）

A. 在大学生认同和树立社会主义核心价值观方面给予更多的指引帮助

B. 让热点网络舆情走进课堂，充实完善网络思想政治教育

C. 借助多样化的新媒体和自媒体工具提供更加宽松自由的师生沟通环境

D. 建立“朋辈教育”体系，引领积极和谐的网络氛围

E. 加强引导，坚持网上教育与网下教育的联动结合

F. 组织丰富多彩的网络思政校园活动，创新校园文化的内容和形式，吸引大学生的注意力

G. 其他

关于网络舆情下高校思想政治教育的调查问卷（教师版）

尊敬的老师：

您好！为了更好地研究高校思想政治教育利用网络舆情的教育情况以及存在的困难和问题，我们特开展此次问卷调查。本调查采用匿名形式，调查结果仅用于学术研究，没有好坏对错之分，辛苦您根据实际情况和真实感受回答。感谢您的支持并祝您工作顺利！

备注：网络舆情是指在各种事件的刺激下，人们通过互联网对社会各种现象、问题所表达的信念、态度、意见、情感、观点，同时在网络上传播与互动，以及形成后续影响力的集合。如崔永元曝光明星阴阳合同事件、《我不是药神》引发的癌症高价药热议事件、长春长生疫苗造假事件、大学生校园网贷事件、网络诈骗事件等。

1. 您的性别是（ ） A. 男 B. 女

2. 您所教/所带的年级是（ ） A. 大一 B. 大二 C. 大三

3.（可多选）一般情况下，您会使用什么社交软件/平台与学生进行交流沟通？（ ）

A. QQ B. 微信 C. 微博 D. 博客 E. 课后没有交流 F. 其他

4. 一般来说，每天早上醒来第一件事情是不是打开手机微信？（ ）

A. 是 B. 大部分情况是 C. 很少 D. 不是

5. 您是否满意目前的高校思想政治教育现状？（ ）

A. 满意 B. 基本满意 C. 无所谓 D. 不太满意 E. 不满意

6. 在网络时代，您是否会致力于利用网络舆情加强思想政治教育的创新？（ ）

A. 经常 B. 偶尔 C. 没有

7.（可多选）在日常的思想政治教育工作中，您对学生的教育内容主要包括（ ）

A. 理想教育 B. 道德教育 C. 法律教育 D. 网络教育

E. 爱国教育 F. 集体意识教育 G. 个性教育 H. 历史教育 I. 其他

8.（可多选）在日常的学生思想政治教育工作中，您对学生的教育方法侧重

于（ ）

A. 注重加强班级和学校思想政治环境建设 B. 注重课外活动的开展

C. 注重社会服务和实践教育 D. 注重思想政治教育课程设置的全面化

E. 注重网络建设和网络教育 F. 注重心理咨询工作 G. 其他

9. 您平时是否会经常关注网络舆情信息？（ ）

A. 经常 B. 偶尔 C. 不关注

10. 您对网上的哪类网络舆情信息最感兴趣？（ ）

A. 正面网络舆情信息 B. 负面网络舆情信息

C. 都感兴趣 D. 都不感兴趣

11. 您是否会让学生对热点网络舆情进行评述？（ ）

A. 经常 B. 偶尔，一般不会 C. 从来不会

12. 关于学生对热点网络舆情事件的评述您能否给予正确的分析及引导？（ ）

A. 能 B. 不能

13. 您认为学校是否重视校园网站的思想政治教育建设？（ ）

A. 重视 B. 不重视

14. 在网络舆情的影响下，您认为下列哪项符合学生的实际情况？

政治认同 A. 增强/增高 B. 减弱/减少 C. 无影响 （ ）

理性精神 A. 增强/增高 B. 减弱/减少 C. 无影响 （ ）

法律意识 A. 增强/增高 B. 减弱/减少 C. 无影响 （ ）

公共参与 A. 增强/增高 B. 减弱/减少 C. 无影响 （ ）

15.（可多选）在网络时代，您对学生的学习评价方式包括（ ）

A. 卷面分数（成绩） B. 平时作业 C. 课堂表现

D. 课后的线上线下互动 E. 课外实践活动 F. 线上平台分数

G. 其他

16. 学校是否有开展过舆情或网络舆情的相关教育活动？（选 A 跳至 17 题，选 B 跳至 18 题）（ ）

A. 有 B. 没有

17.（可多选）如果有，学校开展的舆情或网络舆情教育活动，主要包括（ ）

A. 举办网络舆情专题讲座 B. 指导学生绘制网络舆情宣传海报

C. 组建网络舆情社团 D. 组建网络舆情兴趣小组

E. 组织网络舆情社会调查　　F. 撰写网络舆情小论文

G. 其他

18.（可多选）如果没有，您建议学校开展以下哪些舆情或网络舆情教育活动？（　）

A. 举办网络舆情专题讲座　　B. 指导学生绘制网络舆情宣传海报

C. 组建网络舆情社团　　D. 组建网络舆情兴趣小组

E. 组织网络舆情社会调查　　F. 撰写网络舆情小论文

G. 其他

19.（可多选）您认为在网络舆情下高校思想政治教育存在的问题主要有（　）

A. 教学内容陈旧，缺乏较新网络舆情内容的支持

B. 教育方法传统，缺乏网络教育和实践教育

C. 教育目标片面，缺乏培养学科核心素养和信息媒介素养的教育

D. 教育评价形式单一，缺乏线上和线下的结合

E. 教育者网络舆情分析及引导能力的不足

F. 学生道德观念淡化，容易受社会大环境的影响

G. 校园网站和网络文化建设落后

H. 其他

20.（可多选）您认为要保障高校网络舆情的健康发展，需要哪些措施（　）

A. 加强网络舆情监管制度　　B. 建立完善的监管队伍

C. 加强学校的网站建设　　D. 加强学校的网络教育

E. 加强老师的队伍素质建设，加大提高教师媒介素养能力的培训

F. 培养学生的网络媒介素养，提高学生的责任意识

G. 其他

附录二　高考试题

与网络、网络舆情相关的政治高考试题汇总（2012—2018）

一、选择题汇总（2015—2018）

1.（2015 年天津高考题）互联网催生了网络语言，从某种角度上折射了时代的进步、社会的繁荣。“点赞”“蛮拼”“任性”等生动形象的网络语言进入了人们的日常生活，并登堂入室被主流媒体采用。这种现象反映了（　）

①网络语言丰富了汉语言文化

②网络语言提升了我国文化软实力

③网络语言的出现是社会进步的重要标志

④大众传媒在文化传播中发挥了重要作用

A. ①②　　B. ③④　　C. ①④　　D. ②③

2.（2015 年浙江高考题）游客李某骑坐红军战士雕像的照片在微信上晒出后，李某的亵渎行为受到广泛谴责，国家旅游局也将李某列入“全国游客不文明行为记录”。这表明（　）

①我国政府重视对旅游文化的管理

②公民提高自身的科学修养非常重要

③弘扬民族精神是我国的社会共识

④国家需要对商业性的大众传媒进行规范

A. ①②　　B. ③④　　C. ①③　　D. ②④

3.（2015 年江苏高考题）某科技公司凭借互联网思维、扁平灵活的管理架构

和独特的供应链能力，成为互联网时代的新宠，仅用 5 年时间跃升为世界第三大智能手机生产商。材料表明（　）

A. 互联网应用是企业发展的根本原因

B. 满足市场需求是企业成功的关键

C. 自主创新能促进企业竞争优势形成

D. 获取利润是企业经营的直接目的

4.（2015 年浙江高考题）“双十一购物狂欢节”那天，不少商家推出购 500 元商品返还 280 元购物券的活动，很多消费者为了获得购物券凑足购买 500 元商品。狂欢之后，一些消费者发现“凑单”购买的许多商品是自己不需要的。这些消费者的购买行为（　）

A. 是求异心理引发的，不值得提倡

B. 是攀比心理引发的，并不可取

C. 违背了理性消费原则

D. 违背了适度消费原则

5.（2016 年天津高考题）网络空间是亿万民众共同的精神家园，维护互联网的良好秩序是广大民众的共同心声。第十二届全国人大常委会第十五次会议初次审议了《中华人民共和国网络安全法（草案）》，而后该草案在中国人大网公布，向社会公众征求意见。这表明（　）

A. 依法治国与依法执政是统一的

B. 政府决策能够反映民意、集中民智

C. 社会主义民主具有广泛性和真实性

D. 公民通过社会公示制度参与民主监督

6.（2016 年天津高考题）2016 年新学期开始，浙江多所大学的学生社团共同发起了“蚂蚁助学计划”，发动大学生每月捐出 2 元钱，50 个大学生组成一个“蚁窝”，资助一个“蚂蚁宝宝”（贫困地区小学生）。三月份，他们已经用 875 位大学生的捐款，资助了安徽省 17 名“蚂蚁宝宝”。这些大学生的行为启示我们（　）

A. 价值观对人的成长有促进作用

B. 要在砥砺自我中走向成功

C. 满足他人需要是实现人生价值的前提

D. 人的价值在于对社会的责任和贡献

7.（2016年全国三卷）某省全面开展政府职权清单清理，推行权力清单制度。该省各级政府在组织相关职能部门开展职权审核的基础上，建立社会参与机制，拓宽公众参与渠道，对于社会反映强烈的权力事项，通过座谈会、论证会等方式充分征求意见，让公众参与权力清单的制订（　）

①是对公民政治参与权利的尊重

②是提高政府行政效能的重要举措

③是履行政府法定职责的必然要求

④利于凝聚社会共识，形成改革合力

A. ①③　　B. ①④　　C. ②③　　D. ②④

8.（2016年全国三卷）为了使政府部门与群众的沟通日常化，Q市开展了“网络在线问政”活动。2011年前9个月，共有19个政府部门组织了287次在线访谈，受理建议及咨询9 482件（次），网民在线参与43 657人次。Q市开展“网络在线问政”活动是（　）

①提升行政管理水平的要求

②提高政府决策效率的基础

③健全权力制约机制的关键

④增强政府工作透明度的举措

A. ①②　　B. ①④　　C. ②③　　D. ③④

9.（2016年江苏高考题）随着互联网金融的火热，大学生借助“校园网贷”进行消费的方式悄然走红。但一段时间以来，“校园网贷”引发的借贷纠纷甚至债务悲剧也不时见诸媒体。这警示我们（　）

A. 要反对追求与众不同、标新立异的消费

B. 要避免贷款消费

C. 要避免只重物质消费忽视精神消费倾向

D. 要做理性消费者

10.（2016年北京高考题）2016年中国在部分地区试点“一元券硬币化工程”，用一元硬币替代一元纸币；2015年丹麦公布了关于“无现金社会”的议案，计划用电子货币代替纸币；长期的恶性通货膨胀导致委内瑞拉货币面值极高，2008年该国政府发行新的货币，新币与旧币的兑换比例是1：1000。上述三个国家的方案和措施都（　）

①体现了国家拥有发行货币的权利

②改变了货币衡量的商品价格

③可以稳定物价，控制通货膨胀

④能方便交易行为，降低货币使用成本

A. ①③　　B. ①④　　C. ②③　　D. ②④

11. （2016年江苏高考题）0.015~0.04毫米，这是90后铣工张志坤在第43届世界技能大赛控铣项目中摘得金牌的精度，然而像张志坤这样的人还是凤毛麟角。今天，我们呼唤工匠精神，呼唤的不仅是一个个技艺超群的职业英雄，更是一群群爱岗敬业、创新创业的广大职工和基层群众。这是因为（　）

A. 社会历史首先是物质生产发展的历史

B. 劳动群众是我国人民群众的主体部分

C. 群众路线是无产阶级政党的领导方法

D. 人民群众是推动历史发展的决定力量

12. （2016年江苏高考题）与普通微信群不一样，“日行一善”微信群有个特别的群规，群友发出的红包不能抢。所有微信红包里的钱，都被用来帮助贫困人群，日行一善，积小善成大善，弘扬社会正能量。材料表明（　）

①价值观影响人们的行为选择

②事物的发展是从量变开始的

③人们的价值选择是因时而变的

④量变引起质变是事物发展的总趋势

A. ①②　　B. ①④　　C. ②③　　D. ③④

13. （2016年浙江高考题）2016年3月，“蒜你狠”“猪周期”卷土重来，本轮大蒜、猪肉价格上涨的原因可能是（　）

①此前相当部分种养殖户退出生产

②背后存在着炒作行为

③种养殖技术取得了重大突破

④随着收入水平提高居民对大蒜、猪肉的需求急剧增加

A. ①②　　B. ③④　　C. ①④　　D. ②③

14. （2016年江苏高考题）2015年，中国政府网发起“我为政府工作献一策”的网民建言征集活动，得到了广大网民的积极响应。据统计，李克强总理所

作的《政府工作报告》中有46处与网民建议高度契合。这一活动中网民的积极参与（　）

A. 体现公民政治素养的提高　　B. 体现了法律面前一律平等

C. 有利于政府科学民主决策　　D. 是通过社会公示制度参与民主决策

15.（2016年浙江高考题）2016年年初，国家网信办会同有关部门集中查处了一批传播淫秽色情、谣言、暴恐、赌博、诈骗等违法信息的网站，这一净网行动的哲学依据有（　）

①生产方式是人类社会存在和发展的基础

②不同性质的社会意识对社会发展起着不同的作用

③价值观影响人们的行为选择

④人的各种价值判断是在价值选择的基础上形成的

A. ①③　　B. ①④　　C. ②③　　D. ②④

16.（2017年江苏高考题）数字经济是随着信息技术发展而产生的一种新的经济形态，近年来呈蓬勃发展态势。据某研究机构测算，2015年中美日英等主要国家数字经济平均增速约为7.5%，显著高于当年全球GDP增速。材料表明，发展数字经济（　）

A. 有助于增强国有经济的控制力　　B. 可以为经济发展提供新的动力

C. 有利于完善我国收入分配制度　　D. 能提高我国在国际分工中地位

17.（2017年江苏高考题）近年来，随着网络技术和移动支付技术的发展，网络平台给消费者提供了良好的视频观感体验，网络电影市场规模呈现爆发式增长，企业纷纷增加投入。2016年，我国全网上线电影由2015年的700多部增加到2 500多部，企业也获得了丰厚回报。对这一经济现象解读正确的是（　）

A. 信息技术进步→消费方式改变→供求关系变化→企业效益增加

B. 消费需求增加→信息技术进步→市场规模扩大→产品供给增加

C. 信息技术进步→市场规模扩大→产品质量提升→企业效益增加

D. 消费需求增加→企业效益提高→技术进步加快→产品供给增加

18.（2017年江苏高考题）随着科技的进步尤其是“互联网+”的发展，出现了代驾、陪购师、网络主播等新兴职业。这些新兴职业在给社会带来效率或便利的同时，也面临着如何规范的问题，制定相关的法律法规刻不容缓。由此可见（　）

A. 实践具有客观物质性　　B. 实践具有直接现实性

C. 实践是认识的最终目的　　　　D. 实践是认识发展的动力

19.（2017 年江苏高考题）截至 2016 年 6 月，中国网民规模达 7.1 亿，互联网普及率达到 51.7%。习近平总书记指出，各级党政机关和领导干部要经常上网看看，潜潜水、聊聊天、发发声，了解群众所思所愿，收集好想法好建议，积极回应网民关切、解疑释惑。材料给我们的启示是（　）

①要坚持人民群众的主体地位　　②人民群众是社会物质财富的创造者

③要更好地保障人民群众的权益　　④人民群众是社会精神财富的创造者

A. ①②　　B. ①③　　C. ②④　　D. ③④

20.（2017 年海南高考题）互联网金融涉及众多领域，包括互联网支付、网络贷款、网络银行、互联网保险等，它正日益改变着我们的生活。互联网金融产生的积极影响有（　）

①规范投资者的交易行为　　②提升传统金融的安全性

③加快金融产品的流动性　　④提供更便捷的金融服务

A. ①②　　B. ②③　　C. ①④　　D. ③④

21.（2017 年北京高考题）"移动互联网+手机支付+自行车租赁"催生了共享单车这一崭新的行业，共享单车正成为经济生活的一抹亮色，小橙车、小黄车、小蓝车……彩虹般的色彩装点了街巷。共享单车改变了许多人的出行方式，与城市公交和地铁共同构成了绿色、便利的交通网络。关于共享单车，下列判断正确的有（　）

①在使用过程中，自行车与手机是互补品

②凭借信用分可以免押金租用，说明诚信能降低企业成本

③减轻了高峰期公交系统的压力，表明其对公交车、地铁有一定的替代作用

④其发展为自行车制造企业带来大量订单，这反映了产业链中上、下游企业的竞争关系

A. ①②　　B. ①③　　C. ②④　　D. ③④

22.（2018 年海南高考题）2014 年，中国提出建立澜沧江-湄公河对话合作机制的倡议。2018 年 1 月，澜沧江-湄公河合作第二次领导人会议在柬埔寨召开。澜湄合作就像新型火车头，把中国与湄公河五国之间的合作带入"高铁时代"。据此完成以下两题。

湄公河五国已成为中国的第五大贸易伙伴；中国是柬埔寨、缅甸、泰国、越

南第一大贸易伙伴，老挝的第二大贸易伙伴。2017 年，中国同五国贸易总额达2 200亿美元，对五国投资额增长 20% 以上，双边人员往来约3 000万人次。双边经贸迅速发展的主要原因在于（　）

A. 生产要素流动频繁　　B. 区域经济一体化

C. 双边优势互补　　D. 中国市场拉动

澜湄合作机制以政治安全、经济和可持续发展、社会人文为三大支柱，以互联互通、产能、跨境经济、水资源、农业和减贫为优先合作方向，并随着合作的不断深入积极拓展新的合作领域。该机制的建立（　）

①开创了区域内国家合作共赢的新局面

②是区域内国家实现全面合作的政治保障

③是推进区域内政治一体化进程的重要内容

④是中国致力于构建人类命运共同体的体现

A. ①②　　B. ①④　　C. ②③　　D. ③④

23. （2018 年海南高考题）中国裁判文书网是目前全球最有影响的裁判文书网之一。截至 2018 年 3 月，公开裁判文书超过4 318万份，访问量突破 138 亿人次。中国裁判文书网的运行（　）

①提高了司法公信力，维护了司法权威

②使公民得以参与司法审判，推进了司法民主

③促进了对司法权的约束，有利于防治司法腐败

④完善了司法监督体制，是法制建设的重要成就

A. ①②　　B. ①③　　C. ②④　　D. ③④

24. （2018 年海南高考题）2016 年 2 月，国务院移动客户端正式上线。通过客户端人们发现：大量的公文和数据变成了明快易读的图表说明；“政策红包你抢到了吗”“这些新规将影响你我的生活”——这样的政策信息更接地气；“我向总理说句话”起到了汇民意、聚民智的作用。据此完成以下两题。

国务院移动客户端上线得到网民的热议和好评，从中得到的启示有（　）

①实践只要符合群众愿望，就能获得成功

②通过网络听取群众意见，才能作出正确决策

③符合社会发展规律的实践，就会得到人民群众支持

④与时俱进地贯彻群众路线，才能更好地维护群众利益

A. ①②　　B. ①④　　C. ②③　　D. ③④

在该平台上，政府采用接地气的话语方式，制作亲民的领导人卡通形象，取得了很好效果。这一做法体现的文化生活道理是（　）

①文化传播方式对文化传播效果有重要影响

②文化内容的大众化决定了政府决策的科学性

③文化传播方式创新引导政治文明的发展创新

④满足人民群众的需要是文化创新的根本目的

A. ①②　　B. ①④　　C. ②③　　D. ③④

25.（2018年海南高考题）国家主席习近平在第七十届联合国大会的讲话中强调，和平、发展、公平、正义、民主、自由是全人类的共同价值，也是联合国的崇高目标。我们要继承和弘扬联合国宪章的宗旨和原则，构建以合作共赢为核心的新型国际关系，打造人类命运共同体。打造人类命运共同体（　）

①意味着世界文化多样性的减少与弱化

②彰显了世界各国核心价值观的共同本质

③是维护和发展人类共同价值的内在要求

④有利于各国文化在交流互鉴中共同发展

A. ①②　　B. ①④　　C. ②③　　D. ③④

26.（2018年江苏高考题）近年来，基于信任的移动互联社交方式迅速崛起，人们很容易因传播者的亲友身份而轻信其转发的内容，以致有些似是而非的“科学流言”广泛传播。材料启示我们，必须（　）

A. 坚决抵制腐朽文化　　B. 提高思想道德修养

C. 加强科学文化修养　　D. 深化文化体制改革

27.（2018年江苏高考题）随着互联网技术的广泛普及，各类新型地图产品层出不穷，从事地图服务的单位也由传统的地图出版社向一般出版社、导航电子地图服务提供商、互联网企业等延伸，迫切需要对相关法律法规加以修订。材料告诉我们（　）

A. 实践具有客观物质性　　B. 实践是认识发展的动力

C. 实践可以变观念为现实　　D. 实践是认识的最终目的

二、材料分析题汇总（2012—2018）

2012 年海南卷高考题

25.（18 分）阅读材料，完成下列问题。

一些地方抓住文化产业发展机遇，发掘自身独特的历史文化资源，通过市场运作成功地打造旅游文化品牌，如山西打造的晋商文化品牌名噪一时，浙江宁海创办的“开游节”巧用徐霞客游记，吸引了越来越多的徒步旅行者参与，呼和浩特举办的“昭君文化节”因高扬民族团结文化而备受游人青睐。

随着文化市场不断发展，历史名人、“名人故里”之争日益激烈，一些地方无视历史事实凭空臆造“历史人物”搞旅游开发，把文学作品中虚构的人物作为“文化名人”来开发，甚至利用文学作品中的负面人物形象举办主题文化活动。但是，这些盲目搞文化旅游的做法，并没有得到消费者和市场的认可。

（1）结合材料，运用文化生活知识分析为什么会出现各地竞相争夺历史名人、“名人故里”的现象。（6 分）

（2）材料表明，利用历史文化资源发展旅游文化产业，有的成功有的失败。运用发挥主观能动性与尊重客观规律性相结合的观点对此加以说明。（8 分）

（3）从弘扬优秀中华文化的角度，就利用历史文化资源发展旅游文化产业提出两条建议。（4 分）

29.（8 分）【公民道德与伦理常识】阅读材料，完成下列问题。

为挽救一位白血病患者的生命，一位高三学生于 2012 年 4 月专程来到北京捐献造血干细胞。“功课落下可以补，生命只有一次”，他先救人、再补课的事迹深深地感动了人们，网友亲切称他为最美中学生，称赞他在道德的高考中得了满分。

结合材料，运用公民道德与伦理知识说明道德榜样为什么具有巨大力量。

2013 年全国一卷高考题

39.（26 分）阅读材料，完成下列要求。

2012 年 6 月，商务印书馆出版了《现代汉语词典》（第 6 版），词典的正文收录了 NBA、BBS、GDP、UF0 等 239 个西文亭母开头的词语. 此举引起了广泛的争论. 有的人反对，有的人支持。

反对《现代汉语词典》收录西文字母词的人认为：

“拉丁字母出现在方块汉字中，很是惹眼，看上去就是一个异类，是对汉语的污染。”

“我想会不会过几十年，汉语成了汉英混杂的话吉。”

“文化有安全的问题，再国际化，也不能把自己的文字搞乱。”

支持《现代汉语词典》收录西文字字母词的人认为：

“在对外开放条件下，字母词的产生有其必然性，应善待字母词的使用，而非简单的拒斥。”“选录字母词只是对当下语言现实的承认，体现了语言使用的从简趋势，适应了社会生活变化的需要。”

（1）你是赞成还是反对《现代汉语词典》收录西文字母词？请用文化生活有关知识阐明理由。（10分）

（2）《现代汉语词典》收录西文字母词引起的争论深化了人们的认识。结合材料，运用认识论知识，说明“争论有利于认识的发展”。（12分）

（3）真理面前人人平等。假如你是争论的一方，在争论中应该怎样坚持这一原则？（4分）

2014年全国二卷高考题

38.（26分）阅读材料，完成下列要求。

在信息技术快速发现的今天，不断出现的新产品和新服务正在改变着我们的生活，与此同时，侵害公民个人信息的事件和犯罪行为频发，个人信息安全问题日益凸显。

材料一：信息消费是指一种直接或间接以信息产品（如计算机、手机、智能电视机等）和信息服务（如电话、短信、微博、有线电视等）为消费对象的消费活动。

近年来，信息消费日益成为消费热点。2012年，我国已是全球最大的通信和互联网用户市场。网民数量高达5.64亿。2013年，我国信息消费总额为2.2万亿，较2012年（下称“同比”）增长28%，同期，全国智能手机销售4.23亿部，同比增长99%，约占国内手机市场的70%；智能电视机销售2 113万台，同比增长31%，约占国内电视机市场的40%。2012年，全国电话业务量同比下降5%，短信量下降20%，彩信量下降25%。与此形成对比的是，QQ、微博、微信的注册用户数和相应的移动互联网业务数据流量则大幅增长。

材料二：2009 年，我国将公民个人信息纳入刑法保护。2012 年，全国人大常委会表决通过关于加强网络信息保护的决定。2012 年上半年，20 个省、自治区、直辖市公安机关抓获侵害公民个人信息的犯罪嫌疑人1 700余名。2013 年，工业和信息化部联合其他部门制定的个人信息保护国家标准正式实施。该标准规定，个人信息管理者在处理个人信息时要遵循安全保障等原则，在收集身份证号码、手机号码和指纹等个人敏感信息之前，要得到个人信息主体的明确授权。

（1）结合材料一和所学经济知识，概括我国当前信息消费的特点并分析发展信息消费的积极作用。（14 分）

（2）结合材料二，运用政治生活知识，阐明为什么要对公民个人信息进行保护，并分别说明人民代表大会和政府应怎样保护公民个人信息。（12 分）

2015 年天津卷高考题

13. 阅读材料，回答问题（10 分）

我国 1994 年正式接入互联网，目前在用户规模，网上信息资源利用等方面已经位居世界前列。迅猛发展的网络信息传播渠道和网络新媒体平台，以及将世界各国联系在一起的国际互联网体系，对社会各领域产生着日益深远的重大影响。2015 年 3 月，“互联网+”一词被政府工作报告使用后，国内正在不断衍生出“互联网+医疗”“互联网+安全”等热点话题。

如果“互联网+政治生活”，将对我国政府的工作产生哪些积极影响？

2015 年海南卷高考题

24.（18 分）阅读材料，完成下列问题。

信息技术的快速发展推动“大数据时代”的到来，大数据具有数据体量大、类型多、处理快、价值高等特征。人们借助互联网、云计算等先进技术手段，多视角、全方位挖掘数据，梳理、分析相关信息，为生产生活服务。

大数据正在成为政府改革和转型的技术支撑，甲市民政局用大数据核对 17.4 万保障房申请户的户籍人口、住房等海量信息，很快检出 1.7 万不符合条件的申请户。乙市整合卫星、气象、交通、市政等方面的信息数据，合理调配公安、消防、城管等方面的力量，协同应对一场百年未遇的台风和暴雨，避免了生命财产的巨大损失。

（1）结合材料和所学政治知识，分析大数据对提高政府公共服务能力的作用。(10分)

（2）大数据促进了认识的发展，运用创新推动思维发展的哲学知识加以说明。(8分)

2015年北京卷高考题

38.（36分）“众”最初的字形是人们在太阳下共同劳作，在互联网时代，人们的共同劳作有了更多的可能。

材料一　某生物学教授将研究课题开发成一款用氨基酸组装蛋白的游戏，向全球的游戏玩家开放，一个困扰了研究者15年之久的蛋白结构，仅仅10天后就被破解；各领域的专业人士和业余爱好者在百科全书式网站参与贡献内容、修订词条，共同创造和分享海量的知识；百万名网友参与“让爱回家”行动，筹得230个红包和50多张回乡机票，帮助近300个家庭羊年春节团圆……

（1）在互联网时代，“我们通过连接把自己变成了一种新的更强大的物种”。你是否赞同这一观点？并用所学的哲学原理说明理由。(10分)

材料二　借助“众”的力量，互联网时代的商业模式不断创新。北京某校高中生发明了一种可以快速查找物品、有效利用空间的新型智能储物柜，在国际“创客”大赛中获得了大奖，同学们就如何利用互联网将这一科技成果转变成产品，推向市场，提出了如下建议：

☆在社交网络平台上发布这一科技成果信息，寻找1 000位联合投资者，为智能储物柜的生产筹集资金。

☆建立论坛，收集来自热心网友和专业人士关于智能储物柜外观设计的个性化方案，并由论坛用户“评头论足”，将点“赞”最多的5个设计方案作为备选方案。

☆接受网络预订，根据网络预订单的数量决定哪种设计方案投入批量生产。

（2）运用《经济生活》相关知识，分析同学们建议的合理性，并提出一条补充建议。（14分）

材料三　互联网时代，“众”的力量在社会公共领域发挥着日益重要的作用。互联网给公民参与提供了广阔的平台，也给政府治理模式的创新带来了新的机遇。公民通过社交网络为交管部门提供道路拥堵信息；民间环保组织依据政府公开的环境数据绘制“污染地图”，帮助政府监管污染企业；市政府通过门户网站向市民征集建议；城管部门请商户和市民通过网络平台为执法人员的工作打分，公民与政府在越来越多的社会公共领域中形成合力。

（3）结合材料，运用《政治生活》相关知识，以“互联网时代的公民与政府”为题，写一篇短评。（12分）要求：观点明确，逻辑清晰，论述合理，200字左右。

2016年浙江卷高考题

利用外媒是讲好中国故事，传播中国文化，塑造国家形象的一种新的有效方式。当国际上有人“唱衰中国”“抹黑中国”时，英国BBC2电视频道却于猴年春节播出了中英联合摄制的纪录片《中国春节：全球最大的盛会》，引发收视热潮，进一步激发了国际社会探求中国、理解中国的兴趣。该片通过独特的叙事方式、结构处理，将春节的个人记忆与集体表达有机结合，增强了视觉效果、亲近性与趣味性，表现了中国人“归根”的家国观和团圆喜庆的文化精神，成为继《超级中国》《鸟瞰中国》《美丽中国》等纪录片之后又一个“借船出海”的成功事例。

（1）从文化创新和文化自信的角度，简述这一“借船出海”讲好中国故事的成功事例对我们的启示。（12分）

（2）结合材料，运用对立面相互转化的原理，说明讲好中国故事的必要性和重要性。（10分）

2016年江苏卷高考题

探究题：本题18分。结合背景材料进行探究，能够发现问题、提出问题，并综合运用有关知识分析问题，创造性地提出解决问题的方案、策略等。

37. 机器人既是先进制造业的关键支撑装备，也是改善人类生活方式的重要切入点。机器人技术的发展在一定程度上代表了一个国家的技术实力，世界上许多国家纷纷将机器人产业作为战略性产业进行重点部署。从2009年开始，机器人产业进入了快速发展期，国内外从事机器人研发和生产企业数量呈爆发式增长。

近年来机器人智能化程度不断提高。2016年3月，“阿尔法围棋”战胜韩国围棋名将，再次引起人们对智能机器人的高度关注，也进一步加剧了人们对其发展可能带来的风险的担忧。如果智能机器人全面超越人类智能，人类最终面对的是友好的合作伙伴还是企图控制人类的对手？如果智能机器人被滥用，对人类带来的潜在危险又会怎样？

结合上述材料，探究回答下列问题：

（1）运用《政治生活》知识，分析许多国家为何将机器人作为战略性产业来部署。(6分)

（2）某企业如果准备投资机器人项目，在确定投资前应做哪些必要的调研工作？(6分)

（3）某班同学就“智能机器人的发展给人类带来的风险是否可控”展开辩论，如果你作为辩论的一方，请陈述你的观点和理由。(6分)

2016年海南卷高考题

25. 阅读材料，完成下列问题。(18分)

这是一个快速变化的时代：经济社会迅速发展，科学技术日新月异，信息更新速度越来越快……时代发展要求人们不断更新知识。党的十八届三中全会要求深化教育改革，拓宽终身学习通道。十二届全国人大四次会议通过的《国民经济和社会发展第十三个五年规划纲要》提出，建立个人学习账号，畅通继续教育、终身学习通道。

某市在智慧市建设中，依托先进的信息采集、处理、储存、传输技术，开发智慧学习平台。智慧学习平台拥有强大的信息资源中心，融合不同学科知识、提供各类学习资源。每个市民都可以在智慧学习平台上用有记录终身学习过程的学习账户，根据自己的特点和需求，制订个性化学习计划，运用搜索引擎等工具搜索跨学科领域知识资源，进行探索性学习。

（1）运用实践与认识关系的知识说明为什么要大力推进终身学习。(10分)

（2）运用科学技术推动文化发展的知识说明建立“智慧学习平台”的文化意义。（8分）

2016年全国卷三高考题

38. 阅读材料，完成下列要求。（26分）

“互联网+”代表这样一种新的经济形态，即通过互联网的深度广泛应用实现产业发展。

材料一

2014年2月，以习近平为组长的中央网络安全和信息化领导小组宣告成立。

2016年3月，十二届全国人大四次会议通过的我国《十三五规划纲要》提出，实施“互联网+”计划，促进互联网深度广泛应用，形成网络化、智能化、服务化、协同化的产业发展新形态。

国家发改委提请全国人大审议的报告提出，推进“互联网+”行动，实施大数据开放创新工程，建设高速、移动、安全、泛在的新一代信息基础设施，深入实施信息惠民工程，完善电信普遍服务机制。

材料二

随着我国城市的发展，“停车难、停车贵”的问题日益突出。据统计，北京、上海、广州、深圳四大城市停车位的平均缺口率达76.3%，同时停车场泊位平均空置率高达44.6%。某地运用互联网技术、大数据和云计算，整合线下停车资源，建成智慧停车系统，将车牌号与车主手机捆绑，提供周边车位查询→抬杠放行→导航定位→停车缴费的全程智能解决方案。

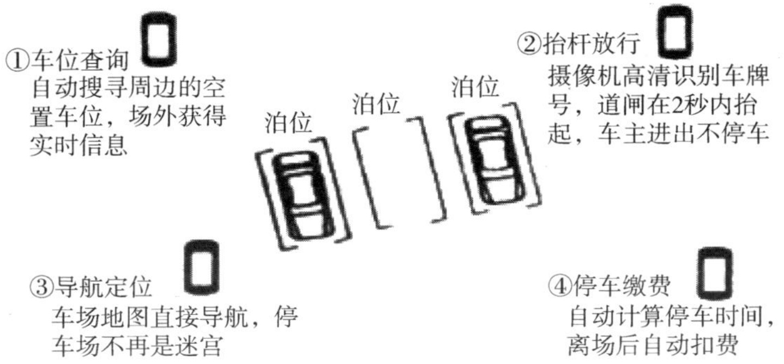

（1）运用政治生活知识，说明国家应如何为“互联网+”行动计划的实施提供支持和保障。(12 分)

（2）结合材料二和所学经济知识，分析“互联网+停车”智慧系统的应用所能带来的经济效益和社会效益。(14 分)

2016 年全国 1 卷高考题

39. 阅读材料，完成下列要求。(26 分)

一个有希望的民族不能没有英雄，一个有前途的国家不能没有先锋。中华民族英雄是中华民族的脊梁。

近年来，有的人打着“还原历史真相”的旗号颠覆英雄、歪曲历史、消解崇高。如胡诌“黄继光堵枪眼不合情理”“‘火烧邱少云’违背生理学”“董存瑞炸碉堡为虚构”等。凡此种种混淆是非的谣言借助网络等传媒随意传播，一些网民盲目跟风、随手转发。这种抹黑英雄形象的谣传引起了一些人历史认知混乱和价值观迷失。

还原历史、守护英雄、捍卫崇高，就是守护良知、正义和精神家园。战场上多次负伤的志愿军老战士李继德动情地说：“黄继光堵枪眼时，我在现场!”当年的老排长郭安民挺身直言，燃烧弹点燃伪装草，“大火整整烧了二十多分钟，邱少云始终一动不动”。董存瑞的生前战友郅顺义多次口述力证，董存瑞舍身炸碉堡，就在他的掩护之下……

（1）结合材料，运用价值观的知识，对否认英雄的错误言论加以批驳。(12 分)

（2）结合材料和文化生活知识，探究如何守护英雄、弘扬中华民族精神。(10 分)

（3）班级召开“我为英雄点个赞”主题班会，请就如何学习英雄列出发言要点。(两条，每条 10~30 个字)（4 分)

2017 年江苏卷高考题

36. 选做题（本题包括 A、B 两小题，请选定其中一小题，并在相应的答题区域内作答。若多做，则按 A 小题评分。)

A. 经济学常识

一些国家曾秉承李嘉图的比较成本学说，集中发展具有比较优势的农业、矿业等以换取工业品；但发展的结果却是产业结构单一、对外依附加深、国际经济地位低下，并未享受到自由贸易带来的好处。第二次世界大战后发达国家的农业虽没有比较优势，但政府仍大力支持其发展。新技术革命的成果被大量应用于农业领域，例如高科技对以色列农业增长的贡献率超过90%。发达国家通过发展农业不仅确保了自身粮食安全，而且在国际农产品市场占据重要地位。阅读上述材料，回答下列问题：

（1）简述李嘉图的比较成本学说的局限性。（6分）

（2）上述材料中各国做法对我国发展农业有何借鉴？（6分）

B. 国家和国际组织常识

跨太平洋伙伴关系协定（TPP）也被称作“经济北约”，旨在促进亚太地区的贸易自由化。2008年，美国高调加入谈判并主导其进程，2016年2月，美国等十二国正式签署协议。然而，特朗普和部分美国人认为TPP“存在很多缺陷，让美国失去了数百万个制造业工作”。2017年1月，特朗普总统签署上任后首份行政命令，正式宣布美国退出TPP。

2016年6月23日，英国公投决定“脱欧”。2017年3月16日，英国女王伊丽莎白二世签署“脱欧”法案，授权首相特蕾莎·梅正式启动“脱欧”程序。

结合材料，回答下列问题：

（1）简要说明特朗普有权决定美国退出TPP的理由。同样是国家元首，英国女王权力的行使有何特点？（6分）

（2）为促进国际组织发挥积极作用，各成员国应有怎样的作为？（6分）

三、探究题：本题18分。结合背景材料进行探究，能够发现问题、提出问题，并综合运用有关知识分析问题，创造性地提出解决问题的方案、策略等。

37. 社区是我们共同生活的家园。传统社区是一种“熟人社会”，人与人之间的关系以血缘、地缘、感情为纽带，身边都是亲人、熟人，人情交往密切。随着社会变迁和生活节奏加快，社区已近乎一个“陌生人社会”，个人权利得到更多尊重的同时，人与人之间的界限也越来越分明，居民之间缺乏必要的互助和互动，甚至出现“对门不相识”的状况。

如今，随着信息技术的发展，共享已逐渐成为时代潮流，这为建设新型“熟人社区”提供了新思路。社区通过建设“云平台”，公示政府公共服务政策、社区业务办理流程、活动通知等，实现信息共享。此外，还在“云平台”上专设“邻里互助”“邻里商圈”等专栏，使玩具、图书等闲置物品顺利置换，实现物品共享；私人厨房、书房、车位临时出借，实现空间共享。基层党组织、居委会还通过“云平台”与居民加强互动交流，实现共同治理……共享、共治使得“邻里之间不再陌生”成为可能。

结合上述材料，探究回答下列问题：

（1）从经济、文化角度看，“共享”会给社区带来哪些改变？（6分）

（2）运用《政治生活》知识，谈谈社区“共治”需要各方作出哪些努力。（6分）

（3）展望共享社区的未来，有人说，“共享是一种向传统的回归”。请运用一个最恰当的哲学道理评析上述观点。（6分）

要求：①观点明确，紧扣主题，理由充分，合乎逻辑。②学科术语使用规范，字数250字左右。

2017年北京卷高考题

38.（34分）践行“创新、协调、绿色、开放、共享”的新发展理念，谋划首都未来可持续发展的新蓝图。

材料一　2017年5月17日，中共北京市委十一届十四次全会召开，一致同意将《北京城市总体规划（2016—2030年）（送审稿）》（以下简称《总体规划》）按程序上报党中央、国务院审定。在《总体规划》编制过程中，市委市政府共开展了38项重点专题研究，召开了40余次专家研讨会，并通过网络留言、邮件、信件、现场留言等方式征集公众意见，共吸纳了5 200余条意见建议。下面是部分市民的留言：

春光灿烂：今天参观了规划展览，心情很激动，相信北京会越来越好！

我爱北京：我设计了一款手机软件，请大家标出你家附近的积水情况，上传给政府网站，可以为政府提供参考信息，共建规划中的“海绵城市”。

清风送爽：规划里还有个“城市体检”，你这款软件还可以用来监督市政排水设施维护状况。

见贤思齐：规划里也提到了绿色出行，我关心政府未来有什么具体措施。

五月和弦：社区服务、留白增绿、历史文化名城保护……规划中涉及这么多市民关心的问题，方方面面都要考虑到，还要加以解决，真心不容易，大家群策群力吧！

南城笑笑：要是我们的建议能得到政府的及时反馈，就更好了！

（1）某高中生根据上述材料，拟撰写一篇论文。请运用《政治生活》相关知识，帮他完成论文提纲及要点。

城市规划过程中的公民参与政府回应

一、城市规划过程中公民参与的主要特点（2分）

1. 公民参与意识日益增强

2. ______①______

二、城市规划过程中政府对公民参与的回应（5分）

1. 回应的主要形式：政府对公民意见建议的吸纳、反馈

2. 回应的意义：__________②__________

三、政府多措并举，解决公民关心的问题（5分）

1. 问题：______③______（要求：在市民留言中，选取一个与城市规划相关的问题）

2. 措施：__________④__________（要求：针对选取的问题作答）

2017年海南卷高考题

27.【选修3 国家和国际组织常识】阅读材料，完成下列问题8分。

2016年6月经过全民公投，英国做出了脱离欧盟的选择。随后，英国首相表示政府将启动脱欧程序，在2017年3月底前正式知会欧盟开始脱欧谈判。英国议会发表声明脱欧进程的主导权在议会而非政府。政府要正式启动脱欧谈判，必须征得议会同意。对议会与政府的争议，最高法院裁定政府在正式启动脱欧程序前需取得议会同意。

结合有关脱欧进程主导权的争议，说明英国政府与议会的关系。

2018年海南卷高考题

24. 阅读材料，完成下列问题。（20分）

海南省因改革开放而生，也因改革开放而兴。1988年，党中央着眼于我国改革开放和社会主义现代化建设全局，批准海南建省办经济特区。2018年，中共中央、国务院出台《关于支持海南全面深化改革开放的指导意见》，对推动海南深化改革做出全面部署，提出了建设现代化经济体系的目标，强调要坚持把实体经济作为发展经济的着力点，紧紧围绕提高供给体系质量，支持海南传统产业优化

升级，加快发展现代服务业，培育新动能。30 年来，海南省切实履行党中央、国务院赋予的历史使命，大胆创新、奋勇拼搏，推动经济社会发展取得重大成就，把海南岛发展成为我国改革开放的重要窗口。

（1）结合材料并运用意识能动性原理，说明海南改革开放取得重大成就的原因。(8 分)

（2）结合材料和所学经济知识，列举一个海南的传统产业，分析其依托的优势，并就如何抓住新的历史机遇促进其优化升级提出建议。(12 分)

附录三　理论研究

网络舆情与高校思想政治教育的三角合力构建

摘　要：大学生作为新时代的主力网民，应学会利用网络这支“麦克风”实现理性发声。文章通过网络舆情与高校思想政治教育的结合，探求学校、教师、学生合力共建的“网络舆情工作室、网络舆情兴趣小组、网络舆情社团”三位一体的高校网络舆情应对系统，创新性形成高校思想政治教育的三角合力。

关键词：网络舆情；高校思想政治教育；三角合力

随着信息技术和网络应用的发展普及，人类进入了一个全新的新媒体时代和大数据时代，而网络也重塑着大学生的学习和生活方式。大学生作为新生代网民和“草根记者”，他们可通过网络这支“麦克风”实现自由发声，展示其话语权，成为一支信息源的发布群体。而处于社会转型期的中国，贫富分化、教育不公、环境污染、腐败问题等社会矛盾越发激烈。马克思曾说，问题就是时代的口号，是它表现自己精神状态的最实际的呼声[1]。网络舆情作为影响学生学习和成长的重要因素，高校的思想政治教育者应深度把握时代和问题的关系，深入研究网络舆情与思想政治教育的关系，充分利用网络舆情，创新性地形成“学校、教师、学生”的三角合力，真正实现高校的“立德树人”，回应时代问题的内在要求。

大学生作为新生代网民，更愿意通过网络表达自己的观点、态度和看法，充分展示自己的个性。但任何事物都有双面性，正如有学者所说，人类的任何一种重大的科学发现和创造都无异于从神的天庭上窃得圣火。一方面会给自己带来光明，另一方面也会因此葬身火海[2]。当前是网络信息急剧爆炸的信息时代，网络舆情信息种类繁多，信息质量参差不齐，真假难辨，在网络虚拟空间的信息交流也呈现出去中心化的混杂性。大学生处于三观和人格形成的关键期和断乳期，其思想成熟的速度往往落后于年龄增长的速度，缺乏网络舆情信息辨别能力，容易受到负面舆情信息的不良影响，进而引发生理、心理问题，产生网络行为失范行为，导致大学生道德弱化、价值观混乱、网络犯罪等社会问题的出现。因此，高校思想政治教育工作者应充分关注和重视网络舆情对学生的影响，注重培养学生的信息素养和媒介素养，既要让学生懂得利用网络加强学习，也要懂得利用多样化的互联网传播媒介，初步形成积极的媒介批评能力，提升自身的理性精神和法治意识，用一份正确的网络素养和一种理性的态度参与社会公共生活。为了更好地实现高校思想政治教育的教育实效，笔者试图从学校层面、教师层面和学生层面构建“三位一体的高校网络舆情应对系统”，回应时代呼声，解决时代问题。

一、学校层面：多管齐下培养学生的媒介素养和学科核心素养

（一）设置嵌入式媒介课程，培养学生媒介素养

截至2018年6月30日，中国互联网用户为8.02亿，手机上网用户达7.88亿[3]。大学生作为一群浸润在电脑、手机、视频、游戏等屏幕世界长大起来的“数字原生代”①，如何避免出现“手机在手，世界尽握；手机离手，心神尽失”的不良现象，让网络舆情成为提升学生“政治认同、理性精神、法治意识和公共参与”四个政治学科核心素养的筹码，学校应适时设置嵌入式媒介课程。很多国家也逐渐意识到学生媒介素养培养的重要性，并独立设置了信息素养这一门课程。如英国通过开设进阶式媒介研究课程，让其成为国定课程的核心之一，并让学生自愿参加媒介研究学科中的证书考试，媒介素养教育涵盖小学至大学的全过程；加拿大通过完善媒介素养教育课程体系和规定媒介素养为必修课，针对不同年级学生开设不同的媒介素养课程；美国通过成立专门的媒介素养教育机构，定期针对学生的媒介素养教育开展工作会议，为学生的媒介素养教育设置专项课程

① 数字原生代：大约出生于1980年到2000年在数字科技背景下孕育成长的一群新时代的公民，这一代人是在数字化科技的熏陶下生活成长起来的，也因此形成了与模拟技术背景下成长的一代人完全不同的世界观，以不同的眼光来看待世界和处理问题，这一代人正在改变市场以及工业发展的模式，渐渐成为世界的主流，改变着世界。

或正规课程，充分发挥教师的推广作用。考虑到我国高校课程设置的有限性，把“媒介信息素养”设置为一门公共基础课显得不太现实。在这种课时有限的情况下，高校思想政治教育工作者以及其他教师应承担起学生媒介素养的培育任务，把网络舆情的分析和引导嵌入到课程中，加快推进由“思政课程”走向“课程思政”的教育改革，让媒介素养的培养走进所有课程，改善当前教学系统封闭、网络教育不完善、忽视青少年需求等问题和盲点，使高校思想政治教育随着网络舆情的引入与时俱进、与世俱进、与时俱进[4]，实现高校“立德树人”的作用和“课程思政”的改革。

（二）与传媒业等社会团体开展合作，建设实践基地

要创新网络舆情下的高校思想政治教育新形式，学校可加强与报业、传媒业等社会团体的合作，开发网络校本课程，建设实践课程基地。如美国的 NIE 工程（Newspaper In Education），通过报纸紧密结合学校教育，举办讲座，创办刊物，专门报道学生感兴趣的内容，提供图文并茂的知识，并鼓励教师们在课堂上引入报纸教学，培养学生的学习兴趣[5]。首先，当前中国大学生看报的并不多，但高校可借鉴美国 NIE 工程的成功经验，与一些传媒业或新媒体等团体开展合作，在电脑网页端和手机微信端共同开放配套的网络舆情课程，实现线上网络第三课堂和线下教室第一课堂的有机结合。其次，电脑网页端或手机微信端以热点网络舆情等社会新闻发布话题讨论、设置专栏，供学生阅览；教师则选用合作方提供的网络舆情新闻事件作为思想政治教育的鲜活素材，力求在学校、传媒业和教师的通力合作中为学生打造一本紧跟新时代的鲜活教科书。最后，学校和教师每学期可定点组织学生参观报社、传媒工作室等，开展讲座、论坛等交流会，在社会合作团体和学校的共同努力下渗透媒介素养教育，实现实践第二课堂的作用。为了更好地发挥第二课堂的作用，学校还可与当地宣传部、公安局等单位基于网络舆情下的高校思想政治教育建立社会实践基地，不定期地组织学生到现场进行参观，寒暑假还可选派优秀且对网络舆情事件处理有兴趣的学生到实践基地进行为期一周或一个月的实习，通过学校的理论学习和社会实践体验，引导学生深入思考热点网络舆情反射出的社会问题，寻找背后的问题实质，学会在辩证的分析和判断中形成符合社会主流的正确观点，而不被迷惑在网络舆情信息的负面现象中，做到不盲从、不轻信、不偏激，努力培养自身的媒介素养和马克思主义理论素养。

（三）组建网络舆情兴趣小组，成立网络舆情工作室

网络舆情的问题既然已无法回避，就应面对现实。网络舆情下的高校思想政治教育是否成功在于学生是否能对各种网络舆情信息形成正确认识和价值选择。因此，学校应主动在网络舆情教育模块为学生建立网络舆情教育的“前哨阵地”，发挥其价值指引、意识教育、人格塑造、传道解惑等作用。为了更好地发挥“前哨阵地”的作用，学校可带头组建网络舆情兴趣小组，成立“教师网络舆情工作室”。其一，网络舆情工作室要第一时间收集汇总近期发展的各类热点网络舆情，并定期开展网络舆情和网络文化的研讨，为学生设置网络舆情教育专题，开展网络舆情专题教育活动，申报网络舆情相关课题，撰写网络舆情相关论文，并为学校的网络思想政治教育提供素材和研究成果。其二，在学校发生网络舆情事件时，应主动做好舆情上报、舆情分析、舆情应对、舆情研判等工作，培养学校的网络意见领袖，充分发挥网络舆情工作室的价值。其三，为了保障网络舆情工作室真正发挥实效，学校还应加大成本对教师进行培训。通过培训强化教师的舆情敏感性与辨别力，增强舆情意识，提高积极应对网络舆情的能力[6]。所以，教师网络舆情工作室的成立可更好地创建高校思想政治教育的创新路径，在网络舆情事件的研析中和学生构建和谐的对话环境，培养学生的批判性思维和主体性意识，让学生在网络舆情事件中学会正确发声，肩负起新时代大学生的使命和担当。

二、教师层面：融会贯通网络舆情教育，塑造活动型学科课堂

（一）成立学生网络舆情兴趣小组，每周一次网络舆情 TOP10 播报

教师在班级成立学生网络舆情兴趣小组，通过每周一次的网络舆情 TOP10 播报等活动，培养学生对网络舆情的敏感性和客观性，塑造他们辩证看待问题的能力，激励他们参与课堂的兴趣和愿望。著名未来学家阿尔温·托夫勒曾说，谁掌握了信息，谁控制了网络，谁就拥有了整个世界[7]，这也是让学生进行网络舆情播报的意义所在。在播报中，教师应先提升自身的网络舆情分析及引导能力，不回避不逃避负面网络舆情，不封杀不限制学生的自由发声，在网络舆情的开放性讨论中，尊重每一位学生的观点和分享，在师生间的真诚平等对话中教会学生正确发声，形成教师和学生网民之间的良性互动。

每周一次的网络舆情 TOP10 播报可如此展开（见图 1）：①教师做好学生动员，带领学生成立网络舆情兴趣小组，并选好小组组长，抽签确定播报顺序。②播报小组提前一周精选好最近一周或一个月的热点网络舆情，结合已学知识点在课前做好多媒体资料（如：PPT、Flash 动画、视频、图片等），并在播报的前一天把展示资料交给教师审核，教师提前对学生的播报事件进行熟知，以在课堂实现更全面的点评和引导。③播报小组选派代表充当播报记者，播报记者利用课前的五分钟对 TOP10 热点网络舆情事件进行播报，并在播报中设置问题，介绍自己小组对事件的看法、观点，解读事件背后的实质。④教师组织其他学生对该播报小组进行发问。在这个环节，其他学生充当着记者的角色，目的在于让学生学会如何在公共场合正确提问和科学发声。在学生发问的过程中，提倡学生各抒己见，鼓励各种意见的碰撞，让学生在头脑风暴中自己得出结论。⑤教师对小组播报的 TOP10 网络舆情事件进行引导，并对学生的发问和讨论进行点评，引导学生在问题导向中对该小组精选的网络舆情素材进行辩证分析，增强思想政治教育的趣味性和生活性，进而实现学生媒介素养和学科核心素养的培养。

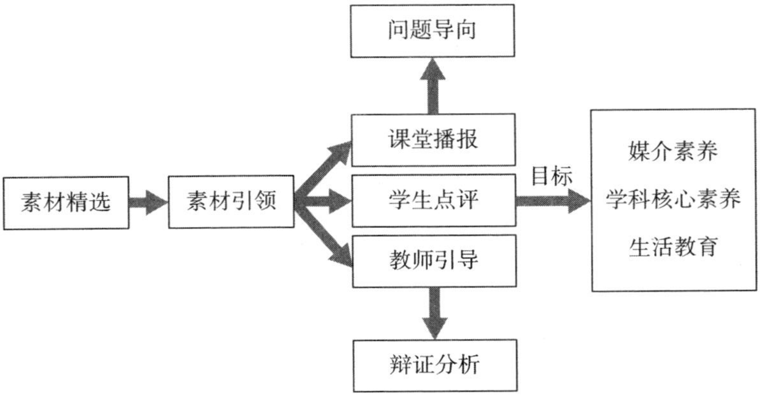

图 1　网络舆情 TOP10 播报系统

（二）利用热点网络舆情设置情境，改革传统型教学形式

教师应懂得利用热点网络舆情事件为思想政治教育塑造科学情境，加强传统教育形式的改革和创新。显然，以培养学生媒介素养和学科核心素养为目标的情境设置，并不是教师随意拈来一则网络舆情让学生进行分析就是情

境，这最多称为材料分析，这种简单的情境设置很多时候是无意义的、浪费时间的、得不出期望结论的。何为好的情境？好的情境应该是真实性与有效性并存、典型性和普遍性并存、思考性和启发性并存且问题及其解决条件是内生于情境的[8]。例如，在讲《毛泽东思想和中国特色社会主义理论体系概论》第九章“坚持和发展中国特色社会主义的总任务”的“奋力实现中国梦，必须弘扬中国精神”内容时，教师可结合近期发生的一系列正反网络舆情事件为课堂创造情境，如 19 岁中国女留学生在韩维护“一个中国”，竟遭韩国机构直白威胁事件；“洁洁良”事件；网民公然侮辱救火牺牲消防战士事件；颠覆英雄、歪曲历史事件等。为了增强课堂的趣味性和学生的参与积极性，在讲“奋力实现中国梦，大学生应该如何弘扬中国精神”时，教师可让学生把“19 岁中国女留学生在韩维护‘一个中国’，竟遭韩国机构直白威胁”的新闻事件通过“情景剧再现”的形式搬上教室讲台，让学生在观看情景剧表演的过程中剖析中国精神的正确打开方式应该是怎样的。这种课堂情境的塑造，可较好地提高学生学习的主动性、积极性、灵活性、趣味性和参与性，并在主动探索中实现“我的思政课堂我做主”。

同时，为了深入贯彻落实党的十九大精神和习近平新时代中国特色社会主义思想，高校思想政治教育者应注重社会实践活动的开展，塑造活动型学科课堂。例如，在校内，教师可以针对所选的网络舆情议题开展活动，如辩论赛、模拟法庭、节目编排、微电影观看、师生访谈等；在校外，可组织学生开展社会调查、专题访谈、实习参观、爱国基地参观等活动，力求在实践活动中寓教于乐，提升思想政治教育的实效性。

三、学生层面：组建“网络舆情社团”，多方合作提升媒介素养

为进一步加强学生获取、分析和分享信息的能力，在思想政治教育中提升学生的网络教育和媒介素养，教师可指导学生向学校申请并成立“网络舆情社团”，发挥学生社团“自我教育、自我服务、自我学习、自我提升”的功能。网络舆情社团成立后，可组织举办各种活动发挥社团的作用。例如：①和学校电视台、广播台合作，精心打造一档“网络舆情面对面”节目。“网络舆情社团”精心选好当天报道的网络舆情事件，撰写播报稿，并在播报时设置 1~2 个问题和师生听众展开在线互动。面对特殊的网络舆情事件，可邀请学校的领导及“网络舆情工作

室”的老师或学生代表做嘉宾，在节目中展开交流和探讨。②和学校的校报校刊合作，合力编排“网络舆情教育”专栏，提供平台让师生共同关注网络舆情事件，关注学生在新媒体时代下的健康成长。③针对热点网络舆情事件，网络舆情社团可开展微电影、微视频、专题讲座、专题研讨、辩论赛等专题活动。开展此类活动，一方面可提升学生撰写新闻稿、编排节目、撰写电影剧本等能力，另一方面也可让学生在活动中学会辩证分析网络舆情事件，并引导身边同学共同成为维护网络生态文化和创建网络文明的主力军，在多方合作中提升媒介素养。

四、结语

如此下来，学校就完美组建了以学校、教师和学生合力共建的“网络舆情工作室、网络舆情兴趣小组、网络舆情社团”三位一体的高校网络舆情应对系统（见图2），三者围绕着“网络舆情下的高校思想政治教育”相互作用、相互联系，共同填补网络舆情在高校思想政治教育领域的空白地带，并在“思政课堂”向“课堂思政”的教改中融入网络思想政治教育，培养学生致力于成为一名净化网络环境、传播正能量的网络新生代，真正做到“力除网络之弊，大兴网络之力”。

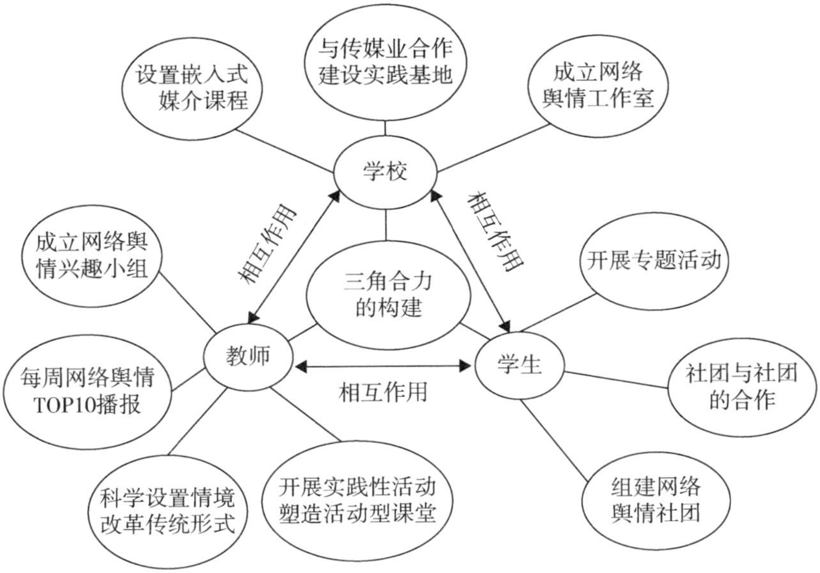

图2　三位一体的高校网络舆情应对系统

参考文献

[1] 中共中央编译局. 马克思恩格斯全集（第40卷）[M]. 北京：人民出版社，1982：289-290.

[2] 范玉芳. 科学双刃剑：令人忧虑的科学暗影 [M]. 广州：广东省地图出版社，1999：前言，4.

[3] 中国互联网信息中心. 第42次中国互联网络发展状况统计报告 [R]. 北京：中国互联网信息中心，2018.

[4] 柳欣，郭慧，胡艳慧. 基于群体极化现象的青少年网络舆情引导对策研究 [J]. 办公自动化，2015（22）：33-36.

[5] 叶冲. 网络时代下的美国 NIE 工程——以《迈阿密先驱报》网络版为例 [J]. 传媒，2007（2）：70-71.

[6] 魏芳，张广森. 网络舆情影响思想政治理论课的方式及内容 [J]. 思想政治教育研究，2013（2）：115-119.

[7] 阿尔温·托夫勒，海蒂·托夫勒. 创造一个新的文明 [M]. 陈峰，译. 上海：上海三联书店，1996：31.

[8] 陈友芳. 情境设计能力与学科核心素养的养成 [J]. 思想政治课教学，2016（9）：4-6.

（原载《文存阅刊》2019年第1期，作者：李香玲）

充分利用网络舆情，创新高校思想政治教育目标

摘　要：由于社会转型期社会矛盾的日益凸显和信息技术时代学生群体对网络的越发依赖，图文并茂、声像结合的网络舆情俨然成了社会舆论和稳定和谐的放大器。文章通过教育目标层面剖析当前的高校思想政治教育可以如何利用网络舆情实现创新，主要包括三个方面：一是加强学生媒介素养的培养；二是加强学科核心素养的培养；三是加强学生的生活式教育。

关键词：网络舆情；高校思想政治教育；教育目标；创新

由于社会转型期社会矛盾的日益凸显和信息技术时代学生群体对网络的越发依赖，图文并茂、声像结合的新兴媒体俨然成了社会舆论和网络舆情的放大器。在网络舆情风靡传播的新形势下，网络舆情对学生的影响不应该也不可能成为高校思想政治教育的空白地带和教育盲区。文章通过教育目标层面剖析当前的高校思想政治教育可以如何利用网络舆情实现创新，主要包括三个方面：一是加强学生媒介素养的培养；二是加强学科核心素养的培养；三是加强学生的生活式教育。

一、加强学生媒介素养的培养

网络舆情在青少年群体中掀起空前巨浪之时，一些宣传谣言、低俗、暴力、色情、反社会、反主流等负面网络舆情的广泛传播给学生带来了很大的负面影响。美国媒介素养研究中心在1992年定义媒介素养是指人们面对媒介各种信息时的选择能力、理解能力、质疑能力、评估能力、创造和生产能力以及思辨的反应能力[1]。对于学生来讲，媒介素养应该包括媒介使用素养、信息生产素养、信息消费素养、社会交往素养、社会协作素养、社会参与素养等[2]。如提高我们学生的信息选择、信息分析、信息批判能力其实就是在培养他们的信息消费素养。学生生活在一个日益媒介化的新世界，网络舆情是希腊神话中的甜美仙女还是邪恶的潘多拉魔盒？在很大程度上取决于教育者的教育方式。学生的发展和网络舆情的关系，正如鱼和水的关系，而媒介素养的教育正是训练学生的游泳技能和技

巧，显然，学生在如鱼得水的情况下才能实现更好的发展。因此，通过网络舆情的利用，可以加强学生媒介素养的培养，促进学生的成长和发展，让学生既懂得利用网络强化学习，也懂得利用互联网媒介，形成积极主动的媒介批判能力，在信息的选择与筛选中，学会理性利用各种新兴媒体加强社会参与。

二、加强学科核心素养的培养

核心素养是信息时代教育领域的热词之一。《教育部关于全面深化课程改革落实立德树人根本任务的意见》（基二〔2014〕4号）文件进一步提出课改的基点和依据是学生发展核心素养。其中，政治学科的核心素养为“政治认同、理性精神、法治意识和公共参与”[3]。我们认为，具备培养学生学科核心素养的课堂应该满足以下八个条件：①知识性、科学性是优秀课堂永恒的主题；②具有综合性、开放性特征的课堂；③学生有参与、有合作、有收获、有成长的课堂；④教师与学生角色定位准确的课堂；⑤有思想、有境界、有正确价值观的课堂；⑥贴近生活、贴近时代、贴近学生实际的课堂；⑦充满正能量的课堂；⑧有阳光、有笑声、有欢乐的课堂。学科核心素养的培养俨然已成为当前教育的最新目标，教师应努力在这一目标下打造充满“底气、地气、灵气、正气”的“四气”魅力教育。第一，在全球文化相互激荡下，负面网络舆情容易使学生的政治认同降低。教师应通过政治教育强化学生的政治认同，通过认真研读热点网络舆情信息，特别是要关注各大政策、时事、社会和生活热点问题，多角度进行解析，树立学生的政治认同信仰。第二，在各种网络舆情的价值观冲击下，教师应通过对社会、经济、政治、生活等热点舆情培养学生的理性精神，在超越表层的深度教育中加强学生的独立思考，避免人云亦云。第三，由于青少年自我控制力差、道德责任感易弱化，成绩优异的背后容易出现道德失范和践踏法律的行为。教师可以通过跟法律相关的网络舆情事件作为背景材料，在情境教育中设置相关法律问题，培养学生遵法守法且懂得运用法律维护自身权益的能力，在“润物细无声”中加强学生的法治意识。第四，教育的功利性和社会的急功近利容易让学生产生“政治课无用论”的错误认知，教师应在教育中巧妙使用各种网络舆情素材，开展形式多样的活动性和实践性教育，在理论联系实际中加强学生的亲身体验，在实践活动中提升理性认识，在公共参与中升华内在素养。

三、加强学生的生活式教育

伟大教育家杜威指出，教育是一系列的生活过程，而不是为将来生活所做的准备[4]，学校教育必须反映学生当下现实又充满活力的生活[5]。反思我们当下的思想政治教育：在“轻能重知、轻德重智”的应试教育中逐渐偏离轨道和航向；教育重点放在“单向灌输”的知识传授上；在教学进度的追赶中忽视学生生活实践能力的培养；脱离了生活教育的教育本质目标，必然难以实现教育的真正实效。教育者应树立“生活教育”的目标，在注重学生的生活体验中构建理解性课堂。同时，在教育中结合政治学科的特点和学生的心理特点开展体验式的实践活动，增强学生的政治素养和学科核心素养，如在高校的思政课堂增添形式多样的社会实践项目——红歌嘹亮、新闻播报、参观爱国主义教育基地、义工活动、社会调研等。

网络舆情的丰富性和多元性来源于其内容是社会现实的反映和写照，教育者需要在情境的创造和设置中灵活地对网络舆情素材进行加工，在情境创设中增加教育目标和学生生活的黏合度，在学生情感共鸣点的触碰中回归教育的生活本质。否则，在各种负面网络舆情的影响下，学生的价值观和道德观容易在成绩的优异中和生活的迷茫中走向畸形而产生过激行为。选择、决定、成为个人所期望成为的自己生活的主宰和自己“身份”的创造者的个体，是我们这个时代的核心特征[6]。应试教育的“努力学习—重点学校—优秀成绩—优质大学—更好就业—美好前途”的实践体系模型不但不利于培养学生成为自己生活的主宰和自己身份的创造者，反而会在过度的未来风险想象力中产生成绩至上的学习焦虑。勒庞指出，公众因风险而产生的想象力，才是引起焦虑的关键。影响民众想象力的，并不是事实本身，而是它们发生和引起注意的方式[7]。因此，教师为了让学生能更好地适应生活，必须在基础教育中就树立“生活教育”的教育目标，在生活情境中通过生活的体验和教育内容的实践内化，在生活教育目标的统领下同步加强学生媒介素养和学科核心素养的培养（如图），为学生日后步入社会添砖加瓦和保驾护航。

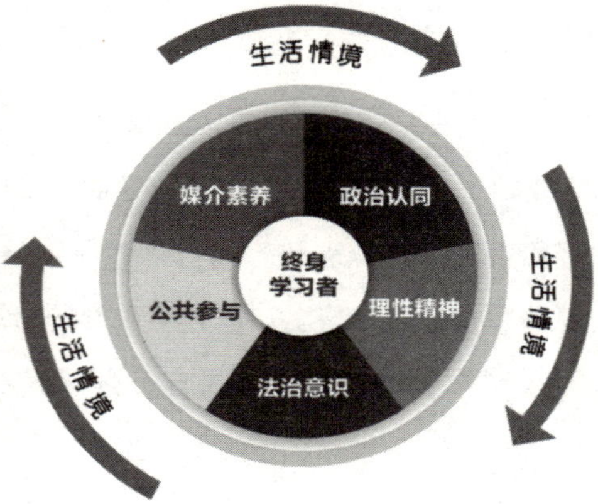

“网络舆情下的教育目标”滚动圆轮意象图

参考文献

[1] David Considine. An Introduction to Media Literacy: The What, Why and How To's [J]. The Journal of Media Literacy, Volume 41.

[2] 彭兰. 社会化媒体时代的三种媒介素养及其关系 [J]. 上海师范大学学报(哲学社会科学版), 2013 (3): 52-60.

[3] 教育部. 关于全面深化课程改革　落实立德树人根本任务的意见 [R]. 2014

[4] 王承绪, 赵祥麟. 杜威教育论著选 [M]. 上海: 华东师范大学出版社, 1981: 4.

[5] 杜威. 道德教育原理 [M]. 王承绪, 等译. 杭州: 浙江教育出版社, 2003: 357.

[6] 乌尔里希·贝克. 世界风险社会 [M]. 吴英姿, 孙淑敏, 译. 南京: 南京大学出版社, 2004: 147.

[7] 古斯塔夫·勒庞. 乌合之众——大众心理研究 [M]. 冯克利, 译. 北京: 中央编译出版社, 2004: 153.

(原载《知识文库》2019 年第 2 期, 作者: 李香玲)

基础教育焦虑探讨

摘　要：基础教育焦虑包括压迫式教育焦虑、茫然式教育焦虑和想象式教育焦虑三种主要类型。工业化、信息化和城市化的飞速发展是其产生的时代背景，教育投入的不足和优质教育资源的稀缺是其产生的根本原因，风险的想象力和风险的不可控性是其产生的重要因素。应对基础教育焦虑，就要转变教育理念，确立合理的教育期望值；加快基础教育改革，加大教育投入，优化配置优质教育资源；降低风险的想象力，提高抵御风险的能力。

关键词：基础教育；教育焦虑；教育应对

“焦虑”是人的一种本能情绪，是指“个体由于不能达到目标或不能克服障碍，致使自尊心和自信心受挫，或使失败感和内疚感增加，形成的一种紧张不安，带有恐惧的情绪状态”[1]。“教育焦虑”则是指人们在教育实施过程中，因社会、学校、家庭和学生等因素以及外在支持系统缺失等原因而产生的一系列反常心理现象，如焦灼、紧张、不安、忧愁、恐慌等。教育焦虑不仅仅是复杂情绪状态的外显，还是人们内心一系列复杂心理过程的集中体现。在这些反常心理现象下，人们会为了确保达到目的而采取过分或不明智、不合理或不合作的行为。在我国，基础教育焦虑已演化为一个越来越严重的社会问题，直接导致家长对教育的信任度降低、学校对教育的认知偏差和学生的片面发展，是一个需要引起高度关注和认真研究的问题。

一、基础教育焦虑的表现类型

基础教育焦虑有多种表现，概括起来主要有以下三种类型。

（一）压迫式教育焦虑

由于对孩子学习成绩的过度担忧、对就业压力的极度焦灼和不切实际的成就期望以及盲目的攀比心理而产生的教育焦虑。具体表现为：在不让孩子“输在起跑线”的名义下过早和过度进行 IQ 开发，忽视 EQ 培养；在成绩焦虑中强迫孩子进行高强度的学习，剥削孩子游戏时间；在盲目攀比中给孩子施加过多的压力，对成绩抱以过高的期望；在成就期望中为教育过度投资，报读各种特长班、奥数班等；在成绩不理想的时候，频繁训斥甚至打骂孩子，俨然一副“虎爸虎妈”的形象。

（二）茫然式教育焦虑

因教育学、心理学知识普及的欠缺以及对应试教育的矛盾心理，家长对孩子的教育越来越茫然，不明白教育是包括学校、家庭和社会在内的一种复杂的社会活动，把孩子的教育简单等同于学校教育，而把学校教育简单等同于所谓的“名校”“重点学校”。于是，对孩子的教育就变成了“择校”——选择“名校”或“重点学校”就等于教育的成功。不管是划片就近入学还是多校划片，择校的成本进一步增加，也加剧了家长的择校焦虑。一方面表现为在升学大战中疯抢有限的优质教育资源；另一方面表现为择校困难症：是选择公办学校，还是民办学校？是把孩子送进注重人文关怀和伦理道德教育的私塾学堂，还是送到国外去接受教育理念相对先进的教育？如果条件允许，有些父母甚至辞去工作而选择让孩子“在家上学”，更有父母效仿“孟母三迁”举家迁移到更适合孩子学习和成长的地方，还有父母在孩子升学考试阶段在校园附近重金租房全家“陪读”。

（三）想象式教育焦虑

由于对“教育与就业、教育与前途、教育与命运、教育与婚姻、教育与学校”等之间的关系进行过度联想，要么担心学校的教育质量会影响孩子未来的就业，进而影响孩子的前途命运和婚姻家庭；要么不顾客观条件，想象教育能给孩子带来多么美好的前景，总是挖空心思希望使孩子能够得到所谓的“最好”的教育。于是，通宵达旦地在校门口排队、不惜“砸锅卖铁”购买学区房、几经周折托关系走后门，只为给孩子争一个好学位。社会上流行的“一切为了孩子”和“再苦不能苦孩子”的理念、培训机构“不要让自己的孩子输在起跑线上”的错误舆论导向，也对父母的想象式教育焦虑起到煽风点火的作用。

二、基础教育焦虑产生的原因

作为一种社会心理想象，基础教育焦虑的产生有其复杂的时代背景和社会原因。

（一）工业化、信息化和城市化的飞速发展是基础教育焦虑产生的时代背景

基础教育焦虑产生，有其深刻的时代背景。教育及人们对教育的心态，总是与特定的时代密切相关。工业化、城市化、信息化、智能化是当今的时代特征，社会对人才和智力的要求越来越高。尤其是在后工业时代，信息、知识、智能和高科技成为社会的主要特征——知识更新越来越快；科技发展日新月异；机器和机器人正取代工人；人机围棋大战中李世石以1：4输给Alpha Go；产业结构转型升级；城市化快速推进。事实上，在城市化与产业结构转型的同时，必然伴有相应的教育发展。[2]选择、决定、成为个人所期望成为的自己生活的主宰和自己“身份”的创造者的个体，是我们这个时代的核心特征。[3]在这个喧闹浮躁、你追我赶的时代，父母逐渐清晰地认识到知识的重要性并乐于追求孩子智力的提升，把孩子将来理想的工作和美好的前程寄希望于教育。对“高分”的渴望、对“名校”的向往，使父母不断加大对教育的投入。就这样，普遍具有“望子成龙，望女成凤”传统价值观的中国父母，在工业化、城市化、信息化、智能化飞速发展的时代冲击下，为孩子的教育产生纠结和焦虑。

（二）教育投入的不足和优质教育资源的稀缺是基础教育焦虑产生的根本原因

德国著名社会学家马克斯·韦伯根据财富、威望和权力“三位一体”的标准划分社会层次结构。自从国家落实九年义务教育之后，当今社会打破了这种以财富、威望和权力为壁垒的社会分层机制，这意味着每个孩子都能上学堂。但为什么家长还如此焦虑？其背后根本的原因之一就是基础教育投入的不足。2013年国家财政性教育经费为24 488.22亿元，占国内生产总值比例为4.30%，比2012年的4.28%增加了0.02个百分点。2013年全国公共财政教育支出（包括教育事业费、基建经费和教育附加费）为21 405.67亿元，比2012年的20 314.17亿元增长5.37%。[4]从2005—2013年国家财政性教育经费统计图可以看出，国家对教育的投入呈逐年上升的趋势。但是，如果与世界平均水平和发达国家相比，我国的差距还相当大。国家财政性教育经费占GDP比例的世界平均水平为7%左右，发达国家达到9%左右，经济欠发达国家也达到4.1%，而我国早在1993年就提出要在2000年实现国家财政性教育经费占GDP4%的目标，实现时间却推迟至2012年。

2010—2014 年我国财政性教育经费占 GDP 的比例分别为：3. 66%、3. 93%、4. 28%、4. 30%、4. 15%，虽然我国在 2012—2014 年连续三年达到 4%的目标，但是离世界平均水平的 7%还有很长的一段路要走。

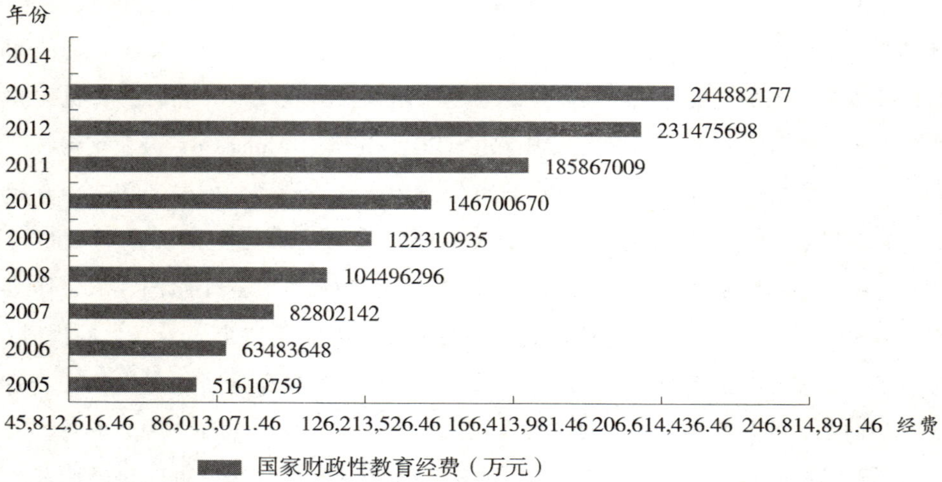

2005—2013 年国家财政性教育经费统计图

（数据来源：国家统计局）

国家在教育投入上的不足带来基础教育的不均衡发展和教育资源的不合理配置，进而引发家长对有限优质教育资源的争夺。在以“分数论英雄”的指挥棒下，有条件的家长挤个头破血流都希望给自己孩子最好的教育，以便孩子日后能读好的大学，找好的工作。在教育资源的分配中，每个孩子入学的门槛并不相同：有的孩子交钱就能进；而有的孩子通过入学笔试和面试才可以进；有的学生要有才艺特长才能进；学校利益相关者的孩子可以随意进。而有的学校甚至在利益的驱使下“审时度势”地为家长和孩子临时设置“条子办”（条子办是专门为后门生准备的，一些家长通过特殊的社会关系给校长“递条子”，从而让孩子获得入学资格）和“占坑班”（校外培训机构为定点学校“点招”，根据靠谱程度，家长把入学前的点招“坑”分为金坑、银坑、土坑、粪坑）。[5]优质资源的稀缺带来了基础教育资源的争夺，无形中加剧了教育焦虑。

从以上分析可以看出，教育投入的不足和优质教育资源的稀缺是基础教育焦虑产生的根本原因。

（三）风险的想象力和风险的不可控性是基础教育焦虑产生的重要因素

现代社会是一个充满风险和危机的社会，客观世界的不确定性与人类理性的有限性之间的矛盾，使人类社会不可避免地与风险和危机相伴随，“由工业社会的高度发展而导致的现代性对人类现存状态的每一个领域哪怕是很小的角度都带来了极大的不确定性因素。”“任何时候总会有一些可能存在的危机，哪怕这些危机的可能性极小到几乎可以忽略不计的时候，但仍然难以完全避免和排除。”[6]风险与认知因素特别是主体的想象力密切相关。古斯塔夫·勒庞在《乌合之众》中指出，正像缺乏推理能力的人一样，群体形象化的想象力不但强大而活跃，并且非常敏感。[7]喜欢盲目攀比的家长群体，因为优质教育资源的稀缺，在成绩和成就焦虑下想象孩子并不能准确预知的未来。勒庞指出，公众因风险而产生的想象力，才是引起焦虑的关键。影响民众想象力的，并不是事实本身，而是它们发生和引起注意的方式。[7]父母认为，如果孩子很小就接受最好的教育，孩子在考试中就能取得好的成绩，大学毕业后就能找到较好的工作，无形中形成了“重点学校—优秀成绩—优质大学—更好就业—美好前途”的实践体系模型。这种想象模型在家长群体中具有非常强大的传染性，极易形成羊群效应，导致整个群体陷入焦虑和恐惧。马克思主义教育学认为，教育是一种人类特有的有意识地以影响人的身心发展为目标的社会活动。这一社会活动受生产力、教育经费、学校、教师等诸多因素的影响，具有非常大的人为不确定性，是不可控的。“人为的不确定性”意味着风险、更多知识、更多无知和反思性的杂烩，因此也意味着一种新型的风险。[3]在这新型的教育风险背后掩藏着新的教育不平等，良禽择木而栖，只要教育质量有优劣之分，对教育资源的争夺之战就不会停止，基础教育焦虑也就客观存在。

三、基础教育焦虑的应对

既然基础教育焦虑的产生是复杂的多因素相互作用的结果，那么其应对就不能单靠某一方面的力量，而是需要家庭、学校和社会的共同努力。

（一）转变教育理念，确立合理的教育期望值

教育理念是教育成功与否的“风向标”和“晴雨表”。家长首先要改变对分

数的传统看法。面对考试和分数，父母应持一种辩证的态度：一方面，应该看到其重要作用；另一方面，也不能过分夸大其作用，以致进行“应试教育”。实际上，分数是评价学习的一个但不是唯一的标准，学习的重点是掌握知识，提高能力。孩子取得了进步，就一定要肯定孩子的进步，无论分数高低。即便孩子学习成绩不理想，也应该肯定孩子付出的努力，与孩子一起面对问题，帮助其找出原因，探索解决问题的方法。如果父母都有以分数作为晴雨表的习惯的话，那么孩子就会形成刻板印象——父母都是嗜分如命的，考好了才能讨父母的欢心，考不好就得接受惩罚，父母爱分数胜于爱自己。孩子一旦形成“父母爱分数”的刻板印象，就会阻碍亲子之间的沟通，有些孩子因为过于担心父母骂自己而有意隐瞒分数，造成思想上不必要的负担，对父母产生逆反心理，甚至产生厌学情绪。这样，就加剧了基础教育的焦虑。

适应社会信息化的时代要求，父母要树立新的学习理念，其中包括开放学习、个性化学习、社会化学习、终身学习、虚拟学习以及学会学习和学会创造等。[8]树立这些新的学习理念，对缓解基础教育焦虑情绪，具有重要作用。同时，要通过亲职教育，有效提升父母素质。所谓亲职教育，是一门教导父母如何了解和满足子女身心发展需求，善尽父母职责，以协助子女有效成长、适应与发展的学问。亲职教育与传统的家庭教育在教育的重点、原理、模式、气氛和方法上都有所不同，其根本的差异在于将教育的重点放在怎么样做父母上和立足于以父母亲情的引导为主上。[9]父母作为孩子的第一任老师，应该根据孩子心理发展的规律，针对孩子的思维发展特点，因材施教：幼儿期多陪伴孩子做游戏；童年期教会孩子如何学习，培养孩子的良好品质；青春期要尊重孩子的独立意识，培养孩子处理多重矛盾的能力。

在转变教育理念的同时，也要树立合理的教育期望。中国青少年研究中心的调查研究显示（2010年），83.6%的中学生父母，要求孩子考进前15名，54.7%的中小学生父母，希望孩子将来读到博士学位，现在的期望比例应该更高。实际上，父母应根据孩子的实际确立合理的教育期望值。俗话说，不想当将军的士兵不是好士兵，可实际情况却并非如此。正是因为每个父母都希望自己的孩子日后可以成为一名将军，所以才引发了孩子学习的无限焦虑和家长之间、学校之间、老师之间、同学之间的不良竞争。现代社会其实并不需要每个人都成为领袖，三百六十行，行行出状元，任何工作都有前途，并非一定要追求理想中名校和高学历。

（二）加快基础教育改革，加大教育的投入，优化优质教育资源配置

基础教育焦虑产生的根本原因在于教育投入的不足和优质教育资源的稀缺。要从根本上解决基础教育焦虑问题，首先，要加大教育的投入，并加强资金、人才以及相关配套制度的建设和落实，重点投入薄弱学校，提高学校办学标准，实行校与校定点帮扶制度，加强学校之间和教师之间的资源共享，补齐短板。其次，要对教育经费的下放进行改革和监督，设立地方教育拨款委员会和学区教育委员会，改变教育部门原来“锦上添花”的资源配置方式，均衡配置基础教育的教育资源。最后，要加大对乡村教育的投入和建设，下定决心建好每一所乡村学校，在基础教育改革中，“坚持百花齐放、推陈出新、洋为中用、古为今用的方针”，[10]借鉴学习其他国家的经验，如日本在教育投入和教育公平上的制度设计：实现无地区差别全国义务教育，追求办学条件和教学要求的校际公平；采取校长和教师资源的定期流动制度，一个教师在一个学校最多执教 7 年，校长每五年轮换一次；在中小学不存在校际差别的基础上真正实现就近入学等。[11]从日本的教改经验，我们可以看出提高优质教育资源建设的重要性，通过增加教育投入和加强立法，保障校际的办学公平，均衡优质教育资源的分配，从而避免出现择校焦虑问题。优质教育资源具有时代性、稀缺性、生成的长时间性、非独立性、流动性等特性。[12]应根据优质教育资源的特性，找出资源稀缺的深层次原因，尽力缩小学校和学校之间、学区和学区之间、城市和农村之间的教学质量差异。例如，地方分权制订本地教育发展计划；政府不断增加对落后地区的教育资助和指导；名校和普通学校间建立“一带一”关系；校长、教师流动机制；名校办学集团化；特级教师定点帮扶普通学校教师成长；增加农村教师收入，吸引优秀教师驻教乡村；分层次推进师范教育，加大教育硕士培养力度等。

（三）降低风险的想象力，提高抵御风险的能力

风险具有人为不确定性，风险想象容易在家长群体中滋长蔓延。家长应该降低风险的想象力，减轻因风险想象而产生的痛苦和不理智的行为。“真实的世界是有界限的，想象的世界则没有止境。除了身体的痛苦和良心的责备以外，我们的一切痛苦都是想象的。”[13]家长的教育焦虑和痛苦正是在“重点学校—优秀成

绩—优质大学—更好就业—美好前途”的等号想象中产生的，焦虑的成因不在于缺乏什么东西，而在于对那些东西感到需要。在孩子教育中，家长应抱着“输得起”的态度，以“一切为了孩子的发展”为教育准则，提高自己和孩子共同抗风险的能力。

美国原教育部长查德·赖利提出，牢固的教育能够而且必须建立在家庭这块基石之上[14]。在家庭教育和学校教育中，最重要的并不是孩子的成绩，而是引导孩子学会学习、学会合作、学会生存、学会做人、学会创新。迫在眉睫需要做的是帮助孩子实现他身体和心灵的同时成长，在孩子身心协调发展中提高孩子的抗风险能力。要提高孩子的风险意识，就不要把孩子当作温室里的花朵，而是要让他去接触社会，在社会中亲身实践，去感受去面对可能的风险。要教会孩子如何理性地面对那些无法避免的风险，培养化险为夷、转“危”为“机”的能力，使发展更加全面、人生更加丰富完整，而不是遇到问题一味地回避、逃避甚至选择结束自己的生命。父母应该在孩子成长过程中帮助孩子提高解决困难和面对挫折的能力。法国思想家卢梭指出，要让小孩养成既不命令人也不命令东西的习惯，不要让小孩依赖别人进行活动。[13]父母既要多陪伴孩子，又要培养孩子独立解决问题的能力。可以肯定地说，孩子的全面发展是医治基础教育焦虑症的最佳良药。

参考文献

[1] 黄希庭. 简明心理学辞典 [M]. 合肥：安徽人民出版社，2004：173.

[2] 张妍. 城市化发展与教育 [J]. 教育发展研究，2005 (15)：25-31.

[3] 乌尔里希·贝克. 世界风险社会 [M]. 吴英姿，孙淑敏，译. 南京：南京大学出版社，2004：147.

[4] 教育部，国家统计局，财政部. 关于2013年全国教育经费执行情况统计公告 [R]. 2014.

[5] 雷晓宇，杨东平. 教育焦虑的背后是财富分配不公 [J]. 创业家，2012 (4)：77-78.

[6] 乌尔里希·贝克. 从工业社会到风险社会（上篇）[J]. 马克思主义与现实，2003 (3)：26-45.

[7] 古斯塔夫·勒庞. 乌合之众——大众心理研究 [M]. 冯克利，译. 北京：中央编译出版社，2004：50.

[8] 刁生富. 中学究竟怎样读 [M]. 北京：海潮出版社，2010：227-229.
[9] 刁生富. 小学孩子究竟怎样培养 [M]. 北京：海潮出版社，2013：61.
[10] 邓小平文选（第2卷）[M]. 北京：人民出版社，1994：210.
[11] 张菀洺，刘文. 日本与印度实现教育公平的制度设计 [J]. 吉首大学学报（社会科学版）2012（6）：128-133.
[12] 何雪峰. 试析优质教育资源的特征 [J]. 基础教育研究，2010（3）：3-5.
[13] 卢梭. 爱弥儿 [M]. 李平沤，译. 北京：商务印书馆，2014：62，84.
[14] 欧内斯特·L 博耶. 关于美国教育改革的演讲 [M]. 涂艳国，译. 北京：教育科学出版社，2002：22.

（原载《佛山科学技术学院学报》2016年第6期，作者：刁生富　李香玲）

网络时代的亲子关系与教育应对

摘　要：随着网络时代的到来，代沟比之前在形式上更加多样、在原因上更加复杂、在影响上更加广泛和持久，亲子关系也呈现出新特点：生活压力过大，导致亲子之间的交流过少；孩子的平等、自主意识增强，渴望亲子之间的平等交流；亲子之间影响具有双向性。应对亲子关系的新变化，家长应认真借鉴国外亲职教育的新理念，与子女加强交流，达成共识，适当管控，处理好虚拟与现实的关系，并加强道德教育，重塑新型亲子关系。

关键词：网络时代；代沟；亲子关系；教育应对

代沟主要指孩子在成长的过程中，逐渐接受和形成新观念，背离了父母的传统观念，而形成的父母与子女之间的因思想观念、行为习惯的差异而造成的心理距离。在过去，亲子之间的代沟往往是由于年龄或生活的社会背景不同造成的。随着网络时代的到来，亲子之间的代沟有了新变化，呈现出新特点，比之前更严重、更复杂，也呈现出多样化。对此，家长不能一味蛮管孩子，更不能一成不变地用传统的教育方式教育孩子，而要跟随时代脚步，把握好网络时代代沟的新特点，不断自我提升，重塑新型亲子关系。

一、网络时代代沟的新特点

在网络时代，孩子的生活世界并不只有传统的家长、朋友、老师。随着对网络的接触，孩子面对另一个更丰富、更多姿的世界。孩子的信息来源除了父母、老师和朋友外，很大一部分是来自网络，尤其是移动互联网。因此，传统的亲子关系、师生关系、生生关系、朋友关系都受到很大的冲击。父母和老师的权威受到挑战。这种情况下，网络时代代沟的复杂性可想而知。总体而言，网络时代的代沟有以下特点。

（一）形式的多样性

网络时代之前，代沟还是比较单一的，主要是亲子之间的因时代背景和年龄差距造成的。网络时代的到来，一方面使这种代沟加剧，另一方面也使其变得多样化。它不仅表现在亲子之间的代沟，甚至也表现为同龄人之间的“代沟”。亲子之间的代沟已不仅是年龄结构和时代背景的差异，更有对传统文化与现代文明、本土文化与外来文化、成人文化与儿童文化、现实文化与虚拟文化的不同看法。父辈们通常不能理解孩子口中时不时飙出的新型网络语言，也不能理解孩子们的追星心理以及奇装异服的打扮。孩子们眼中的时尚潮流在父辈看来简直就是不正经。在同龄人之间，由于“数字鸿沟”——信息富有者和信息贫困者之间的鸿沟，也存在着类似“代沟”这一点，这在大数据背景下表现得尤为突出。

（二）原因的复杂性

网络时代代沟的形成原因是复杂多样的。它不仅有因为年龄或知识结构的限制，使得父辈们观念更新得比较慢，跟不上时代的脚步的原因，也有孩子好奇心重，善于接受新事物、新思想等原因。更重要的是有一个文化多元混杂和社会关系急剧转型的社会环境。在这样的关系下，儿童面临多种文化，这与父辈们所受的传统文化相迥异，因此拉大了心理差距。另外，学校教育所传授的知识文化、价值观念，既可能与父辈们的不同，也有可能与现实生活有差异。所有这些原因交织在一起，使得网络时代的代沟异常复杂，家长们面临的亲子问题也越来越多。

（三）影响的广泛性和持久性

网络改变了人们的生活方式和思想观念，也改变了人们的社会交往。父母在儿童心目中的地位也发生了变化。如果家长们无视这种变化，不能妥善处理这种变化，只会造成更严重的代沟。一方面，家长们所代表的传统文化不能被儿童所接受；另一方面，儿童所接受的思想观念也无法被父辈们所理解，这样会导致更严重的亲子冲突，更有甚者会破坏家庭关系的和谐。长此以往，家长与孩子之间的沟通会变得更加困难。这必将对孩子的成长产生广泛且持久的影响。

二、网络时代亲子关系的新特点

随着网络时代的到来，代与代之间的思维和观念都发生了很大的变化，这些变化也使传统的亲子关系呈现出新的特点。

（一）生活压力过大，导致亲子之间的交流过少

当今时代，生活节奏加快，社会竞争加剧，许多父母为了生活而不得不起早贪黑，为工作奔波。日常生活的大部分时间都被工作占去，和孩子交流沟通的时间很少。而在当今以独生子女为主的家庭结构中，孩子也没有其他玩伴。于是，电视、网络等现代传媒成了孩子们日常最好的娱乐消遣。但是，长期沉迷于电视和网络的孩子更容易形成内向、孤僻、冷漠等性格。久而久之，亲子之间就形成越来越大的心理差距，交流沟通也变得更困难，许多家长都不知自己的孩子一天中干了些什么，玩些了什么，在网络上学了些什么，在手机上看了些什么。亲子之间既缺乏情感的交流沟通，也缺乏相互理解。

（二）孩子的平等、自主意识增强，渴望亲子之间的平等交流

在传统社会里，父辈们在家庭中占有权威地位，说一不二，子辈要对父辈们言听计从、毕恭毕敬，没有自己的选择，也没有发表自己意见的权利，没权利为自己做决定。然而，在网络时代中，孩子接触的是一个开放的、多元的社会，他们不再是顺从听话的孩子，他们从网络上了解了许多社会信息，也了解了自身权益。在家庭中家长说了算的传统已经受到挑战，他们不再认为父辈们所知道的东西比自己多。他们渴求得到父辈的尊重与理解，希望父辈与子辈之间能平等相处、平等交流。他们希望父辈们在做决定时，倾听自己的意见，考虑自己的感受。

（三）亲子之间影响的双向性

在传统社会，家长掌握一切事物的决定权，由家长说了算。亲子关系倾向于父辈的主导性，方向是单一的。在网络时代中，亲子关系倾向于双向性。这里有三个主要原因：其一，受年龄和生活背景的限制，父辈们接受新观念和新知识的能力不及儿童强；其二，网络的发展使社会文化更新快，而父辈们的知识结构陈旧，难以接受新事物，子辈反而因为紧跟时代潮流和社会进步而能够向父辈提供新的信息和生活方式；其三，在开放的社会中，孩子可以在潜移默化中被多种因素教化，父辈们已不能用传统的教育方法和教育方式教育孩子。因此，开明的父母应该多倾听孩子，多与孩子交流，帮助孩子成长而不是让孩

子按部就班走自己设计的路。

三、新型亲子关系的教育应对

孩子在成长的过程中，要接受一系列的教育，其中包括家庭教育、学校教育和社会教育。这三者相互影响、相互作用、相互制约。其中，家庭教育是一切教育的基础。在家庭教育中，亲子关系又扮演了重要的角色。孩子出生后首先接触的就是家庭，而家庭中父母与子女之间的关系又是居于核心地位的一种主要的家庭关系。所以，良好的亲子关系有助于儿童的健康成长。在网络时代，要培养出身心健康、全面发展、具有创造力的人才，家长应认真借鉴国外亲职教育的新理念，重塑网络时代新型亲子关系。

（一）注意交流

网络同电视一样，为子女的成长提供了一个新的电子文化氛围。但与此同时，也减少了父母与子女之间相互交流的时间，而亲子之间的交流，尤其是情感交流对子女的健康成长是极为重要的。因此，亲子之间加强交流是信息化家庭值得注意的一个重要问题。

（二）达成共识

在与子女交流和沟通的基础上，就有关网络、网站、QQ、微博、微信、电子游戏等达成共识，与子女一起上网，共同阅读电子邮件，共处同一微信群和 QQ 群等，共同讨论网络趣事，避免形成代沟。在这一点上，应该看到，有相当多的父母在使用电脑和网络方面要比子女逊色得多。因此，父母应虚心向子女学习，尤其是在学习新技术和接受新观念上，更应如此。实际上，这样也十分有助于增加家长与子女之间的共同语言，形成民主的亲子关系和家庭氛围。

（三）适当管控

采取多种措施对子女所进行的与网络有关的行为加以适当管控。对电子游戏，在家中选择一些健康的、有趣的、有教育意义的和富有知识性的软件，适当地玩一玩，对调节身心、开发智力、培养动手操作能力和创造性思维是有好处的。但若“上瘾”或到街头去玩不健康的游戏，其害无穷。网络也是这样，适度有益，沉溺有害。家长应帮助子女选择并加以控制，安装可过滤检测并禁读“性”“色情”“黄色”“做爱”等敏感字词的软件；在电脑上安装禁止访问色情网址的软件，防止子女接收不良信息；预先删除含色情内容的垃圾邮件；适当控制子女使用电脑和手机的时间；不要将电脑安装在子女的卧室，最好放在家中的明显位置；不要让子女关上房门单独上网；对未成年子女与网友直接接触和约会进行了解和控制；了解孩子的微信群和QQ群，适度控制孩子的网络交往；使儿童对网上的垃圾信息、淫秽内容、欺骗和性侵犯等有所了解，增强自我保护意识等。

（四）处理好虚拟与现实的关系

教育子女不要轻易将个人信息和家庭情况，如电话号码、E-mail地址等在网上发布；告诫子女远离不健康的网上聊天室；经常了解子女的网上交友情况；未经父母许可，不要与网上结识的陌生人会面；不要因上网而影响物理空间的人际交往等。

（五）加强道德教育

可以肯定地说，许多家长都已经认识到计算机和网络的重要性。所以，即使在经济条件不太好的情况下，也愿意为子女购买电脑和支付上网费，为他们学习新技术和掌握新知识提供条件。但是，必须注意，还有另一个不可忽视的方面——提高子女的道德素养。因为，信息社会不仅仅对其成员在技术和知识上提出了较高的要求，而且要求其成员具有较高的道德自律能力和对不良信息的免疫力，这是一个人信息素养的重要方面。对于网络世界的成员来说，需要道德上的自律。而对于网上的青少年来说，更需要家长就如何遵守网上道德规范对子女进行帮助和指导。这是网络时代家庭教育面临的新课题。

（原载《教育现代化》2018年第4期，作者：刁生富）

网络时代的反向社会化及其对教育的启示

摘 要：反向社会化在网络时代表现得更为突出，主要原因是长幼接受新事物能力的差异、科学技术的快速发展和民主、平等、法治的社会主题。反向社会化为社会变革注入新活力，有利于缓解代际冲突，促进两代人和谐共处与共同发展，对现代教育具有重要启示：转变教育理念，虚心向孩子或学生学习，提前做好培养孩子的准备。

关键词：网络时代；反向社会化；教育

在传统社会中，孩子的社会经验主要来自父辈、老师、长者、权威人物。年长一代充当教化的实施者，社会化的方向是单向的。但是，在信息网络时代，孩子、学生、年幼者不仅是社会化的对象，还是社会化的实施者。有时，父辈、教师、长者、权威人物也要受到孩子、学生、年幼者、下属的教化。所以，人的社会化具有双向性。这就产生了反向社会化概念。反向社会化又称为“文化反养”，是指年轻一代将文化知识传递给年长一代；或者说是传统的受教育者对施教者反回去施加影响，向他们传授社会变化的知识。在传统农业社会里，人们生活在封闭、保守的生活环境里，社会经验的获得比较单一，因此儿童的社会化也比较纯正，主要受年长一辈的教化。所以，反向社会化是现代工业社会的产物，尤其是信息社会的产物。

美国人类学家玛格丽特·米德在其《文化与承诺——一项有关代沟问题的研究》一书中提出，当今世界，代与代之间的矛盾与冲突，既不能归咎于社会和政治方面的差异，更不能归咎于生物学方面的差异，而主要导源于文化传递方面的差异。她把人类社会自古到今的文化分为三种基本形式：前喻文化、并喻文化和后喻文化。“前喻文化是指晚辈主要向长辈学习；并喻文化，是指晚辈和长辈的学习都发生在同辈人之间；而后喻文化则是指长辈反过来向晚辈学习。”[1]在后喻文化中，原先处于被教化者地位的晚辈能够“反客为主”，充当教化者的角色。米德所描述的这种现象，在信息网络时代表现得更为突出。现实中我们可以经常看到，许多父母都是从自己的孩子那里学会了操作计算机、上网、QQ 聊天、收发 E-mail、网络购物、收发短信、用微博和微信等。

一、反向社会化的成因

米德认为，在后喻文化中，原先处于被教化者地位的晚辈之所以能够充当教化者的角色，是因为古往今来没有任何一代能够像他们一样经历如此巨大而急速的变化，也没有任何一代能够像他们这样“了解、经历和吸收在他们眼前发生的如此迅猛的社会变革”。具体说来，在信息网络时代，之所以产生反向社会化，其主要原因有如下几个方面。

（一）长幼接受新事物能力的差异

年长一代通常因年龄与时代背景的限制，接受的新事物、新观念、新思想能力有限，导致观念陈旧落后。年轻一代，尤其是儿童，对新事物充满好奇，并善于接受新事物、新思想、新观念。因此，在亲子交流与互动中，不是孩子向父母学习，而是父母向孩子学习，反向社会化自然而然就形成了。

（二）科学技术的快速发展

进入工业社会后，科学技术迅速发展，社会受到前所未有的冲击。科学技术不仅改变了人们的生活方式，也使人们的社会交往呈现出短暂性、多样性和新奇性等特点。面对科学技术，尤其是信息网络技术的冲击，年长一代受过去思维定式的影响不能迅速做出适应性的变化，而年轻一代则未形成思维定式，面对社会的日新月异有较强的接受和适应新事物的能力，他们能自由做出选择。然后，他们会以自己的实际经验影响年长一代的人，即做出“反哺”行为，出现反向社会化。

（三）民主、平等、法治的社会主题

民主、平等、法治是现代社会的主题。在此背景下，年轻人的自主意识、民主和平等意识不断增强，他们往往表现出富有创新意识和进取精神。他们在接受传统文化时，敢于大胆创新，在父辈的原有知识结构中注入新内容，帮助父辈们

接受新事物，以更好地适应社会的变化。

二、反向社会化的意义

虽然人们都把关注的目光放在儿童的社会化过程中，把儿童的发展看成是高于一切，但反向社会化意义也不容忽视。

（一）为社会变革注入新活力

中国人常说："长江后浪推前浪。"年长一代所掌握的知识观念毕竟有限，而年幼者的发展是无止境的，所以年轻人不能满足于祖辈所传递的东西，而是要不断地创新与进取，才能有力地推动社会向前发展。当年轻人把自己的新价值观念、生活情趣、思维方式通过与年长一代的互动传递给年长一代的，一旦被年长一代所接受，就能有力地促进社会发展，为社会变革注入新活力。

（二）有利于缓解代际冲突

代际心理距离常常是因为两代人之间的思想观念、思维方式的差异和缺乏沟通交流而造成的。反向社会化不仅能很好地改善长辈们的思想观念和思维方式，使长辈们更好地理解年轻人的创造性和进取精神，也有利于增进两代人之间的相互理解，接受青少年亚文化的合理内容。这种有效的互动，缩小了代沟，缓解了代际冲突，促进家庭关系的和谐发展。

（三）有利于两代人的和谐共处和共同发展

一般社会化与反向社会化的共生互补，表明信息网络时代的家庭教育和学习已经不再是传统社会亲子之间的单向活动，而是双向乃至多向的活动。这不仅为年长一代顺应社会生活、继续追赶历史潮流提供了可能性，同时也加重了年轻一代的历史责任感，对两代人的和谐共处和共同发展是十分有利的。

三、反向社会化对教育的启示

理解信息网络时代的反向社会化，对当代的教育具有重要启示。

（一）转变教育理念

在传统社会里，严格的等级次序，使得父母在家庭中占有统治地位。在这种社会背景下，年幼者通常被要求对长辈们毕恭毕敬，言听计从，完全遵从长辈们的意志。“即使在不久以前，老一代仍然可以毫无愧色地训斥年轻一代：‘你应该明白，在这个世界上我曾年轻过，而你却未老过。’但是，现在的年轻一代却能理直气壮地回答：‘在今天这个世界上，我是年轻的，而你却未年轻过，而且永远不可能再年轻。’”[1]在信息网络时代下，这段话更有意义，因为子辈们获取信息和知识的途径发生了深刻的变化，平等、民主、自主的意识大大增强，父母们继续沿用传统的教育方式和方法来教育孩子，显然已经过时。在这样的时代背景下，长辈们要转变传统的教育理念。只有这样，才能迅速适应社会，接受新事物，才能更好地教育孩子。

（二）虚心向孩子或学生学习

今天的父母，不仅要认识到社会化是一个终身的过程，而且更要认识到反向社会化的重要意义；不仅要勤奋好学，而且要擅于学习，特别是要虚心向孩子学习，从孩子那里学习新知识、新技术，从而能够紧跟时代步伐。在与孩子的共同学习和共同进步的过程中，不断提高自身素质，扮演好合格父母的角色。对父母如此，对教师也应该是这样——虚心向学生学习，才能真正做到教学相长。无论教哪门课程或哪个阶段，教师都要努力学习现代科学技术知识，尤其是新一代信息技术和新一代人工智能技术知识，对学生感兴趣的新知识和新话题保持高度的持续关注，熟练使用微博、微信、微课、慕课等新型社交手段和教学手段。这样，在与学生的互动交流中，更新自己不合时代的理念，善于从学生那里学习新知识和新技能。只有这样，才能缩小代沟，成为受学生欢迎和爱戴的老师，在教学相长的过程中不断提升教书育人的水平。

（三）提前做好培养子女的准备

当今时代，知识更新越来越快，准父母要在知识、技术等方面紧跟时代步伐，尤其要努力学习以大数据为代表的新一代信息技术和人工智能技术。在家庭教育方面，传统的理念和方法已经不适合培养现代人才的实际需要。在这种背景下，作为年轻一代的准父母们应该提前了解社会和科技的变化，更新教育的理念，探寻最适合孩子的家庭教育方法。社会中有许多成功的父母，他们的教育理念和教育方法是值得借鉴的。亲职教育就是这样一种有效的途径，使准父母们充分了解和快速接受其他成功父母的教育方式和方法，为培养好自己的孩子做好准备。

参考文献

玛格丽特·米德. 文化与承诺——一项有关代沟问题的研究［M］. 石家庄：河北人民出版社，1987：27，74.

（原载《科技经济导刊》2018 年第 4 期，作者：刁生富）

中小学生网络直播打赏保护探讨

摘　要：中小学生打赏网络主播，天价打赏事件频发；种类繁多，打赏上瘾；打赏亚文化负面影响大；诱导性打赏影响大，已演化成为一个新的急需研究和治理的社会问题。中小学生不成熟的心理、独特的成长环境、粉丝效应的驱动、政府监管的缺失和网络直播平台对商业利益的过度追求等，是导致中小学生打赏网络主播的主要原因，需借助家庭、学校、政府和网络平台四方合力进行有效治理。

关键词：网络直播；打赏；中小学生

近几年，我国网络直播发展迅速。统计数据显示，2017 年中国网络直播用户规模达到 3.92 亿，较 2016 年增长 26.5%，预计 2019 年用户规模将接近 5 亿。同时，网络直播中的打赏主播功能深受中小学生的追捧，并引发了新的急需研究和治理的社会问题。

一、中小学生参与网络直播打赏问题严重

（一）数额巨大，天价打赏事件频发

所谓“打赏”，指的是互联网用户对于网上发布、传播的原创内容（包括文章、图片、视频等）进行直接的金钱或虚拟商品奖励的一种行为，是一种新兴的、非强制的付费鼓励模式。不同于其他的网络消费，网络直播中，中小学生参与打赏的情况十分普遍，且打赏数额较大，天价打赏事件频发。首先，中小学生已成为网络直播打赏的主力军。由于身心发展不成熟，易受到网络新鲜事物影响，且对事物缺乏理性判断，中小学生更容易沉迷于网络空间，成为直播打赏的主力军。其次，打赏数额和本年龄段的经济能力严重不符，父母是重要的资金来源。上海一个 13 岁女孩，用妈妈的手机给喜欢的主播打赏，两个月花了 25 万元；内蒙古 16 岁男孩沉迷网络直播，两个月花掉 29 万元。这样的直播打赏“惨案”

数不胜数、防不胜防。用父母血汗钱甚至救急钱来打赏网络主播，对家庭的影响不可估量。最后，大额打赏事件经常出现，涉及全国各地和不同经济层次的家庭。一方面，天价打赏事件在经济发达的东部和欠发达的中西部地区都有出现；另一方面，参与打赏的中小学生的家庭经济条件既有比较优越的，也有经济困难家庭。

（二）种类繁多，打赏上瘾

中国传媒大学王晓红教授认为："直播内容本身已直接成为被消费的对象。生活化的直播场景，也给用户的付费行为增加了更多的亲密感、趣味感和连接感。"网络直播中新鲜的内容对中小学生的吸引力是巨大的，也使其打赏行为呈现出多样化的特点。首先，游戏打赏较为集中。直播者通过发布时下流行的网络游戏如王者荣耀、荒野求生等的精彩操作来吸引中小学生参与打赏。一方面，一些中小学生沉迷网络游戏，他们渴望在游戏世界里获得成就感和自豪感，当他们遇上"知音"时就愿意花钱。另一方面，不成熟的心理导致他们认为打赏是一种时尚，毕竟他们的名字可以出现在屏幕上。其次，道具打赏突出。新颖的网络直播表演如网红美女舞蹈表演、萌妹子才艺展示、各种可爱的小动作、小鲜肉流行歌曲重现等直播内容都在刺激着中小学生的消费欲望，也有直播者会要求打赏道具才可以观看相应层次表演。再次，女性打赏吸引力大。一般而言，大多数网络直播者都是美女。不管容颜、身材、服装还是直播时的动作甚至说话的声音都对中小学生有着巨大的吸引力。最后，生活化的直播场景增加了更多的亲密感、趣味感和连接感，打消了中小学生的打赏顾虑。直播者通过生活场景再现，展示日常生活中的所见所闻来吸引中小学生打赏。

（三）打赏亚文化负面影响大

直播打赏亚文化对中小学生的影响是全方面和多角度的。首先，打赏内容娱乐化、低俗化，不利于中小学生正确的世界观、价值观和人生观的形成。网络平台的直播内容多为游戏、美女卖萌聊天、各种娱乐式缺乏正能量的表演，对中小学生的成长无益。其次，崇拜打赏助长中小学生的攀比心理，不利于中小学生正确消费观的形成。在网络直播打赏热潮推动下，单纯的点赞已很难表达中小学生对直播者的喜爱之情。点赞视为认可，打赏才是喜欢。同时，很多平台还设置了富有意义的数字如520、1314、666等诱导中小学生参与打赏。直播者也经常会送出鼓励词语来“刺激”中小学生参与打赏，使他们心理和精神上都能得到满足。最后，为赢得更多的打赏利益，还存在直播平台跨越法律底线宣传亚健康文化的问题，部分直播平台涉及黄、赌、毒等违法内容的宣传，严重地腐蚀着青少年的身心健康。

（四）诱导性打赏影响大

英国社会心理学家玛罗理·沃伯认为，“越不用动脑筋、越刺激的内容，越容易为观众所接受和欣赏。这几乎是收视行为的一项铁律。”首先，从某种程度而言，对某个主播的某种行为进行打赏，可以体现中小学生对这种行为的渴望、认同。直播中诸多人对这种行为进行打赏，可能让中小学生觉得这种行为是值得追捧的，毕竟直播中那么多人都打赏。其次，网络直播人员的素质参差不齐，错误引导、歪曲价值观等严重影响着中小学生的健康成长，不利于中小学生正确“三观”的形成。最后，诱导性打赏容易暴露个人隐私信息。中小学生在打赏中容易透露个人真实姓名、家庭住址、父母工作单位等一些重要的隐私信息，使不法分子有可乘之机。

二、中小学生热衷网络直播打赏原因分析

（一）不成熟的心理

马斯洛认为，人和动物都具有积极探索环境的需要，他们对周围的环境充满好奇心，对神秘的、未知的、不可预测的事物心驰神往。中小学生热衷网络直播打赏和不成熟的心理密切相关。一方面，窥视心理使他们对网络直播产生了极强的兴趣感和新奇感，刺激着他们的打赏欲望。相比虚拟的网络游戏，网络直播带有极强的现实感。随着网络技术的不断完善，网络直播对生活场景的再现，各种流行文化也打破了时间和空间的限制，直播内容也更趋于生活化、艺术化，独特的网络直播氛围使中小学生自愿消费欣赏。另一方面，好奇心驱使中小学生接触网络直播。对直播者、直播内容充满好奇，希望缩短和直播者的距离，近距离接触网络主播。还有，直播内容不但精彩，而且是中小学生所向往的，但基于社会

规则、学校家庭教育限制，很少接触到的潮流文化。直播打赏能满足他们对新鲜和流行文化的渴望。

（二）独特的成长环境

人是环境的产物，中小学生独特的成长环境让网络直播打赏有了市场。第一，独特的网络环境。现在的中小学生都可以说是“网络原住民”——他们对各种电子产品爱不释手，日常生活频繁接触网络且习惯享受网络世界带来的无限乐趣。在这种环境下成长起来的中小学生自然不会对网络直播陌生。第二，特殊的“缺爱”。与极其丰富的物质条件形成鲜明对比的是，很多中小学生在日常生活中都比较缺爱，网络直播能给他们爱的归属感、认同感，使他们乐于打赏。首先，随着生存成本的日益提升，迫于生活压力，越来越多的工薪一族父母忙于工作事业，很少能抽出时间来陪伴孩子，中小学生就会通过观看网络直播的方式来消磨时间。其次，参与网络直播打赏，直播者也会送出“么么哒、你好帅”等鼓励性词语，这些正是中小学生所缺乏的。第三，压力宣泄的需要。时下的中小学生身负沉重的学业压力，网络直播娱乐化的特点可以缓解压力，相比花点钱，他们还是乐意的。第四，张扬个性、紧跟潮流需要。中小学生参与网络直播打赏的行为可以视为他们追求个性表达、追赶流行文化的一种表现，是对自我认同和自我价值的追求。

（三）粉丝效应驱动

打赏已经成为大众表达对草根偶像的崇拜的一种特别方式。不同于其他群体，中小学生更喜欢追星，但对事物的判断能力还不强，其打赏行为容易受到其他粉丝的影响。首先，点赞只是认可，打赏才是喜欢。在这种网络潮流的影响下，中小学生习惯通过打赏来表达自己对直播者的喜欢。同时，很多直播平台还设置了一系列具有特殊意义的金额来刺激中小学生参与打赏。而且打赏金额越多越能体现对直播者的喜爱。其次，粉丝效应具有强烈的盲目性、追随性。很多时候，中小学生打赏网络主播并不是自身想打赏，而是其他粉丝都打赏了，要是自己不打赏的话显得没面子。最后，直播者利用粉丝效应唆使中小学生参与打赏。在同一个直播平台上，当有人打赏时，直播者往往会附上一些带有诱导性的话语鼓励其他中小学生打赏。

（四）其他因素

政府管理缺失和网络直播平台过于追求商业利益也是中小学生盲目参与网络直播打赏的重要因素。就政府管理而言，首先，政府管理者对网络直播的利弊缺乏正确的衡量，存在管理盲区、管理效率低下。对什么样的内容、以哪种形式直播、要遵循什么原则等，没有统一的管理标准，管理难度大。其次，政府对网络直播管理滞后性明显、时效性不佳。比起其他媒介，网络直播平台更容易发生“直播事件”。无论是网络平台本身，还是政府职能部门如公安、网信办等，对于直播内容的监控和监管手段都不够有效。再次，缺乏专门针对网络直播平台经营行为监管的规范，如对网络直播打赏的具体金额、如何维护打赏人的利益等问题都没有明确的法律规定。最后，网络直播门槛设置较低、对从业者信息核查不到位等也是导致直播内容鱼龙混杂、直播者盲目追求利益的重要原因。

就网络直播平台而言，首先，网络直播平台过于追求利益、商业色彩浓厚。为了实现利益最大化，直播平台也会大规模宣传网络直播文化，来刺激中小学生的网络打赏欲望。大多数主播都是女性，女性主播更具有传染力，是网络直播的催化剂。其次，直播内容较为世俗化、娱乐化、大众化，能够引起中小学生观看兴趣。最后，部分直播平台弄虚作假，虚报观看群众数量吸引中小学生参与。有时几百人观看的直播，报出来的数字却是成千上万人。

三、网络直播打赏中小学生保护对策

中小学生参与打赏网络主播的问题较为严重，不仅关乎每个家庭而且关乎国家和社会，涉及未成年人健康成长和正确“三观”的形成。因此，需借助家庭、学校、政府和平台四方合力进行有效治理。

（一）家庭方面

父母是子女在生活中一切言行举止的最早的启蒙者，引导中小学生理性看待网络直播，杜绝盲目打赏，家庭可从以下五点做起。一是妥善保管好重要财产信息，包括银行卡密码、支付宝和微信支付密码，设置消费金额上限。对中小学生可能掌握的财产信息，家长要树立风险意识。二是从日常的小事抓起，培养中小学生正确的金钱观、消费观。中小学生作为没有收入能力的群体，其消费支出主要来源于父母。因此，中小学生能够自由支配的金钱额度需和其能力相符，而且要让中小学生明白金钱的来之不易。三是给中小学生合理的期望值，适当给孩子减压。很多时候中小学生参与网络直播打赏并不是真正想打赏，而是内心压力的一种宣泄。四是父母需要兼顾工作和孩子的关系，工作固然重要，但父母的陪伴对孩子来说更重要。要尽可能地抽出时间来陪伴孩子，多陪孩子参加各种亲子活动来增进感情。五是在互联网时代，父母一定要多关注中小学生上网做了什么，并适时地给予引导，防止中小学生沉迷网络。

（二）学校方面

学校肩负着培育中小学生的神圣使命，中小学生网络直播打赏问题突出，学校也有责任。首先，课程设置需紧贴科技的发展。移动互联网时代，定期对中小学生进行网络安全教育，及时普及流行网络科技的利弊，增强中小学生对网络文化的辨别能力和自我保护意识。其次，鼓励以班级或年级为单位，以网络直播打赏为主题，开展主题班会、演讲比赛和相关文学作品竞赛等活动，让中小学生多方面、多角度、全方位地认识网络直播打赏。再次，邀请有影响力的网络专业人士到校开展讲座，借助实际案例，剖析网络直播打赏给家庭带来的巨大危害。最后，在关注整体的基础上对特殊个体给予重点关照，对沉迷网络的中小学生，学校应告知其家长，提前打预防针。

（三）政府方面

直播是所有媒体直播中最具有感染力的一种形式，直播内容也是最难管控的。没有规矩不成方圆，每个行业在设立之初都会推出相应的规定去约束从业者。具体可以采取以下措施：首先，完善相关网络法规，加强对网络直播的管理和监管力度。一方面，为天价打赏追回提供法律依据。政府针对这一点制定规则时可与相关利益平台协商，借鉴京东、天猫等网购平台的制度，支持网络打赏金额七天甚至更长时间无条件全部退还。可以让家长知道中小学生参与网络直播打赏，不至于金钱去向不明。另一方面，及时整顿存在暴力、色情等严重影响中小学生成长的直播行为。其次，对存在数据造假的网络直播平台进行天价惩罚，让企图利用数据造假吸引中小学生打赏的平台付出沉重代价。再次，提高网络直播平台直播者的准入门槛，提高网络直播者的素质。最后，中小学生属于法律保护的特殊对象，由于其心理的不成熟，难免做出超出实际的行为，政府对网络直播设立管理时应重点考虑中小学生。

（四）平台自律

网络不是法外之地，不能任性而为，网民应在法律规定和社会公德允许的范围内享受自由表达的权利。首先，平台要自觉树立责任意识。平台传播的内容势必会对社会、个人产生影响，平台应多向社会传播正能量。其次，建立平台诚信机制，定时开展最佳、最美、最有价值网络直播评选活动。让缺乏信用、传播负能量内容的平台无立足之地。再次，平台间建立监督机制。平台间可以互相监督，促进行业健康发展。最后，发挥互联网行业协会的管理作用。明确网络直播平台所必须遵循的价值导向，及时通过约谈相关直播平台公司解决存在的问题，为网络直播者培训创造一定条件，提高直播者素质。

参考文献

[1] 牛禄青. 重塑直播生态：监管、调整与创新 [J]. 新经济导刊，2017（11）：24-28.

[2] 钱一彬，吴姗. 网络直播靠什么为未来“打赏”[N]. 人民日报，2017-4-13（14）.

[3] 彭锦. 网络直播热潮下的冷思考 [J]. 电视研究，2016（9）：50-52.

[4] 刘肖. 超越表象：对“娱乐至死”命题的批判性思考 [J]. 新闻界，2007（4）：37-40.

[5] 王霜奉. 网络打赏表达爱的进阶方式 [J]. 上海信息化，2016（9）：79-80.

[6] 裴桐. 探析国内网络直播平台伦理失范问题 [J]. 新闻研究导刊，2016（16）：342-343.

[7] 钟绪君，王燕荣. 浅析网络直播火爆的原因 [J]. 东南传媒，2016（9）：88-89.

[8] 张旻. 热闹的“网红”：网络直播平台发展中的问题及对策 [J]. 中国记者，

2016（5）：64-65.
[9] 刘朝祥. 网络直播行业发展问题及其对策［J］. 新闻世界，2016（14）：42-44.

（原载《教书育人·校长参考》2018年第10期，作者：刁生富　蔡士栋）

移动互联时代大学生碎片化阅读现象探究

摘　要： 通过问卷调查发现，移动互联时代大学生碎片化阅读具有阅读时间零散化、阅读内容娱乐化、阅读思考浅薄化和阅读动机盲目化四个显著特点，从而导致阅读思维惰性的不良习惯养成、信息真假难辨的不良风气形成和人际交往的真实在场缺席等新问题。引导大学生理性对待碎片化阅读，就应保持主体意识，拓宽独立思考空间；追求良好的阅读品质，吸收优质的养分；平衡好纸质阅读与碎片化阅读，实现阅读的两栖发展。

关键词： 大学生；碎片化阅读；引导

一、大学生碎片化阅读的特点

阅读具有鲜明的时代特征。在移动互联时代，当代大学生所热衷的阅读模式，是以手机、电子书、网络等电子终端为主要载体的“碎片化阅读”。“碎片化”的原意为完整的东西破成诸多零块，类似的“碎片化阅读”的特点就是不完整的、跳跃性的、断断续续的阅读模式。

通过问卷调查发现，当代大学生碎片化阅读中有以下四个显著的特点。

阅读时间零散化。碎片化阅读委身于各类日益智能化的移动终端，由此也就具有了随时随地进行阅读的特点。在人手一部手机的大学里，走到哪里都可以看见同学们刷微博、刷朋友圈、看电子书的身影。在本次调查发出并回收的349份有效问卷中，就有63.32%同学表示一般在睡觉前、睡醒后进行碎片化阅读，有45.85%的同学利用乘坐交通工具时的空散时间进行碎片化阅读，甚至有高达32.95%、23.78%的人在吃饭、走路的间隙进行碎片化阅读，也就是我们常调侃的新马路杀手“低头族”，在我们周围已为数不少。大学生一次次在闲暇时掏出手机，拼凑着零散的时间不知所以地浏览着，阅读时间如同龟裂了一般。

阅读内容娱乐化。大学生碎片化阅读的大多数用途就是打发时间，休闲娱乐产业的迅猛发展，更助力了碎片化阅读的娱乐化。在本次调查中，只有48.71%

的同学的碎片化阅读主要内容与学习挂钩，其余都是新闻时事、生活娱乐、网络小说等娱乐半娱乐的阅读内容。打开浏览器，一个人的阅读偏好便一览无余，而如今大学生所用的浏览器一打开，大多都是明星娱乐动态、小说电影更新，阅读都染上了娱乐的浓墨重彩。

阅读思考浅薄化。快速、跳跃性地浏览，导致当代大学生碎片化阅读下深入思考日益浅薄。标题党的横空出世就充分说明了深度思考的缺失，而经调查大学生群体中的标题党不在少数。浅阅读的盛行，使得海量的、遮蔽性的、同质化的内容干扰了人们的“去遮蔽”“开眼界”，冲昏了我们的头脑，使我们失去眼力、失去历史感、失去哲学观、失去对各种有关文化价值的洞察力。满足于视觉化的浏览过后，大学生的思考空间也随之大大压缩了。

阅读动机盲目化。在碎片化阅读的信息狂潮中，大学生极易坠入阅读动机的从众化、盲目化的漩涡中去。本次调查中，就有高达 30.95% 的同学的阅读原因是为了紧跟潮流、不想错过最新消息。正处于青春年少的大学生，恰是追赶更新换代的新鲜信息流的时候，在这过程中极易被周围环境信息流左右，随波逐流地去刷屏浏览，丧失自我选择的意识。

二、大学生碎片化阅读中存在的问题

不可否认，“碎片化”在时间的合理利用和提供方便快捷的阅读方面都有很大的益处，有其存在的合理性。但是，碎片化阅读在为当代大学生规避烦琐冗杂的信息带来的困扰的同时，也带来了不少潜在的新问题。

首先，养成阅读思维惰性的不良习惯。正如美国科技作家卡尔所言：“我们牺牲了深入阅读的功能，变成只是信息的解码者，形成丰富的精神连接的能力被搁置。”大学生在碎片化阅读的便利快捷包围下，容易造成思考积极性的下降，被问到一个什么问题，不管之前听没听过，第一反应已不再是在识海中思索，而是“问度娘”“问谷歌”。不难想象，在诸多现成的概括性答案面前，大学生深度思考的自觉性正在日渐削弱。连锁效应的结果是，思维惰性势必诱发创新的缺席。这将严重阻碍大学生的创新能力和全面发展。阅读思维惰性的不良习惯养成，无疑是对大学生美好前程的一大误导。

其次，形成信息真假难辨的不良风气。真实，即与客观事实相符，语出汉荀悦《申鉴·政体》：“君子之所以动天地、应神明、正万物而成王治者，必本乎真实而已。”诚然，排除必要的善意谎言，大学生的成长成才需要的是一个真实的信息世界。然而，碎片化阅读下信息鱼目混珠现象比比皆是，本次调查中就有高达 82.52% 的大学生表示碎片化阅读的弊端在于信息真假难辨。碎片化阅读开放、自由的特点，也让许多不良分子有机可乘，为吸引眼球而自造假新闻、过度夸大事实，从而混淆视听，使得谣言四起。而大学生仍处于心智不成熟、阅历不充足的人生阶段，易轻信谣言，无形中成为谣言的二次制造者、传播者，摧残自身人生观、价值观的同时，也危及了社会的安定。真真假假的信息，会给大学生的成长带来不小的挑战。

最后，人际交往的真实在场缺席。正如一句网络用语所感慨的：“世界上最遥远的距离，不是天与地的距离，而是你跟我聊天，却不知我就坐在你旁边。”现如今，不论在任何场合，都可以见到两眼注视手机、不闻周遭事的年轻人。沉迷于虚拟网络，忽视现实的社会交往和情感传递，这也许就是碎片化阅读对大学生施加的最大魔咒。作为社会型的灵长类动物，交际是人类生存、发展所必需的，而大学生已经是一只脚踏入社会舞台的群体了，宅在虚拟世界的交流中会让我们与现实隔绝，生活在异于身边的“真空”中，疏离至亲的人、至真的物。外露情感的闭塞，将促使大学生交际圈的萎缩，失去人生最宝贵的财富。

三、引导大学生理性对待碎片化阅读

随着现代生活节奏的不断加快，原本完整的时间之璧也碎裂成无数小块，这使得人们无法按部就班地进行传统纸质阅读，而碎片化阅读在科学技术发展与时代潮流驱使下诞生、兴起。碎片化阅读为当代大学生提供了便捷、自由、开阔的阅读平台，也存在着不少问题，例如“我们的时间正在被破碎、被切割或被‘偷窃’，我们的专注力正在丧失，以致‘专注力如今已成了我们最稀缺的能力。’”但大势所趋，大学生只能从自身着手，适应碎片化阅读的时代潮流。

首先，应保持主体意识，拓宽独立思考空间。正如马克思在《1844 年经济学哲学手稿》中提出，“有意识的生命活动把人同动物的生命活动区别开来，正是由于这一点，人才是类存在物。”大学生作为高等教育人才，必须树立良好的阅读素养，注重自我意识的培养，不能一味顺着碎片化阅读的洪流而走。在碎片化阅读的森林里，要有属于自己的方向感，在散乱的光线中判断自己前行的道路。大学生进行碎片化阅读时，应该学会挣脱信息爆炸、碎裂式的轰炸，耕耘自己能动意识的小天地，追求有志向、有理性、有价值观念的独立思考空间，而不是被大众的视野所局限，更深远的思考是阅读维度应有的崇尚。阅读，是一种思考，是一种识海的充实，是一种精神成人的所需。

其次，应追求良好的阅读品质，吸收优质的养分。大量泛泛而谈的知识正在稀释我们阅读的养分，大量娱乐化的信息正在污染我们阅读养分的源泉，大学生的阅读品质急需优化。无论是传统阅读，还是碎片化阅读，阅读的品质都应该是我们着重追求的。自娱自乐的热点信息，只能博得一时的关注，笑过乐过转眼就成了过眼云烟，只有能让读者从中得到启发、思考，耐得住时间的反复咀嚼的阅读内容才是永久的精华。当代大学生应该树立正确的阅读态度，合理协调好娱乐、学习的阅读内容占比，学习为主、娱乐为辅，使得精神充分得到知识的滋养。品质阅读，品质比数量更重要。在碎片化阅读中，大学生容易陷入狼吞虎咽、不加筛选地进行刷屏浏览，违背了品质阅读的宗旨，浪费了大好的阅读时光。阅读在于质，不在于量，阅读量再多也很有可能只是糟粕。

最后，应平衡好纸质阅读与碎片化阅读，实现阅读的两栖发展。虽说阅读史就是一部技术史，科学发展为我们带来了新型的在线阅读方式，但是文字所承载的智慧、民族情感是永远不会过时的。传统纸质阅读与如今的在线碎片化阅读并不是时代进程中所产生的一对敌对关系，恰恰相反，它们是一对互补互益的好朋友，两者的结伴同行将会给阅读这段一生的旅途带来更精彩的奇遇。传统纸质阅读与碎片化阅读的惺惺相惜，既传承了优秀传统文化，又紧跟住了时代的步伐。传统阅读与碎片化阅读只是形式不同，本质上是互通的。平衡好纸质阅读与碎片化阅读，能够更好地实现大学阅读目的，从中得到更多的益处。

（原载《知识经济》2018 年第 20 期，作者：刁生富　许清柳）

大学生空心病的成因及干预

摘　要：大学生空心病核心在于缺乏支撑意义感和存在的价值观，其成因主要是急功近利的社会氛围、普遍存在的焦虑心理、功利主义的教育模式、沉重压力与脆弱个性的反差。有效治理大学生空心病，就要建立支撑意义感和存在感的价值观，确立合理的期望值，尊重学生的个性，重视心理教育和心理干预。

关键词：大学生；空心病；成因；干预

在一项北京大学一年级本科生和研究生调查中发现，有 30.4% 的学生讨厌学习或者认为学习没有意义，有 40.4% 的学生认为活着没有意义。实际上，在当代大学生群体中，有相当一部分常常感到焦虑、迷茫、不知所措、心里空荡荡的，不知道自己是谁，也不知道自己想成为什么样的人，以致患上“空心病”。这是一个大学生心理教育和思想政治工作中不容忽视的大问题。

一、空心病的含义与特征

（一）什么是空心病

“空心病”是一个比喻说法，其正式表述可称为“价值观缺陷所导致的心理障碍。”最早是由北京大学心理健康教育与咨询中心副主任、总督导、精神科主治医师徐凯文提出的。空心病患者相关症状与抑郁症十分相像，往往表现为情绪低落、兴趣减退、快感缺乏。无目的地活着，觉得人生丝毫没有意义，不知努力的方向在何方。

（二）空心病的主要表现

总体而言，空心病患者主要有 7 种表现：第一，常常出现情绪低落、兴趣减退、快感缺乏等明显特征，与抑郁症相符合。第二，孤独感和无意义感强烈，感觉生活在虚拟世界，存在价值观和意义感十分缺乏。第三，通常人际关系良好，非常在意别人对自己的看法，但似乎所有这一切都是为了别人而做的，因此做得非常辛苦，也非常疲惫不堪。第四，典型药物治疗不敏感，无药可救。第五，自杀意识时刻存在，比较倾向选择暴力较小的方式结束生命。第六，困惑是长时间各因素综合的结果。第七，传统心理治疗方式效果不佳。

（三）空心病的核心

空心病患者看起来与抑郁症十分相似，往往表现为情绪低落、兴趣减退、快感缺乏。对所有药物治疗不敏感，药物失去本效。最核心在于空心病患者缺乏支撑意义感和存在的价值观。

二、大学生空心病的原因分析

（一）急功近利的社会氛围

急功近利的社会氛围是导致大学生空心病形成的重要原因。首先，经济方面。一方面，经济快速转型导致行业结构发展不稳定、不平衡问题突出，导致普遍存在的焦虑心理的产生。另一方面，日益增长的生活成本如教育消费、高昂的房价等早已把人“奴化”。不拼命挣钱就被时代淘汰，挣钱成为最重要的事。衡量一个人是否成功往往看他社会财富的拥有量，社会功利氛围十足。还有，经济焦虑时代打破大学生“好大学=好工作=好未来”循环模式，看不到未来在何方，心也就空了。其次，文化方面。大学生浅阅读数量增加了，却缺乏一定营养价值。深受网络流行文化影响，阅读经典的学生越来越少。缺乏正确三观和存在意义感，心空就不难理解。最后，学校急功近利火药味十足。普遍存在的量化科研评价机制导致一些高校教师科研压力沉重，无暇顾及学生的思想、心理和三观教育。父母盼子女成才心切使宁愿坐冷板凳静下心来搞科研的大学生屈指可数。

（二）普遍存在的焦虑心理

普遍存在的焦虑心理是大学生“空心病”生成不可忽视的因素。在经济快速发展和生存成本日益增长的今天，巨大的生活压力致使人们忙于挣钱、忙于花钱。据有关统计，20 世纪八九十年代，100 个中国人中只有 1 个人患精神障碍，而到了 2005 年已经达到了 17.5%，呈爆发式增长。焦虑症和抑郁症问题空前严重，焦虑症的发病率从 20 世纪的 1%～2%增加到 13%，抑郁症从 0.05%到现在的

6%，增长了近120倍。在巨大的生活压力面前，人们普遍存在着焦虑心理。大学生受个人、家庭和社会等因素影响，往往存在就业焦虑、学业焦虑、社交焦虑甚至恋爱焦虑等。

（三）功利主义的教育模式

联合国教科文组织在《学会生存》这本被誉为当代教育思想发展里程碑的著作中提出，教育的四大支柱是学会做人、学会做事、学会学习和学会与他人共同生活。反观我们的教育，不难发现教育模式存在的缺陷。首先，受应试教育理念的影响，评价教育是否成功主要以分数、升学率、上重点率为标准，忽视学生品德、素质、美德教育。其次，家长望子成龙望女成凤，想尽一切办法把孩子送进名校，陪读也就成了教育一道亮丽的风景。不顾实际的压迫式教育、茫然式教育、想象式教育随处可见。再次，教育严重商业化和功利化早已把老师和学生培养成功利主义者，单纯视教育为谋取地位、名利、金钱的手段。最后，教育的专业化与职业化。同时，大学教育专业化太早，而后学习的东西狭窄、单调，学生没有较多的选择余地。更糟糕的是，对大学定位认识存在误差，不管是职业技术院校还是综合型大学都过度强调就业，培养出来的学生自然是功利主义者。

（四）沉重压力与脆弱个性的反差

由于受到计划生育政策影响，这一代大学生大部分是含着金钥匙出生的，从小生活条件优越，极少经历重大挫折。从小在父母处处贴心呵护下成长，生活能力和自主能力较差，但父母把最无私的爱奉献给子女的同时往往寄予的厚望也是极大的，恨不得自家孩子无论何时何地都是出类拔萃的。父母更多在乎的是上名校、学好专业、找好工作、有美好未来，却忽略孩子的实际情况和真实感受。在这些因素的综合作用下，大学生肩上压力十分沉重。对大学生的心理问题和心理危机，社会不知如何干预，学校缺乏有效干预，家庭无法干预导致大学生脆弱个性形成。在沉重压力之下，学生往往选择逃避现实或沉溺于虚拟网络世界里。经不起现实打磨考验，做一天和尚撞一天钟，也就觉得活着失去了意义。

三、大学生空心病的干预措施

（一）建立支撑意义感和存在感的价值观

有效治理大学生空心病，建立支撑意义感和存在感的价值观刻不容缓。首先，必须重视大学生思想建设工作，用优秀的、与时俱进的价值观念引导大学生。学校要定期开展大学生思想调研，掌握其变化趋势，制定有效合理的干预机制。正确衡量通识教育、素质教育与专业教育的度，合理增加通识教育和素质教育在课程学习中的比重。其次，一个人的阅读史就是他的成长史，应鼓励大学生阅读经典，吸收优秀文化营养使其思想得到最大限度的充实。可以通过相关竞赛激发大学生对经典的热爱，让学生在阅读中发现自我意义感和存在价值。再次，对流行文化和西方文化要有辩证认识。一方面要辩证看待微信、微博、互联网流行的文化，指导学生取其精华。另一方面对西方流行文化应有全面认识，大学生由于受到身心发展规律的影响，容易受到新鲜事物刺激而对西方文化缺乏全面统一的认识。最后，建立大学生思想档案库，对出现异常、遭遇重大挫折、变化幅度较大的学生给予思想上指导。引导学生对生命进行深度认识，明白其存在的意义和价值是其他人所不能代替的。

（二）确立合理的期望值

治理大学生“空心病”，社会、学校、家庭必须给予合理的期望值。首先，社会应逐渐改变对大学生的苛刻要求，给予合理期望。十全十美的大学生是不存在的。一方面，社会要创造容纳大学生的宽松环境。辩证看待大学，大学并不是无所不能。近年来，随着高校不断扩招，一些大学尤其是普通地方高校能够提供的有效资源远远不能满足学生实际需求，导致高校在培养人才过程中存在缺陷。另一方面，大学是学生走向社会的中介，大学生自身发展受到学校、家庭等因素影响，难免存在不足。真正成才需要时间洗礼，社会应提供大学生学习、适应的机会。其次，学校应统筹人才培养方案与教学实践。提高人才培养方案在实践中的可行性而不是互相矛盾。更重要的是，学校要发挥自身在大学生教育和培养中的独特作用，引导大学生树立正确的三观，明白自身优缺点，给自己一个合理定位。最后，要更加重视家庭教育的作用。美国原教育部长查德·赖利提出，牢固的教育能够而且必须建立在家庭这块基石之上。家庭在教育孩子这件事上不应是自私的，家庭不仅要为孩子健康成长提供一切及时有效的帮助，发挥家庭教育本有的作用，而且父母要多抽出时间参与孩子成长，理性看待孩子的学习成绩和未来，对孩子的期望要与其自身实际相符合。

（三）尊重学生的个性

尊重学生的个性，我们要反思学生的个性是什么？教育最终目的是什么？大学究竟是干什么的？首先，转变大学教育理念，加快大学教育体制机制改革。大学要激发学生个性化发展，培养学生对读书、研究、创新和创业的兴趣，充分挖掘学生的潜能。其次，大学教育目的应当是培养独立人格、独立思考的人才。要根据学生身心成长规律，向学生传送生命的气息，尊重生命。培养学生对生命个性思考。要改革大学现有学分制度，个性化发展应按照一定比例算入学分。更重要的是要为大学生个性化发展提供一切可能的机会，为学生个性化发展制定可行有效的机制。再次，教育发展方式应当是多样化的，在大数据、人工智能等科技驱动下，应鼓励学生走出传统课室、走出校园，去寻找可以实现个性化发展的空间。最后，大学的最终目的也是唯一目的，应当是让所有学生最大个性得到发展，培养个性化、与众不同的全面发展的人才。

（四）重视心理教育和心理干预

大学生“空心病”的存在警醒我们必须重视心理教育和心理干预。首先，对刚刚步入大学的学生，学校应根据学生生源地、年级专业、是否独生子女、父母受教育程度等条件建立大学生心理档案，有针对性地对可能出现“空心病”倾向的学生进行及时预警和有效干预。其次，从学校到年级再到班级要建立统一可行的心理危机干预制度，发挥辅导员、班主任、心理教师等在心理危机干预中的作用。一是学校应加大对心理教育课程建设的投资力度，开展心理咨询，定期开展心理教育和心理危机相关活动。二是在制订年度教学计划时，应根据不同年级、专业、男女生比例开设有针对性的心理教育课程与干预活动。三是辅导员要加强与班委干部的联系，定期开展心理教育班会，发挥朋辈心理辅导作用，及时把握学生心理动态。再次，心理教育和心理干预要综合社会、学校、家庭各方面，利用一切可利用资源参与学生心理教育和心理干预。最后，学校要借鉴国内外心理教育和心理干预可行经验，结合自身实际创新开设独特教育和干预制度，还大学生心理一片净土。

参考文献

[1] 徐凯文. 空心病也是一种心理障碍［N］. 大众卫生报，2017-07-25（16）.

[2] 刁生富，李香玲. 基础教育焦虑探讨［J］. 佛山科学技术学院学报（社会科学版），2016（6）：57-61.

[3] 郑也夫. 我们该怎样读书怎样思考［J］. 领导之友，2015（2）：120-125.

[4] 欧内斯特·L 博耶. 关于美国教育改革的演讲［M］. 涂艳国，译. 北京：教育科学出版社，2002.

（原载《教书育人·高教论坛》2018 年第 2 期，作者：刁生富　蔡士栋）

大数据与青少年心理危机预警与干预

摘　要：大数据给青少年心理危机干预工作带来了重大变革，突破了心理危机预警与干预的时空界限，提升了心理危机预警与干预的水平，创新了青少年心理危机预警与干预的途径。充分利用大数据技术的概率预测、个性化和反馈功能，将青少年各类数据行为整合成有效信息，提供个性化心理危机预警与干预服务，能有效提高青少年心理危机预警与干预的时效性、灵敏性、准确性和针对性。

关键词：大数据；青少年；心理危机；预警；干预

英国著名大数据专家维克托·迈尔-舍恩伯格指出，大数据和教育的结合，将超越过去那些“力量甚微的创新”而创造真正的变革。他总结了大数据改善学习和教育的三大核心要素：反馈（feedback）、个性化（individualization）和概率预测（probabilistic predictions）[1]。实际上，大数据对教育管理也产生了深远的影响，如何利用先进的大数据理念和技术手段对青少年心理危机进行预警与干预，是摆在教育工作者面前的一个新课题。

一、大数据对青少年心理危机预警与干预的作用

（一）突破了心理危机预警与干预的时空界限

在青少年心理危机预防和干预过程中，危机预警具有重要意义。危机预警作为危机干预的前奏，其意义不亚于对危机情境的拯救，有效的危机预警能使心理工作者提前预见可能发生的心理危机，及时做出反应，防患于未然，是一种超前的管理[2]。大数据的预测功能有助于危机预警，从而实现对青少年心理危机的提前预防和尽早干预。

传统心理危机预警对干预者提出了很高的要求，如果缺乏相关专业素养，反应不够及时，往往预警成了摆设，直接越过预警过渡到干预阶段。目前，很多对青少年心理危机预警与干预局限于传统的线下教育、诊断量表和心理咨询，受限于时空，这种模式在很大程度上削弱了其预警与干预作用。一方面，这种传统心

理危机预警与干预模式需要在同一地点和同一时间集中具有心理危机倾向的青少年群体一起学习，难以对青少年群体进行个性化干预，容易忽视高危个体，针对性较差，干预效果不明显；另一方面，青少年的心理变化是动态过程，只有在特定的应激情况才会表现出心理危机倾向。而目前通过心理普查和日常心理排查得出的大部分筛查数据都是以静态数据的形式保存的。这种情况下的心理危机预警与干预的效果会大打折扣。大数据在青少年心理危机预警及干预中的介入能更好地解决时间和空间的制约问题。大数据是一种潜在的具有实时性特征的信息资源，有利于实现动态化管理。

首先，只要青少年做出了数据行为，其数据行踪就会记录在案，即可掌握青少年的心理状态和思想走向，有利于及时做出心理危机预警。

其次，一旦青少年做出异样数据行为，在大数据技术的基础上建立的数据模型就可以进行心理预警，将其列为低危、中危或高危对象，并实时跟踪和反馈信息，有利于提高心理危机预警和干预工作的实效性。

最后，利用大数据技术，在青少年上网过程中，就可以发布引导性的积极向上的价值观念，有针对性地潜移默化地对其进行心理危机预警和干预工作，有利于更好地实现实时心理监控。大数据时代下，这种新型心理危机预警与干预的模式有利于干预者实时掌握青少年心理走向，冲破了传统心理危机预警与干预的时空束缚，可以在不同阶段对青少年个体进行不同程度的干预，提高了青少年心理危机预警与干预的时效性，进一步健全和完善了青少年心理危机预警和干预模式。

（二）提升了心理危机预警与干预的水平

传统青少年心理危机干预容易受到角色定位的影响与交流主题和沟通内容的束缚，降低了心理危机预警与干预水平。在进行心理危机干预时，若青少年碍于自身原因对部分信息难以启齿或有意隐瞒，会给干预者造成信息干扰，出现双方信息不对称问题，容易导致错位干预。这种传统干预者与被干预者的角色一旦固化，干预者很难做出正确的判断。

与传统心理危机预警和干预相比，借助于大数据技术的青少年心理危机干预能够打破传统角色定位带来的障碍，有效实现个性化干预。利用大数据技术的快速性、关联性、预测性、准确性、实用性等应用价值[3]，把青少年每天都会做出的大量零散的和无关联的数据行为进行整合和分析，可以及时获取其心理状况和思想走向等情况，进一步对其实现心理监控的动态化管理。大数据能打破以往传统心理危机预警与干预工作的障碍，在手段、方式及效率上优势突显。

由此可见，大数据对于青少年心理危机预警及干预最大的技术帮助就是能够精准服务于青少年。心理危机干预者能够知道青少年的所想、所需、所行，然后开展相应工作[4]，使心理危机干预工作显得更有时效性和个性化。大数据在青少年心理危机预警与干预工作中的应用，提高了心理危机干预的科学化和专业化水平。

（三）创新了青少年心理危机预警与干预的途径

当前，主要通过线下大规模诊断量表调查的传统心理危机预警与干预过于局限于“孤军作战”，或限制于相关单位间的信息不流通——造成了“数据孤岛”，或受限于干预者获取青少年心理信息的途径和范围。这种模式的局限性随着时代发展而突显，互联网的发展和大数据时代的悄然而至，这种“孤军作战”局面也将被打破。一方面，通过相关单位间的数据共享，可以获取关于青少年群体较全面的信息。针对中、高危青少年群体，干预者可以在其做出数据行为的同时协同各单位从多方面对其进行干预。另一方面，大数据思维更强调相关关系，对于因果关系验证的假设和猜想的研究范式将在大数据时代越来越弱化，通过对数据的进一步挖掘和利用，无须理论指导的纯粹的相关关系研究将会显得越发重要[5]。通过探索青少年生产的数据之间的关联关系，捕捉关键信息，对其心理状态做出合理评估和解释，就可以进行相关预警与干预。

大数据时代为青少年心理危机预警与干预提供了一条创新性途径。建立在大数据技术上的心理危机预警与干预，突破数据孤岛的限制，将大数据技术和心理危机干预有机结合，充分利用大数据的关联性特征对青少年个体进行较全面的评估，提高心理危机干预的有效性和准确率，实现了创新性发展，丰富和拓展了青少年心理危机干预的方式和手段。

二、充分利用大数据提升青少年心理危机预警与干预能力

（一）利用大数据提升青少年心理危机预警能力

现代危机管理理论认为，将危机问题妥善解决固然是可喜的，不过将危机消灭于萌芽状态才是最成功的危机管理[6]。同理，如何能将青少年心理危机的问题

扼杀在萌芽状态，是心理危机预警的重点。充分利用大数据技术，就能更好地解决这些问题。

首先，用大数据对高危个体进行实时心理监控和自动预警。大数据技术的应用可以实现实时追踪和反馈青少年的心理状态，减少对临床诊断量表的依赖。大数据能够收集和处理大量的实时数据，通过利用青少年的各类日常数据痕迹，提取有效数据信息并建立心理危机预警模型，可以实现对高危个体的实时心理监控和自动预警，弥补临床诊断量表评估的不足。根据模型，心理干预者清晰明白干预对象的心理危机源头，预测其未来行为，判断危机事件的发生，有利于“对症下药”，具有一定的科学性和预见性。

其次，用大数据建立心理危机预警的整体协同机制。大数据的核心不在规模大，而应该是思维理念的转变，即从狭隘的区域思维，转变成整体协同思维[4]。一方面，心理危机预警与干预并非干预者一方的工作，需要相关单位间协同合作，通过实现有效数据信息共享与整合，共同探索出一套能够灵敏预警青少年心理危机的整体协同机制。另一方面，心理状态是一个动态过程，从潜伏期到爆发期再到干预后期都应该得到关注。完善的心理危机干预工作应该主要包括预警环节、干预环节和追踪环节，大数据在每个环节都扮演重要角色。

最后，用大数据提高心理危机干预者的数据预测能力。任何行为都是有预兆的，大数据能够在青少年做出异常行为时最先做出反应，灵敏的触角为干预者提供重要的预警信息。只有将大数据分析技术应用于青少年心理健康教育工作，并不断创新，才能使青少年心理危机预警实现有效关联、准确预测，实现心理危机应急处置从强调快速实用到个性化的转变[3]。

（二）利用大数据提升青少年心理危机干预能力

大数据在心理危机干预工作中的应用不仅可以及时做出青少年心理危机预警，还可以通过青少年的生活环境、人际关系和思想观念等方面的信息收集，对其心理状态做出合理的分析和解释，从而给出具有针对性的干预方案。

互联网——这张无形“网”牢牢套住了青少年群体，只要青少年做出了数据行为，就会留下数据痕迹。这些数据不仅包含了青少年的思想观念、生活环境和学习状态，同时也能在一定程度上说明青少年当前的心理健康状况。首先，利用大数据技术，面对心理危机青少年群体，在其上网过程中，可以潜移默化地进行心理干预。通过发布具有心理调节作用的积极向上的内容或信息，引导其树立正确的价值观念。这种模式自动在预警、干预和追踪等环节中都发挥着不同程度的干预作用。这种线上与线下有机结合的心理危机干预，提高了干预的效果。其次，运用大数据技术，掌握不同类型青少年的共性与个性特征，以主动提供更具针对性的服务，推动心理危机干预工作持续发展。最后，培养熟练掌握大数据技术的心理危机干预者。大数据时代下的青少年心理危机干预工作急需这种复合型人才——既掌握大数据技术又经过专业心理健康教育，才会使心理危机干预水平得到相应提高。数据爆炸性增长给青少年心理危机预警和干预工作带来了重大变革，我们需重视大数据对心理干预工作的重要性。应该积极发掘青少年日常数据行为的潜在价值，充分发挥大数据技术的强大功能，提升青少年心理危机预警与干预水平。

参考文献

[1] 维克托·迈尔-舍恩伯格. 与大数据同行——学习和教育的未来［M］. 赵中建，张燕南，译. 上海：华东师范大学出版社，2015.

[2] 黄松，杜高峰. 浅析大数据时代大学生心理危机预警机制研究［J］. 速读（中旬），2017（5）：227.

[3] 张家明，王纯静. 基于大数据技术的大学生心理危机预警研究［J］. 教育与职业，2015（30）：75-77.

[4] 徐文明，梁芹生. 大数据技术在心理健康教育中的运用与研究［J］. 嘉应学院学报，2017（4）：96-100.

[5] 赵冰. 基于大数据的研究生心理危机预警机制的构建［A］. 中国心理卫生协会大学生心理咨询专业委员会. 中国特色大学生心理健康教育——第十二届全国大学生心理健康教育与咨询学术交流会论文集［C］. 中国心理卫生协会大学生心理咨询专业委员会：2015：4.

[6] 何全旭. 微博平台建设对于大学生心理危机的识别及其干预研究［J］. 长春理工大学学报（社会科学版），2016（5）：150-153.

论微时代国企思想政治工作面临的冲击与对策

摘　要：在微时代，信息环境的快速变化、新媒体中的负信息以及部分职工进取精神的缺失，使国企思想政治工作面临较大冲击。应对微时代的冲击，国企思想政治工作要做到：提高认识，树立正确的思想政治工作理念；因人制宜，采取多样化的思想政治工作方式；加强创新，探索与时俱进的思想政治工作模式。

关键词：微时代；国有企业；思想政治工作

伴随着信息技术的飞速发展，微博、微信、微电影、微小说等微传播迅速走进大众视野，推动人类社会跨入“微时代”。微时代以信息数字化技术为基础，以微民众为主角，以手机、即时通信工具（如QQ、MSN、Skype、Gtalk等）、Email、web等为平台，具有传播即时性、互动便利性、形式多样性、内容丰富性、信息迷你性、参与大众性等新特征。微时代是一个蕴含着文化传播、人际交往、社会心理、生活方式等多种复杂语义的时代命题，是深刻影响着人们的思想、行为和生活方式的强大动力。作为思想政治工作重要阵地的国有企业，要紧密结合时代特征，敢于面对新问题，勇于探索新方法，切实加强微时代思想政治工作，以促进国有企业蓬勃发展。

一、微时代国企思想政治工作面临的冲击

人类的任何一种重大的科学发现和创造都无异于从神的天庭上窃得圣火，一方面会给自己带来光明，另一方面也会因此葬身火海。[1]微时代给国企思想政治教育带来机遇的同时，也使其面临一系列新的冲击。

1. 微时代信息环境的快速变化对国企思想政治工作的冲击

在微时代，科技日新月异，社会飞速发展，信息大量涌入，文化渗透日趋复杂，国企内外、部门之间信息交叉融合。微时代的信息环境具有虚拟、开放、变化迅速和难以掌控等特点，这对国企思想政治工作的方式方法产生了较大冲击，

传统的思想政治工作中的读书、看报、面对面谈心等方式对职工的吸引力日趋下降。同时，在微时代中国与世界的联系更加紧密了，中外文化价值观的冲突也变得更加直接、更加剧烈，国企职工思想观念更加多元化、复杂化。所有这些，都加大了思想政治工作的难度。如果不能根据微时代信息环境的快速变化及时转变理念、方式和方法，就会使国企思想政治工作成为一种空洞的说教，脱离了员工的现实生活，严重削弱思想政治工作的说服力和感染力。因此，国企思想政治工作要不断探索新方式、新方法，以适应微时代的快速变化的需要。

2. 微时代新媒体中的负信息对国企思想政治工作的冲击

据资料统计，国企职工所获得的信息中有 90% 以上来源于大众新闻媒体和其他社会渠道。大众传媒深刻影响着国企职工的思想认识和行为方式，特别是微博、微信等新媒体中的一些“负信息”，如色情、暴力、迷信、颓废、虚假信息、“别有用心”的信息等，对职工思想影响较大。美国尼尔森公司的一项关于亚太各国网络用户的调查报告称，约有 62% 的中国网民表示他们更愿意分享关于产品的负面评论，上述调查若扩展到整个政治和社会生活领域，被称为“坏消息综合征”。国企作为社会的重要力量，其思想政治工作具有举足轻重的地位。因此，国企思想政治工作者必须正视这一现实，敢于迎接微时代的挑战，善于寻找解惑释疑的方法和途径。

3. 微时代部分职工进取精神缺失对国企思想政治工作的冲击

微时代的快速变化要求人们解放思想，积极进取，开拓创新，但部分国企职工不是努力提高思想境界，练好过硬本领，学好专业技术，增强自身竞争力，而是墨守成规，抱着在国企中手端“铁饭碗”、稳坐“钓鱼台”的思想，缺乏职业危机感和积极进取的精神。人才是企业发展的不竭动力，职工缺干劲少创新，必然会对企业的发展带来极为不利的影响。因此，如何做好国企思想政治工作，引导职工增强创新意识和开拓进取的精神，是一个值得探讨的问题。

二、微时代加强和改进国企思想政治工作的对策

美国畅销书作家谢尔·以色列在他的著作《微博力》中写道：“我们正处在

一个转换的时代——一个全新的交流时代正在代替老朽的、运转不灵的传播时代！在这个由微博推动的、正在到来的交流时代，如果我们还没能跟上它的脚步，那么就可能会被这个时代所抛弃！”[3]面对微时代的冲击，国企思想政治工作必须做到与时俱进，善于汲取“微言”“微义”里鲜活积极的价值内涵，吸收其中有益成分，以小见大，见微知著，以增强思想政治工作的时效性、针对性和实效性。

1. 提高认识，树立正确的思想政治工作理念

目前，国企中少数领导干部对思想政治工作的重要性认识不足，使思想政治工作处于“闲时重要，忙时不要”的状态，从而出现思想政治与业务工作“一手软一手硬”的现象。同时，在微时代背景下，信息输入良莠不齐，部分职工思想不够坚定，价值观有所偏差，对国企思想政治工作也产生了一些不良影响。因此，国企思想政治工作首先要帮助职工树立正确的世界观、人生观、价值观，对职工持续不断地进行爱国主义与集体主义教育。要时刻关注职工思想动态，善于利用微时代先进的技术手段及时发现职工的思想问题，在沟通交流中使其思想上受到感染、情感上产生共鸣，在潜移默化中转变思想观念。对偏离正轨的职工进行及时有效的教育，使其回归集体、回归团队。要从各个角度提高职工的思想认识，使其树立正确的思想政治教育理念，并积极培育和践行“倡导富强、民主、文明、和谐，倡导自由、平等、公正、法治，倡导爱国、敬业、诚信、友善”的社会主义核心价值观。同时，国企领导要对自身高标准严要求，树立高度的责任感和使命感，深刻认识思想政治工作是引导人教育人、塑造人、培养人的工作，是国企必不可少的“生命线”和“向心力”，将思想政治工作放在重中之重的位置，时时说、处处说，使思想政治教育内化于心、外化于行。

2. 因人制宜，采取多样化的思想政治工作方式

微时代国企职工可以轻松自如地选择自己喜闻乐见的形式——浏览文字、观看视频、下载文件等。同时，人人都是“发言人”，人人都有“麦克风”，他们可以通过微博、微信、论坛、贴吧等网络平台与他人互动。特别是在互联网蓬勃发展的时期成长起来逐渐成为企业生力军的青年职工，他们思想活跃，个性鲜明，

独立自主意识强，容易接受新生事物，善于使用信息工具，渴望参与并表达自己的诉求。国企职工获取信息的方式的多样化导致了思想观念和价值取向的多元化，思考问题的角度也存在较大差异。因此，在思想政治工作中，要尊重人的差异性，因人制宜，换位思考，在给职工灌输正确理论的同时，帮助职工排解不良情绪，引导职工确立共同的理想和崇高的追求。根据微时代特征和国企思想政治工作的要求，采取多样化的教育方式，以防在国企的思想政治工作中搞“一刀切”的简单化做法。要善于抓住个人特点，将求同与存异有机结合，营造出健康向上的思想政治工作氛围，维护国企稳定，促进现代国企在改革中健康、稳定、快速发展。

3. 加强创新，探索与时俱进的思想政治工作模式

国企思想政治工作模式要紧跟微时代步伐，创新教育模式，使思想政治工作能够吻合职工的思想需求。目前，在部分国企中，为提高经济效益不断采取新的方式方法，但对思想政治工作却缺乏必要的创新。缺乏创新的思想政治工作模式难以调动职工的积极性，致使部分职工出现不同程度的信仰缺失、奉献淡化、立场不坚定等现象。因此，国企在开展思想政治工作时，要善于利用微时代提供的丰富素材和广阔平台，突破原有说教式的单一教育模式，充分利用新媒体与职工进行互动交流，使思想政治工作得以延伸和拓展，以提升国企思想政治工作的吸引力和实效性，从而提高职工的自身素养和对企业的主人翁意识、责任意识和创新意识。在微时代，受教育者可以在网上接收大量信息，可以通过微博、微信等手段担当信息的发布与评论的角色，教育者与被教育者在信息获取与传播上处于相对平等的地位。国企领导和政工人员要深刻认识思想政治工作的这种新特点，顺势而为，因势利导，在更大范围争取话语权和主动权。要树立互联网思维，主动触网、学网、懂网、用网，不断学习信息科学技术知识，提高使用信息工具的能力，用先进的手段与职工沟通交流，通过“一对一”“一对多”“多对一”“多对多”等多种多样的互动式交流，不断增强思想政治工作的说服力、感染力和凝聚力。

参考文献

[1] 范玉芳. 科学双刃剑：令人忧虑的科学暗影 [M]. 广州：广东省地图出版社，1999.

［2］张跣. 微博与公共领域［J］. 文艺研究，2010（12）：95-103.
［3］百度百科. 微时代［EB/OA］. http//：baike.baidu.com/view/5573191.htm. 2013-3-1.

（原载《东方企业文化》2015年第4期，作者：刁宏宇）

企业思政工作要确立新思维

新媒体对企业思想政治工作的冲击广泛而深刻，是推动企业思想政治工作步入新常态的重要动力。面对新形势下企业思想政治工作的新要求、新挑战和新机遇，我们要以新思维不断探索新方法以提高企业思想政治工作的及时性、针对性和实效性。

一、转变思维方式

倾听新媒体的“时代声音”，紧跟新媒体的时代步伐，做好新常态下企业思想政治工作，首先就要转变思维方式，确立思想政治工作新思维。

互联网思维。企业领导和政工人员要树立互联网思维，主动触网、学网、懂网、用网，不断学习信息科技知识，提高使用信息工具的能力，主动用先进手段与员工沟通交流，通过“一对一”“一对多”“多对一”“多对多”等多种多样的互动式交流，不断增强思想政治工作的说服力、感染力和凝聚力。

平等思维。在网络空间中，受教育者在网上接收大量信息，教育者可以通过微博、微信等手段担当信息的发布与评论的角色，教育者与被教育者在信息获取与传播上处于相对平等的地位。企业领导和政工人员要深刻认识网络空间的这种新特点，确立平等思维，顺势而为，因势利导，在更大范围内争取思想政治工作的话语权和主动权。

差异化思维。在新媒体时代，随着对外开放的日益扩大，中国与世界的联系更加紧密，中外文化价值观的冲突也变得更加直接、更加剧烈，获取信息的方式更加多样化，这导致企业员工思想观念和价值取向的多元化，思考问题的角度存在较大差异。因此，在思想政治工作中，要采取差异化的教育方式，尊重人的差异性，因人制宜，换位思考，在给员工灌输正确理论的同时，帮助员工排解不良情绪，引导员工确立共同的理想和崇高的追求。

复杂性思维。在新媒体时代，传统媒体舆论场与新媒体舆论场、网络舆论场和现实舆论场并存、交叉，传播主体和信息内容多元化使企业员工群体的思想观念和行为方式也呈现复杂化的趋势。再加上我国当前正处于全面深化改革的攻坚期和深水区，社会转型、体制转轨、利益转换、阶层转化、结构转变无不引发思想观念的裂变。这种双重的背景变化导致企业思想政治工作显得异常复杂，在一定程度上“倒逼”企业管理者和政工人员确立复杂性思维，破除思想政治工作中“一刀切”的简单化做法，善于抓住人的个性特点，将求同与存异有机结合，营造出更加人性化的思想政治工作氛围，促进企业在改革中健康、稳定、快速发展。

综合性思维。充分认识新常态下企业思想政治工作的复杂性和难度，就要改变过去单一的思维方式，下大力气在方方面面的“相结合”上做综合性“大文章”，以求提高思想政治工作的实效。譬如，解决思想问题与解决实际问题相结合，思想政治教育与人文关怀和心理疏导相结合，思想政治教育与法制教育和道德教育相结合，“线上”与“线下”“面对面”与“键对键”和“实”对“实”相结合，舆情回应与舆论引导相结合，传统媒体与新媒体相结合，等等。

微媒介思维。在新媒体时代，过度碎片化的微博、微信、QQ 群等“微”空间中，塞满了海量的信息，真假混杂。如果对这方面不懂，缺乏敏锐的信息感受力和分析鉴别力，必然良莠不分，信谣传谣，甚至逾越道德和法律的底线。因此，企业领导和政工人员必须确立微媒介思维，不仅自身要不断提高微媒介素养，而且要通过系统化、多途径的培训和学习，提高员工的微媒介素养，并将其作为适应新常态要求做好思想政治工作的重要前提。

二、搭建互动平台

做好新常态下企业思想政治工作不仅要确立一系列新思维，而且要善于充分发挥新媒体和新思维力量，不断探索新方法。其中，搭建便捷、畅通和及时的互动平台是创新企业思想政治工作的有效方式。整合媒体资源，实现传统媒体与新媒体的无缝对接，以新闻中心为依托，建设好企业报纸、杂志、广播、电视台等传统媒体，开发建设并用好网站、微博、微信、手机报、QQ 群等新媒体，在企业网站上开设领导信箱、社区论坛、网友之声、微博和留言板等。企业领导、政工人员和媒体工作者共同参与，利用各种载体，搭建互动平台，走好“新媒体时代的群众路线”，使思想政治工作更加贴近员工、贴近工作、贴近实际。

企业领导和政工人员与企业全体员工不仅要善于“面对面”，而且要善于“键对键”，善用和常用新媒体与员工互动沟通，在对话交流中凝聚共识，拉近距离，密切关系，集聚正能量；在平等互动中倾听员工的所思、所想、所盼，推动网上网下对接，主动回应员工关切问题。这样，既可以问政于民、问需于民、问计于民，又可以体察民意，收集舆情，及时掌握员工思想动态，从而实现与员工的良性互动，增强思想政治工作的针对性。

新媒体时代，企业思想政治工作不是领导干部、政工人员或媒体工作者的“单拉独唱”，而是全体员工广泛参与的“大合唱”。要充分利用各种手段和各类媒体、网络专栏、宣传橱窗、微博、微信、QQ 群等公众平台，广泛开展思想政治工作。采取原创发布、转发、评论、微访谈、微话题讨论等灵活多样的形式和网上教育、竞赛、交流、讨论等丰富多彩的活动，来激发全体员工的参与热情，培养员工自己的“意见领袖”，增强思想政治工作的吸引力和实效性。

（原载《思想政治工作研究》2015 年第 4 期，作者：刁宏宇）